dtv

W0225960

Achtsamkeit, Loslassen, Erkenntnis, All-Einheit, Liebe und Ekstase, Welt und Handeln, die Beziehung zu Gott, aber auch Erfahrungen der Gottferne und des Zerbrechens der Gottesbilder – das sind Themen der Mystik seit jeher, die auch denjenigen begegnen, die sich heute auf die Suche nach dem Sinn des Lebens begeben. Unter dem Gesichtspunkt ihrer Bedeutung für den modernen Menschen wurden Zeugnisse der christlichen, jüdischen und islamischen Mystik, des Hinduismus sowie des Taoismus und des Zen-Buddhismus ausgewählt. Den klassischen Kanon erweitern Texte aus Literatur und Philosophie, die mystische Elemente auch außerhalb der Religionen aufzeigen.

Michaela Diers, geb. 1956 in Mannheim, studierte in Freiburg Germanistik und Mittelalterliche Geschichte und promovierte über Bernhard von Clairvaux. Heute arbeitet sie als freie Autorin und in der Erwachsenenbildung. Veröffentlichungen u. a.: ›Bernhard von Clairvaux. Elitäre Frömmigkeit und begnadetes Wissen‹ (1991); ›Das lächelnde Lebendige. Frauen, Visionen und Mystik: Von Hildegard von Bingen bis zu Christa Wolfs »Kassandra«‹ (1998); ›Hildegard von Bingen‹ (4. Aufl. 2002); ›Bettine von Arnim‹ (2001).

Mystik

Ein Lesebuch für Nachdenkliche

Herausgegeben und mit
einer Einführung versehen
von Michaela Diers

Deutscher Taschenbuch Verlag

Von Michaela Diers
sind im Deutschen Taschenbuch Verlag
in der Reihe dtv portrait erschienen:

Hildegard von Bingen (31008)
Bettine von Arnim (31052)

Originalausgabe
Dezember 2002
© 2002 Deutscher Taschenbuch Verlag GmbH & Co. KG,
München
www.dtv.de
Alle Rechte vorbehalten.
Umschlagkonzept: Balk & Brumshagen
Umschlaggestaltung unter Verwendung eines Gemäldes
von Caspar David Friedrich
Gesetzt aus der Palatino 9,75/12·
Gesamtherstellung: Druckerei C. H. Beck, Nördlingen
Gedruckt auf säurefreiem, chlorfrei gebleichtem Papier
Printed in Germany · ISBN 3-423-30867-2

Inhalt

Vorwort

Stille: das ist Rückkehr zur Bestimmung.
Rückkehr zur Bestimmung: das ist Ewigkeit.
Die Ewigkeit erkennen: das ist Weisheit.
Wer die Ewigkeit nicht erkennt,
  der handelt blindlings und unheilvoll.
Erkenntnis der Ewigkeit bringet Duldsamkeit.

LAOTSE[I]

Mystik ist ein gleichermaßen weites wie unübersichtliches Feld. Sie »war und ist Anlaß zu religionswissenschaftlicher Verzweiflung«[II], wie der Theologe Georg Schmid – nicht ohne ein Augenzwinkern – im Wissen darum schreibt, daß viele Mystiker einen solchen Satz mit Genugtuung gelesen hätten. Mystiker sind eben der individuellen Erfahrung, nicht aber der wissenschaftlichen Ordnungsliebe verpflichtet. Alle Definitionsversuche werden letztlich von der Vielfalt der Mystik und vor allem von ihrem Kernstück, der mystischen Erfahrung, gesprengt, die sich doch gerade dadurch auszeichnet, daß sie sich begrifflichen Festschreibungen entzieht. Dennoch kann man sich dem Phänomen annähern und Mystik als die Erkenntnis und Erfahrung der transzendenten Wirklichkeit umschreiben. Sprechen Mystiker über das eigentlich Unsagbare, wird das Unfaßliche faßbar, d.h. mitteilbar gemacht, und dies im jeweiligen kulturell-religiösen Kontext. Im Rahmen theistischer Religionen ist Mystik folglich die Erkenntnis Gottes aus Erfahrung *(cognitio dei experimentalis)* und die Vereinigung *(unio mystica)* mit ihm. In Religionen, die keinen Gott kennen, bezieht sich Mystik auf die Erkenntnis und Erfahrung eines unpersönlichen, allem Sein zugrundeliegenden Prinzips.

Mystik ist also ein die Religionen übergreifendes Phänomen. Entsprechend wurden in diesem Buch mystische Zeugnisse aus dem Christentum, Islam (Sufismus), Judentum (vertreten durch den Chassidismus, d.h. die Mystik der osteuropäischen Juden) und Hinduismus zusammengestellt. Der Buddhismus ist insbesondere durch den Zen-Buddhismus vertreten. Hinzu kommen Texte des philosophischen Taoismus, dessen Grundlage das Tao ist, das allumfassende erste und letzte Prinzip, der unbenennbare Urquell allen Seins. Auch Texte aus Philosophie und Dichtung wurden aufgenommen, denn zumal in der Neuzeit und in der Moderne finden sich mystische Inhalte auch außerhalb eines im engen Sinn religiösen Rahmens. Im übrigen zeigt bereits die traditionelle Mystik zu beiden Disziplinen eine deutliche Affinität. Manche Mystiker nähern sich ihrem Gegenstand auf eher theoretischem Weg. Andere hingegen suchen das eigentlich Unsagbare mit all ihrer Sprachmacht und in den schönsten Bildern, die zu Ersinnen sie fähig sind, auszudrücken. Einige große Mystiker sind daher zugleich bedeutende Dichter.

In der Mystik tritt die religiöse Erfahrung selbst in den Vordergrund, nicht deren theologische Bewertung. Dieses die Grenzen jeglicher Dogmatik sprengende Potential macht nicht zuletzt die Aktualität der Mystik aus. In der Tradition ist es oft Konfliktstoff, denn den Bewahrern und Verteidigern des rechten Glaubens, also den Orthodoxen, waren die Mystiker vielfach suspekt. In den schon von ihrer Anlage her der Mystik zugeneigten Religionen des Ostens stellte sich dieses Problem weniger. Im Islam jedoch und insbesondere im Christentum gerieten Mystiker oft genug in Gegensatz zu den institutionalisierten Formen des Glaubens. Im Christentum konnte die mystische Gottunmittelbarkeit als Bedrohung der kirchlichen Mittlerinstanz (miß-)verstanden werden und somit als Gefährdung deren geistlicher und letztendlich auch weltlicher Macht. Mystiker und Mystikerinnen, die zu Ketzern erklärt wurden, legen von diesem traurigen Teil der Geschichte der Mystik Zeugnis ab.

Mystiker suchen Gott bzw. die letzte Wirklichkeit im Innen. Selbst den entlegensten Seelenwinkel durchmessen sie in ihrer Innenschau. So sind sie durchweg große Seelenkundige, deren Schriften – selbst wenn man die religiösen Inhalte nicht teilen will – mit Gewinn auch als Ausdruck alter Lebensweisheit gelesen werden können.

Im religiösen Kontext ist die mystische Introspektion untrennbar mit der Verinnerlichung und folglich Erneuerung von zur

Erstarrung neigenden theologischen Inhalten verbunden. So tritt bei verschiedenen Autoren an die Stelle eines normierten Tugendsystems die Kategorie der Ge*lassen*heit, die nach der inneren Haltung des Menschen, nicht aber nach der Erfüllung äußerer Normen fragt. Auch dies ein Ärgernis für die Orthodoxie und – recht betrachtet – ein Ärgernis auch für uns. Kaum ein Wert ist wie das von der Mystik so hochgeschätzte »Lassen« besser geeignet, Sand in das Getriebe der modernen Selbstverständlichkeiten zu streuen. Und dies vor allem, da das »Lassen« der Moderne liebstes Kind, das »Ich«, betrifft. Die Mystik hingegen betrachtet das »Ich« als nur oberflächlichen Teil der Persönlichkeit, der den Menschen verblendet und verstrickt und daher vom Wesentlichen trennt.

Mystiker sind »Ökumeniker in ihrer Unmittelbarkeit« [III], denn die mystische Erfahrung bedeutet zugleich die Erkenntnis, daß das Erfahrene menschliches Begreifen bei weitem übersteigt. Auch in erstarrte Gottesbilder kommt daher Bewegung. Sie öffnen sich – hin zu einer Fülle möglicher Bilder oder aber zur bildlosen Erfahrung des Nichts. Mystik trägt somit in sich die Anlage zur Brückenbauerin zwischen den Religionen, und die Zeugnisse religiöser Toleranz (vgl. S. 188 ff.) sind mit das Kostbarste, was wir ihr verdanken.

Mystik schlägt weiter Brücken zur modernen Erfahrung der Gottferne, die – wie die angeführten Textstellen (vgl. S. 169 ff.) belegen – eben nicht nur modern ist, sondern bereits in der Tradition thematisiert wird. Ja selbst der Zweifel, also das, was im konventionellen Verständnis mit dem Glauben unvereinbar ist, hat im Denken mancher Mystiker Platz.

Nicht minder mag es überraschen, daß die mystische Erfahrung vielfach als Erfahrung der Leere bzw. des Nichts (vgl. S. 178 ff.) beschrieben wird. Dieses Nichts ist, wie alles, was keine Grenzen hat – nicht anders verhält es sich mit den Begriffen der Fülle oder der Ewigkeit –, vom Menschen letztlich nicht faßbar. Entsprechend vielfältig sind die Bewertungen des Nichts. Läßt sich am Nichts in den theistischen Religionen noch der ferne Abglanz Gottes (eben das göttliche Nichts) erkennen, so wird es in Taoismus und Buddhismus selbst zum tragenden Urgrund. Man sollte sich hier vor einer vorschnell vereinheitlichenden Sicht hüten, denn der Reichtum des religiösen Welterbes, d. h. gerade auch die Unterschiede, die zwischen den Religionen bestehen, macht seine Vielfalt aus. Dennoch: Angesichts des erfahrenen Nichts verlieren Glaubensgrenzen ihren Sinn.

Auch die Kluft zwischen religiösen und areligiösen Haltungen ist aus der Perspektive der Mystik nicht unüberbrückbar. Definiert sich eine atheistische Position über die Kritik an naiven Glaubensinhalten und einem entsprechend naiven Gottesbild, ist sie sich mit vielen Mystikern einig. Anders ist lediglich die Bewertung des Nichts bzw. der Leere, das atheistisch als Abgrund, mystisch jedoch als bergender und zeugender Urgrund verstanden wird. In allerletzter Konsequenz ist es das Festhalten oder Loslassen des Ich, das beides voneinander unterscheidet. Während es hier vor seiner drohenden Vernichtung zurückschaudert, hat es sich dort bereits preisgegeben, so daß sich der Mensch als Teil der Ordnung des Ganzen begreifen kann. »Ich habe lange schon mein Leben der großen Leerheit anvertraut« (vgl. S. 184), steht daher in einem chinesischen Gedicht zu lesen. Auch auf das Nichts und die Leere – so eine der überraschenden und gerade für viele moderne Menschen bedenkenswerten Lehren der Mystik – kann man vertrauen.

Mystik ist nicht nebulös, mysteriös, naiv gläubig, einseitig gefühlsaufgeladen oder was sonst noch an Attributen eines bis zur Unkenntlichkeit verflachten Mystikbegriffes kursieren mag, der in der Verwechslung von Mystik und Mystizismus begründet liegt. Mystizismus bezieht sich auf die außergewöhnlichen Begleitumstände der Mystik wie Wunder, Heilungen oder Visionen, die in Teilen der modernen Mystikrezeption breiten Raum einnehmen. Bereits die mystische Tradition ist erfüllt von Mahnungen, Peripherie und Kern nicht zu verwechseln. Die Fixierung des Interesses auf Wunder, Weissagungen und allerlei letzte Wahrheiten ist bei den konsequentesten Denkern der Mystik vor allem eins: Fixierung, d. h. Ausdruck des Ich, das festen Halt sucht und sich dabei immer neu verstrickt.

Mystik will keine blinde Gläubigkeit, sie will den Menschen sehend machen und zielt daher auf den erweiterten, nicht den verengten Horizont. Folglich darf man nicht haften – auch am eingeschlagenen spirituellen Weg nicht, ja selbst an Gott nicht, denn das kleine Ich kann sich nur kleine Vorstellungen machen, die stets seine Größe verfehlen. Immer wieder findet sich daher die Forderung, Gott um Gottes willen zu lassen. Und auch der Buddhismus kennt ein verwandtes Motiv: »Wenn Du dem Buddha begegnest, töte den Buddha« (vgl. S. 68).

Gerade auf die Mystik trifft daher zu, was Martin Buber über Religionen sagt: »Alle echten religiösen Bewegungen wollen nicht etwa dem Menschen die Lösung des Weltgeheimnisses darbieten, sondern ihn ausrüsten, aus der Kraft des Geheimnisses zu leben.« [IV]

Und noch an einem weiteren Punkt ist die Verwechslung von Mystik und Mystizismus problematisch. Mystik wird hier ausschließlich zur Angelegenheit von wenigen Erwählten – und von deren Gefolgschaften, die sich Teilhabe am Heil versprechen und darüber in Abhängigkeit geraten. Breite Traditionsstränge der Mystik lassen sich heute hingegen als »Mystik des Alltags« rezipieren. Mystik ist hier kein Privileg der Erwählten und Heiligen, sondern bedeutet innere Öffnung, zu der jeder Mensch – allerorten und jederzeit (vgl. S. 75 ff.) – fähig ist.

Mystik öffnet für die Dimension des anderen. Zahllos sind die Belegstellen, die davor warnen, daß eine rein verstandesmäßige Orientierung diese Öffnung verstellt. Das bedeutet nicht, daß Mystik vernunftfeindlich wäre. Mystik ist nicht irrational, sondern überrational. Ihr liegt das Wissen um die Gefahr der Vernunft zugrunde, sich im Altbekannten einzurichten und hierbei auf festgefahrene Gleise zu geraten. Entsprechend stellt die Mystik der einseitigen Vernunftorientierung eine ganzheitliche Erkenntniskonzeption entgegen. Immer dort, wo sich der Mensch im Geläufigen einrichtet, setzen Mystiker den Hebel an. Mystische Texte dürfen irritieren und provozieren, ja selbst ärgern dürfen sie, denn Anstößiges ist hier dazu bestimmt, zum Stein des Anstoßes zu werden.

Für den Fall, daß dieser oder jener Text in diesem Buch unzugänglich bleibt, sollte man sich an Meister Eckehart halten: »Wer diese Rede nicht versteht, der bekümmere sein Herz nicht damit. Denn solange der Mensch dieser Wahrheit nicht gleicht, solange wird er diese Rede nicht verstehen.« [V] Nach uralter mystischer Lehre müssen sich der Mensch und das, was er verstehen will, gleichen, d. h. der persönliche Erfahrungshintergrund muß sich mit dem des Textes überschneiden. Menschen allerdings sind bekanntlich verschieden, so daß nicht jeder Text für jeden paßt. Man lese also nicht von (Verständnis-)Lücke zu Lücke (bis letztendlich der Lektüreabsturz droht), sondern von Verstehen zu Verstehen, was stets die Bereitschaft voraussetzt, dem Gelesenen einen Sitz im eigenen Leben zu verleihen.

Dieser Sitz im eigenen Leben ist übrigens weit leichter aufzufinden, als man vielleicht befürchten mag. Im Gegensatz zu dem geläufigen Vorurteil, Mystik sei unverständlich und abgehoben, ist sie über weite Strecken praktische Lebenslehre. Entsprechend sind viele der zitierten Lehrgeschichten mitten aus dem Leben gegriffen. Auch humorige Geschichten lassen sich in diesem Buch finden, die sehr gut zur gar nicht immer so »hehren« Mystik passen. In manchem Fehltritt, Mißgriff oder Reinfall wird man unschwer eigene Erfahrungen wiedererkennen. Und wer über sich lachen kann, läßt vom Ich ...

So unterschiedlich die Texte auch sind, allemal laden sie zum Innehalten und Nachdenken ein und gleichen somit dem Rabbiner in der Geschichte vom Eiligen (vgl. S. 15). Nach dem Grund seiner Eile befragt, antwortet dieser, er gehe seinem Erwerb nach. Der Rabbiner gibt ihm zu bedenken, woher er denn wisse, daß sein Erwerb vor ihm herlaufe, so daß er ihm nachjagen müsse, und bremst somit den Selbstlauf der Betriebsamkeit aus. Mancher moderne Eilige wird an dieser Stelle gemeinsam mit seinem »Vorläufer« aus dem 18. Jahrhundert verwundert innehalten: Und was nun?

Bedeutsam an dieser Geschichte ist auch das, was nicht geschieht. Der Rabbiner nennt dem Eiligen kein Ziel, sondern beschränkt sich darauf, einen Menschen, der sich an seine Eile verloren hat, auf sich selbst zurückzuverweisen. Für einen kurzen Augenblick steht der Eilige still. Alles, was ihm selbstverständlich ist, verliert seine Gültigkeit, verliert sich in der Leere, die sich nun auftut. Wird er ihr enteilen (die Geschäfte drängen und sind wie stets unaufschiebbar), oder wird er ihr standhalten? Und was wird dann sein? In allen Religionen ist den Mystikern diese Leere kostbar, sei es als der allem Sein zugrundeliegende Urgrund, der nun zutage tritt, oder als der Raum, der dazu bestimmt ist, von

Gott gefüllt zu werden. Wer die Glaubensinhalte nicht teilen mag, kann an dem Leer- bzw. Freiraum die Fülle der Möglichkeiten schätzen, die Chance des Neuwerdens, des Ausbrechens aus eingefahrenen Mustern. Gerade eben noch schienen sie dem Eiligen unbezwingbar und auf ewig verhängt – bis da ein kluger Rabbiner kam und sie entzauberte, indem er ihnen – nur für den Augenblick eines kurzen Innehaltens – das Zepter aus der Hand nahm.

So oder so – Mystik öffnet. Öffnung wohin? Die Frage ist naheliegend, und in der Tat stehen die meisten der zusammengestellten Zeugnisse in einem Kontext, der die Erfahrung der Öffnung in ein (freilich oft sehr weit gefaßtes) Glaubenssystem münden läßt. Dennoch habe ich kein religionswissenschaftliches Lesebuch zusammengestellt. Auch auf eine Kommentierung wurde weitgehend verzichtet, denn Näheres zu dem jeweiligen religiös-kulturellen Kontext der Texte bzw. ihrer Autoren läßt sich für interessierte Leser leicht in der angegebenen Literatur auffinden. Dieses Lesebuch soll hingegen zu ersten Streifzügen durch die Welt der Mystik dienen und vor allem dazu, diese Welt für moderne Leser zu öffnen. Über die sich auch auf der persönlichen Ebene stellende Frage nach dem »Wohin« mag der Leser selbst entscheiden – oder auch nicht. Schließlich läßt sich die Forderung des Lassens auch dahingehend beherzigen, daß man sich den Texten unmittelbar stellt und das fleißige Bewerten und Kategorisieren einfach seinläßt.

In der Welt des Geläufigen freilich hat derlei Offenheit einen schweren Stand. Sie wird der Sucht nach Festgefügtem und Letztgültigem geopfert, meist bevor sie dem Fragenden mit ihrem von Vielfalt und Reichtum zeugenden Glanz, mit der nur ihr eigenen Schönheit antworten kann. Offenheit hat keinen sonderlich guten Ruf. Sie steht unter dem Verdacht der Beliebigkeit und Gleichgültigkeit. Ihr wahrer Name jedoch lautet Vertrauen. Warum also sollte der Rabbiner dem Eiligen sein Ziel vorschreiben? Wie alle großen Mystiker und Mystikerinnen ist er zutiefst davon überzeugt, daß sich alles Wichtige im Menschen selbst findet, – wenn er nur innehält, losläßt und sich einläßt – auf das, was dann sein wird.

Unruhe – Ruhe

So habe ich oft gesagt, daß alles Unglück der Menschen einem entstammt, nämlich, daß sie unfähig sind, in Ruhe allein in ihrem Zimmer bleiben zu können. [...] Sie [die Menschen] haben einen geheimen Trieb, der sie treibt, außer Haus Zerstreuungen und Beschäftigungen zu suchen, was der Mahnung ihres währenden Elends entstammt; und sie haben einen andern geheimen Trieb, der von der Größe unserer ersten Natur verblieb, der sie ahnen läßt, daß das Glück in Wirklichkeit in der Ruhe und nicht im Lärm des Umtriebs liegt; und aus diesen beiden gegensätzlichen Trieben bilden sie einen verworrenen Plan, der sich im Unbewußten ihrer Seele verbirgt und der sie dazu bringt, die Ruhe durch die Unruhe zu suchen, und sich dabei immer einzubilden, daß sie das Glück, das sie nicht haben, haben würden, sobald sie etliche Schwierigkeiten, die sie gerade vor sich sehen, überwunden hätten, und daß sie dann die Tür zu geruhsamem Leben öffnen könnten. So verrinnt das ganze Leben: man sucht die Ruhe, indem man einige Schwierigkeiten, die uns hindern, überwinden will; und hat man sie überwunden, dann wird die Ruhe unerträglich. Denn entweder denkt man an die Sorgen, die man hat, oder an die, die uns drohen.

Blaise Pascal[1]

Der Eilige

Der Berditschewer sah einen auf der Straße eilen, ohne rechts und links zu schauen. »Warum rennst Du so?« fragte er ihn. »Ich gehe meinem Erwerb nach«, antwortete der Mann. »Und woher weißt du«, fuhr der Rabbi fort zu fragen, »dein Erwerb laufe vor dir her, daß du ihm nachjagen mußt? Vielleicht ist er dir im Rücken, und du brauchst nur innezuhalten, um ihm zu begegnen, du aber fliehst vor ihm.«

Erzählungen der CHASSIDIM[2]

In Zen-Kreisen erzählt man die Geschichte von einem Mann und einem Pferd. Der Mann sitzt auf seinem geschwind dahingaloppierenden Pferd, und es hat den Anschein, als müsse er ganz schnell zu einer dringenden Verabredung. Am Wegesrand steht ein anderer Mann. Der ruft: »Wohin des Weges?« Worauf der Reiter antwortet: »Keine Ahnung! Frag das Pferd!«

THICH NHAT HANH[3]

Die Unruh kommt von dir

Nichts ist, das dich bewegt: du selber bist das Rad,
Das aus sich selbsten lauft und keine Ruhe hat.

ANGELUS SILESIUS[4]

Wenn der Landmann nichts mehr zu tun hat mit Gras und Unkraut, so hat er nichts mehr, an das er sich halten kann; wenn der Kaufmann nichts mehr zu tun hat mit Gassen und Märkten, so hat er nichts mehr, an das er sich halten kann. Nur wenn die Menschen der Menge ihren tagtäglichen Beruf haben, so geben sie sich Mühe. Die Handwerker sind von der Geschicklichkeit und Handhabung ihrer Werkzeuge abhängig, um sich zu fühlen. Kann er nicht Geld und Gut anhäufen, so wird der Geizhals traurig. Wenn Macht und Einfluß sich nicht stetig ausdehnen, so wird der Ehrgeizige trostlos. Die Sklaven von Macht und Reichtum sind nur glücklich im Wechsel. [...] Sie alle folgen ihrem Pfad mit derselben Regelmäßigkeit wie der Kreislauf des Jahres. Sie sind befangen in der Welt der Dinge und können sich nicht ändern. So rennen sie innerlich und äußerlich dahin, versinken in der Welt der Dinge und kommen ihr Leben lang nicht wieder zu sich selbst. Ach, das ist traurig!

DSCHUANG DSÏ[5]

Der Himmel ist in dir

Halt an, wo laufst du hin? Der Himmel ist in dir!
Suchst du Gott anderswo, du fehlst ihn für und für.

ANGELUS SILESIUS[6]

Elend

Das einzige, was uns in unserem Elend tröstet, ist die Zerstreuung, und dabei ist sie die Spitze unseres Elends; denn sie ist es, die uns grundsätzlich hindert, über uns selbst nachzudenken, die uns unmerklich verkommen läßt. Sonst würden wir uns langweilen, und diese Langeweile würde uns antreiben, ein besseres Mittel zu suchen, um sie zu überwinden. Die Zerstreuungen aber vergnügen uns und geleiten uns unmerklich bis zum Tode.

BLAISE PASCAL[7]

Warum ist unser Geist so geschwätzig, so ruhelos?

Haben Sie sich diese Frage jemals selber gestellt? Warum ist Ihr Geist so ruhelos, geschwätzig, schweift von einer Sache zur anderen, von einer Ablenkung zur nächsten? Warum? Und was werden Sie damit anfangen? Ihre augenblickliche Regung ist, sich zu beherrschen: »Ich soll nicht soviel schwatzen.« Der Aufpasser, der sagt: »Ich darf nicht soviel schwatzen«, ist selber Teil des Geschwätzes. [...]

Warum muß er [der Geist] immer beschäftigt sein? Sobald er nicht beschäftigt ist, werden Sie dann nicht unsicher, haben Sie nicht Angst davor, nicht beschäftigt zu sein? Sie fühlen sich leer, verloren, Sie beginnen zu erkennen, daß da innen eine riesige Einsamkeit ist.

Um also dieser tiefen Einsamkeit mit ihrer ganzen Qual zu entfliehen, beschäftigt sich der Geist mit allem, bloß nicht damit. Und dann wird das zur Beschäftigung. Nachdem er sich mit diesen ganzen äußeren Dingen beschäftigt hat, sagt er: »Ich bin einsam, das ist mein Kummer. Wie soll ich die Einsamkeit überwinden?« Und Sie denken darüber nach, wie elend Ihnen ist – und damit schwatzen Sie schon wieder. [...]

Sobald Sie aber erkennen, daß Ihr Geist geschwätzig ist, und das beobachten, da stehenbleiben, werden Sie sehen, was passiert. Ihr Geist ist geschwätzig. Nun gut, beobachten Sie es. Sie sagen: »Nun gut, schwatz nur« [...]. So wohnen Sie dem Geschwätz bei. Sobald Sie das tun, werden Sie sehen, was passiert: Ihr Geist wird klar, und wahrscheinlich ist das der Zustand eines »normalen«, gesunden Menschen.

JIDDU KRISHNAMURTI[8]

Was Gott vom Menschen fordert

Gott fordert nichts von dir, als daß du ihm sollst ruhn:
Tust du dies, so wird er das andre selber tun.

ANGELUS SILESIUS[9]

Was ist die Ursache, daß diese Menschen sich so zerstreuen? [...] Die [...] Ursache besteht darin, daß der Mensch sich in die Dinge ergießt und sich an die heftet, die ihm vor den Sinnen sind; denn wer sich mit den Dingen nicht vermengen will, soll die äußeren, sinnlichen Dinge hinfließen lassen und durch sie hindurchgehen wie durch etwas, was er nicht beachtet; er soll sie nie tiefer in sich hereinlassen, als es die augenblickliche Notdurft erfordert, sie nicht festhalten, um bei ihnen zu verweilen oder sich innerlich mit ihnen zu unterhalten, mit ihnen zu sprechen, zu rechnen. Sie sollen für ihn etwas sein, was man für nichts hält, nach dem man nicht verlangt, das man nicht sucht; was kommt, lasse er kommen. [...]

Der Mensch soll mit all seinen Kräften durch alle Vorkommnisse, alle Schicksalsschläge zu Gott hinstreben; er kümmere sich nicht viel um Dinge, die ihn aufhalten könnten, es sei Freud oder Leid. Laß sie dahingleiten, und wolle nicht gerade richten, was dich nichts angeht; sondern folge Gott mit deiner Urteilskraft ohne Sorge und Vorbereitung; die Sinne machen nicht den ganzen Menschen aus; daher kommt, daß der Mensch all seine Handlungen verrichten kann, ohne selbst an ihnen teilzuhaben; so kann er dank dieses Umstandes in der Ungelassenheit der täglichen Geschäfte Gott stets gegenwärtig haben und sich selbst von aller Zerstreuung frei halten.

JOHANNES TAULER[10]

Ständige Überbeschäftigung führt allmählich zu einem harten Herzen

Aus diesem, eben diesem Grund lebe ich in ständiger Sorge um Dich. Ich fürchte, Du hast kein Heilmittel und könntest den Schmerz nicht aushalten und Dich deshalb verzweifelt in eine Gefahr stürzen, der kaum mehr zu entkommen wäre. Ich fürchte, sage ich, daß Du, eingekeilt in Deine zahlreichen Beschäftigungen, keinen Ausweg mehr siehst und deshalb Deine Stirn verhärtest; daß Du Dich nach und nach des Gespürs für einen durchaus richtigen und heilsamen Schmerz entledigst. Es ist viel klüger, Du entziehst Dich von Zeit zu Zeit Deinen Beschäftigungen, als daß sie Dich ziehen und Dich nach und nach an einen Punkt führen, an dem Du nicht landen willst. Du fragst, an welchen Punkt? An den Punkt, wo das Herz hart wird. Frage nicht weiter, was damit gemeint sei; wenn Du jetzt nicht erschrickst, ist Dein Herz schon soweit.

Das harte Herz ist allein; es ist sich selbst nicht zuwider, weil es sich selbst nicht spürt. Was fragst Du *mich?* Frage den Pharao (Ex 7,13 u.a.). Keiner mit hartem Herzen hat jemals das Heil erlangt, es sei denn, Gott habe sich seiner erbarmt und ihm, wie der Prophet sagt, sein Herz aus Stein weggenommen und ihm ein Herz aus Fleisch gegeben (Ez 36,26).

Was ist also ein hartes Herz? Das ist ein Herz, welches sich weder von Reue zerreißen, noch durch Zuneigung erweichen, noch durch Bitten bewegen läßt. [...] Um kurz und knapp alle Übel dieser schrecklichen Krankheit auf einen Nenner zu bringen: einem harten Herzen ist die Gottesfurcht und das Gespür für die Menschen abhanden gekommen.

Schau, dahin ziehen Dich diese verfluchten Beschäftigungen, wenn Du so wie bisher weitermachst und Dich ihnen völlig auslieferst, ohne Dir etwas für Dich vorzubehalten. Du vergeudest Zeit, und [...] Du verausgabst Dich selbst in ihnen in sinnloser Mühe, die nur den Geist versehrt, das Herz aushöhlt und die Gnade verpuffen läßt. Denn was sind die Früchte von all dem? Sind es nicht bloße Spinnweben?

BERNHARD VON CLAIRVAUX [11]

Gott wird im Müßigsein gefunden

Gott wird viel eher dem, der gänzlich müßig sitzt,
Als dem, der nach ihm lauft, daß Leib und Seele schwitzt.

ANGELUS SILESIUS [12]

Gegen Mittag, wenn die Wolken duftig sind,
und der Wind weht sanft,
Dann schlendre ich am Fluß entlang,
vorbei an Weiden und blühenden Bäumen.
Die Menschen dieser Tage können meine Freude nicht verstehen
Sie werden sagen, daß ich den Tag verbummele wie ein junger
Taugenichts.

CH'ENG HAO [13]

Innen

Es ist eine große Schmach und Schande, daß ein Mensch so viele andere Dinge kennt, sich selbst aber nicht.

JOHANNES TAULER[14]

Sei Du für Dich der erste und der letzte Gegenstand des Nachdenkens

Fange damit an, daß Du über Dich selbst nachdenkst, damit Du Dich nicht selbstvergessen nach anderem ausstreckst. Was nützt es Dir, wenn Du die ganze Welt gewinnst und einzig Dich verlierst? Denn wärest Du auch weise, so würde Dir doch etwas zur Weisheit fehlen, solange Du Dich nicht selbst in der Hand hast. Wieviel Dir fehlen würde? Meiner Ansicht nach alles. Du könntest alle Geheimnisse kennen, Du könntest die Weiten der Erde kennen, die Höhen des Himmels, die Tiefen des Meeres: wenn Du Dich selbst nicht kennen würdest, glichest Du jemandem, der ein Gebäude ohne Fundament aufrichtet; der eine Ruine, kein Bauwerk aufstellt. Alles, was Du außerhalb Deiner selbst aufbaust, wird wie ein Staubhaufen sein, der jedem Wind preisgegeben ist.

Keiner ist also weise, der nicht über sich selbst Bescheid weiß. Ein Weiser muß zunächst in Weisheit sich selbst kennen und als erster aus seinem eigenen Brunnen Wasser trinken.

Fang also damit an, über Dich selbst nachzudenken, und nicht nur dies: laß Dein Nachdenken auch bei Dir selbst zum Abschluß kommen. Wohin Deine Gedanken auch schweifen mögen, rufe sie zu Dir selbst zurück, und Du erntest Früchte des Heils. Sei Du für Dich der erste und der letzte Gegenstand des Nachdenkens.

BERNHARD VON CLAIRVAUX[15]

Du sollst dein Herz zu jeder Zeit ansehen.

Schau in dein Herz zu jeder Zeit
Mit des Heiligen Geistes Wahrheit,
Dann wird dir alle Lüge herzlich leid.
Denn Lüge vertreibt die göttliche Minne
Und festigt im Gemüt verdeckte falsche Sinne
Und Haß und Grimme.

MECHTHILD VON MAGDEBURG[16]

Der Weisen Stein ist in dir

Mensch, geh nur in dich selbst! Denn nach dem Stein der Weisen
Darf man nicht allererst in fremde Lande reisen.

ANGELUS SILESIUS[17]

Wer seine Gesetze im eigenen Inneren hat, der wandelt in Verborgenheit; wer sein Gesetz im Äußeren hat, des Wille ist darauf gerichtet, Schätze zu sammeln. Wer in Verborgenheit wandelt, der hat Licht in allem, was er tut. Wessen Wille darauf gerichtet ist, Schätze zu sammeln, der ist nur ein Krämer. Die Leute sehen, wie er auf den Zehen steht, während er denkt, daß er alle überrage. Wer die Außenwelt zu erschöpfen sucht, in den dringt die Außenwelt ein. Wer von der Außenwelt eingenommen ist, der kann nicht einmal sein eigenes Ich gelten lassen; wie sollte er die Menschen gelten lassen können?

DSCHUANG DSÏ[18]

Wer andre kennt, ist klug.
Wer sich selber kennt, ist weise.
Wer andere besiegt, hat Kraft.
Wer sich selber besiegt, ist stark.
Wer sich durchsetzt, hat Willen.
Wer sich genügen läßt, ist reich.

LAOTSE[19]

Der inwendige edle Mensch ist aus dem edlen Grund der Gottheit gekommen und nach dem edlen lauteren Gott gebildet und wird wieder dorthin eingeladen und hineingerufen und hingezogen, daß er all des Gutes teilhaftig zu werden vermag, das der edle, wonnigliche Grund von Natur besitzt; das kann die Seele durch göttliche Gnade erlangen. Wie Gott in dem inwendigen Seelengrund den Grund gelegt hat und sich verborgen und bedeckt darin aufhält – wer dies wahrnehmen, erkennen und betrachten könnte, der wäre ohne Zweifel selig. Und hat auch der Mensch seinen Blick nach außen gekehrt und geht in die Irre, so fühlt er doch ein ewiges Locken und eine Neigung hierzu, und wie er sich ihnen auch entzieht, so findet er doch keine Ruhe; alle andern Dinge nämlich können ihm nicht genug sein außer diesem, denn dies – das himmlische Gut – trägt und zieht ihn immer fort in das Allerinnerste, ohne sein Wissen. Es ist dies sein Ziel, wie alle Dinge an ihrem Ziel rasten. Wie es den Stein zur Erde zieht und das Feuer zur Luft aufflammt, so zieht es die Seele zu Gott.

JOHANNES TAULER[20]

In diesem [Seelen-]Grunde, in den die Vernunft nicht gelangen kann, sieht man das Licht in dem Licht, das heißt, befindet man sich in dem inwendigen Licht, das heißt, im Licht der Gnade. [...] Die Weite, die sich in dem Grund da zeigt, besitzt weder die Form eines Bildes noch einer Gestalt, noch (sonst) eine Art und Weise; es gibt kein Hier noch Dort; denn es ist ein unergründlicher Abgrund, [...] darin ist Gottes Wohnung, viel eigentlicher als im Himmel oder in allen Geschöpfen. Wer da hineingelangen könnte, der fände wahrlich Gott darin, und sich selbst fände er mit Gott vereint; denn Gott würde sich nie mehr von ihm trennen; ihm wäre Gott gegenwärtig; und die Ewigkeit wäre hier zu empfinden und zu verkosten; es gibt da weder ein Zuvor noch ein Nachher. [...] In dieser Wüstung herrscht eine solche Einsamkeit, daß ein Gedanke nie da hineinkommen kann. [...] Denn (dieses Sein) ist so innerlich, so weit, so weit (drinnen): es hat weder Zeit noch Ort. Es ist einfach und ohne Unterschied, und wer auf rechte Weise da hineinkommt, dem ist, als ob er hier ewig gewesen sei und er eins mit Gott sei, obwohl das (stets) nur für Augenblicke gilt. Aber diese kurzen Augenblicke werden empfunden und erscheinen wie eine Ewigkeit.

JOHANNES TAULER [21]

Dich auftun wie die Rose

Dein Herz empfähet Gott mit alle seinem Gut,
Wenn es sich gegen ihn wie eine Ros auftut.

ANGELUS SILESIUS [22]

Ein andermal sah ich Gott in allerschönster Gestalt. Ich verliebte mich in seine Schönheit und seine Eigenschaften und war in Sorge um die Nähe zu ihm und die Verbindung mit ihm. Ganz in der Nähe hielt ich mich auf und flehte demütig. Dann zeigte er sich mir, indes er etwas in der Hand hielt. Ich fragte: »Mein Gott, was ist das?« Er antwortete: »Dein Herz!« Ich sagte: »Mein Herz hat einen Rang, der in deiner Hand ist?« Nun durchforschte er mein Herz. Es war wie etwas Zusammengefaltetes, und er faltete es auseinander. Da überdeckte mein Herz alles vom Gottesthron bis zur Erde. Ich fragte. »Das ist mein Herz?« Er antwortete: »Das ist dein Herz! Es ist das weiteste aller Dinge.«

RŪZIBIHĀN [23]

Ein Herz umschließet Gott

Gar unausmeßlich ist der Höchste, wie wir wissen
Und dennoch kann ihn ganz ein menschlich Herz umschließen!

ANGELUS SILESIUS [24]

Wozu noch heilige Schreine aufsuchen, wenn man Bhakti [Gottesliebe] übt? Pilgerfahrten ohne Bhakti sind nutzlos. Mit Bhakti im Herzen aber ist es nicht notwendig, heilige Orte aufzusuchen. Dann bist du dort, wo du stehst, am rechten Ort. Bhakti allein ist sinnvoll.

RAMAKRISHNA [25]

Was weißt denn du, was ich sage! Ich sage: Der Sucher darf Gott nicht im Paradies und nicht im Diesseits und nicht im Jenseits finden wollen und in nichts, was er kennt und sieht, suchen. Der Weg des Suchers befindet sich in seinem Inneren. Er muß den Weg in sich selber gehen. *Und in euch selber. Wollt ihr denn nicht sehen?* (Sure 51. 21). Alles Seiende sucht das Herz des Pfadschreiters, denn es gibt keinen besseren Weg zu Gott als den Weg des Herzens. »Das Herz ist das Haus Gottes« bedeutet eben dieses.

O der du ständig in der Welt herumrennst,
Dieses Laufen, was nützt es wohl?
Das, wovon du nach einem Zeichen suchst,
Ist bei dir, und du suchst anderswo.

HAMADĪNĪ[26]

Der Tempel Gottes

Ich bin der Tempel Gottes, und meines Herzens Schrein
Ists Allerheiligste, wenn er ist leer und rein.

ANGELUS SILESIUS[27]

Der Schüler: Kann jeder Gott schauen?
Der Meister: Ja.
Der Schüler: Kann ich Gott schauen?
Der Meister: Ja.
Der Schüler: Wer ist mein Führer, um Gott zu schauen? Bedarf ich keines Führers?
Der Meister: Wer war dein Führer, um meine Einsiedelei zu schauen? Dank wessen Führung schaust du alle Tage die Welt? Gott ist dein Selbst, jenseits von Leib, Gemüt und Geist. Wie du selbst imstande bist, die Welt zu schauen, so wirst du auch imstande sein, dein eigenes Selbst zu schauen, wenn du mit heiligem Ernste darum ringst, – das Selbst allein ist dein Führer auf dieser Fahrt nach der Wahrheit.

RAMANA MAHARSHI[28]

Laß das (einfache) Volk (zu den Predigern) laufen und (ihnen) zuhören, damit sie nicht verzweifeln oder in Unglauben fallen. Alle aber, die Gott innen und außen angehören wollen, die kehren sich zu sich selber und in sich selbst; und wollt ihr jemals (Gott) teuer werden, so müßt ihr euer auswärtiges Suchen aufgeben und euch nach innen kehren; durch Worte gelangt ihr nie dahin, ihr mögt hören, soviel ihr wollt; sondern liebet Gott allein von Grund eures Herzens und habt ihn im Sinn und eure Nächsten wie euch selber; laßt alle Dinge, wie sie sind. Laßt eure Herzen nach Gott verlangen, wie es die heiligen Patriarchen taten, begehrt, wessen ihr begehren (sollt), und laßt alle Dinge auf sich beruhen.

So muß der Mensch sich Gott überlassen, schlicht und in vollem Vertrauen in seinen ewigen Willen, in geduldiger Gelassenheit, wenn er will, daß die Erlösung geschehe. Dann wird Gott sicher kommen, er wird (in dir) geboren werden. Aber wann? Das überlaß ihm; bei einigen in ihrem Alter, bei anderen in ihrer Todesstunde, das befiehl ihm!

JOHANNES TAULER[29]

Ich trage in meinem Wissen nicht erst Buchstaben zusammen aus vielen Büchern, sondern ich habe den Buchstaben in mir. Liegt doch Himmel und Erden mit allem Wesen, dazu Gott selber, im Menschen. Soll er dann in dem Buche nicht dürfen lesen, das er selber ist?

Wenn ich gleich kein ander Buch hätte als nur mein Buch, das ich selber bin, so hab ich Bücher g'nug. Liegt doch die ganze Bibel in mir. So ich Christi Geist habe, was (be)darf ich denn mehr Bücher? Soll ich wider das zanken, das außer mir ist, ehe ich lerne kennen, was in mir ist?

JAKOB BÖHME[30]

Schrift ohne Geist ist nichts

Die Schrift ist Schrift, sonst nichts! Mein Trost ist Wesenheit
Und daß Gott in mir spricht das Wort der Ewigkeit.

ANGELUS SILESIUS[31]

Die Pforten des Paradieses

Ein Soldat namens Nobushige kam zu Hakuin und fragte: »Gibt es wirklich ein Paradies und eine Hölle?«

»Wer bist du?« erkundigte sich Hakuin. »Ich bin ein Samurai«, antwortete der Krieger. »Du ein Soldat!« rief Hakuin. »Welcher Herrscher mag dich wohl zur Schildwache haben? Dein Gesicht sieht aus wie das eines Bettlers.«

Nobushige wurde so wütend, daß er nach seinem Schwert griff, aber Hakuin fuhr fort: »So, du hast ein Schwert! Deine Waffe ist wohl viel zu stumpf, um mir den Kopf abzuschlagen.«

Als Nobushige sein Schwert zog, bemerkte Hakuin:

»Hier öffnen sich die Pforten der Hölle!«

Bei diesen Worten steckte der Samurai, der die Methode des Meisters erkannte, sein Schwert in die Scheide zurück und verneigte sich.

»Hier öffnen sich die Pforten des Paradieses«, sagte Hakuin.

ZEN-GESCHICHTE[32]

Es gilt, auf diese innere Stimme sein Herz zu richten

Wir ermahnen euch, auf diese innere Stimme das Ohr eures Herzens zu richten. Bemüht euch, mehr darauf zu achten, was Gott im Innern zu euch sagt, als was euch von außen ein Mensch zuspricht. Denn diese innere Stimme ist die überwältigende und starke Stimme (Ps 29,4), die die Wüsten erschüttert, die verschlossensten Bereiche sprengt, den starren Panzer der Seelen durchbricht.

Im Grunde bedarf es keiner Anstrengung, um für diese Stimme empfänglich zu werden. Eher kostet es Mühe, seine Ohren derart zu verstopfen, daß man sie nicht mehr hört. Diese Stimme bietet sich selbst an, dringt von sich aus ein und hört nie auf, an der Tür jedes einzelnen zu klopfen (Offb 3,20). »Vierzig Jahre lang«, sagt sie, »war ich bei diesem Geschlecht, und ich sprach: immer irren sie im Herzen« (Ps 95, 10). Immer noch ist er uns nahe, immer noch spricht er, und vielleicht gibt es keinen, der ihn hört.

BERNHARD VON CLAIRVAUX[33]

Wie können das WORT [Christus] und die Seele miteinander sprechen?

Vielleicht steigen jetzt in deinem Herzen Gedanken auf (Lk 24,38), und du fragst voll Zweifel bei dir: »Wie können die Worte, die das WORT zur Seele spricht, zu ihr gelangen, und wie kann umgekehrt die Seele zum WORT sprechen? Wie kann die Seele die Stimme dessen hören, der zu ihr spricht und ihr bezeugt, sie sei schön, so daß sie ihn mit dem gleichen Ausruf rühmen kann? Wie kann das geschehen (Joh 3,9)? Denn zwar bedienen wir uns des Wortes zum Sprechen, aber das WORT selbst spricht doch nicht. Und ebenso kann die Seele selbst nicht unmittelbar sprechen, sondern sie muß sich vom Mund ihres Leibes Worte zum Sprechen formen lassen.«

Deine Fragen sind berechtigt. Aber beachte, daß hier der Geist spricht und daß das Gesagte geistlich verstanden werden muß. Sooft du also hörst und liest, das WORT und die Seele hielten Zwiesprache miteinander und blickten sich gegenseitig in die Augen, so stelle dir das nicht so vor, als würden sich dabei leibhaftige Stimmen austauschen oder als würden die Bilder der beiden leibhaftig erscheinen.

Höre vielmehr, wie du dir das denken mußt. [...]

Das WORT ist Geist, und die Seele ist Geist, und sie haben ihre eigene Sprache, mit der sie sich gegenseitig ansprechen und sich zu verstehen geben, daß sie da sind. Die Sprache des WORTES ist die Güte seiner Zuneigung, und die Sprache der Seele ist die Glut ihrer Hingabe. Eine Seele, die diese glühende Hingabe nicht hat, ist wie ein der Sprache nicht mächtiges Kind, und sie kann mit dem WORT nicht Zwiesprache halten. Wenn aber das WORT seine eigene Sprache betätigt und zur Seele sprechen will, dann ist es unmöglich, daß die Seele das nicht spürt. »Denn das WORT Gottes ist lebendig und wirksam und schärfer als jedes zweischneidige Schwert; es dringt durch bis zur Scheidung von Seele und Geist« (Hebr 4,12). Und umgekehrt: wenn die Seele zu lallen beginnt, kann dies dem WORT noch viel weniger verborgen bleiben; nicht nur, weil es allgegenwärtig ist, sondern vor allem deshalb, weil diese Sprache nur anheben kann, wenn das WORT selbst die Anregung dazu gibt.

BERNHARD VON CLAIRVAUX[34]

Das Innerste der Seele und die Gedanken des Herzens

Die *Gedanken des Herzens,* das ist das ursprüngliche Leben der Seele in ihrem Wesensgrunde, in einer Tiefe, die vor aller Spaltung in verschiedene Kräfte und ihre Betätigung liegt (...) Das Ur-Leben ist formlos. Die *Gedanken des Herzens* sind durchaus noch keine *Gedanken* im üblichen Sinn, keine fest umrissenen, gegliederten und faßbaren Gebilde des denkenden Verstandes. Sie müssen durch mancherlei Formungen hindurchgehen, eh sie zu solchen Gebilden werden. Sie müssen erst aufsteigen aus dem Grunde des Herzens. Dann kommen sie an eine erste Schwelle, wo sie spürbar werden. Dies *Spüren* ist eine viel ursprünglichere Weise des Bewußtseins als das verstandesmäßige Erkennen. Es liegt auch noch vor der Spaltung der Kräfte und Tätigkeiten. Es fehlt ihm die Klarheit des rein verstandesmäßigen Erkennens; andererseits ist es reicher als eine bloße Verstandeserkenntnis [...]

An der Schwelle, wo die aufsteigenden Regungen gespürt werden, beginnt die Scheidung gattungsgemäß kennbarer seelischer Fähigkeiten und die Ausformung faßbarer Gebilde: dahin gehören vom Verstand ausgearbeitete Gedanken mit ihrer vernunftgemäßen Gliederung (das sind *innere Worte,* für die sich dann auch *äußere Worte* finden lassen), Gemütsbewegungen und Willensentschlüsse, die als wirkende Kräfte in den Zusammenhang des seelischen Lebens eintreten. *Seelisches Leben,* das ist nun nicht mehr das Ur Leben in der Tiefe, sondern etwas, was in *innerer Wahrnehmung* faßbar ist. Und innere Wahrnehmung ist eine ganz andere Art des Erfassens als jenes erste Spüren dessen, was aus der Tiefe aufsteigt [...] Nur wer ganz gesammelt in seinem Innern lebt, der hält traute Wacht über jene ersten *Regungen.*

Edith Stein[35]

Die Probleme des Lebens sind an der Oberfläche unlösbar und nur in der Tiefe zu lösen. In den Dimensionen der Oberfläche sind sie unlösbar.

Ludwig Wittgenstein[36]

Wer der Stimme in seiner Brust folgt, der wird seine Bestimmung nicht verfehlen, dem wächst ein Baum aus der Seele, aus dem jede Tugend und jede Kraft blüht, und der die schönsten Eigenschaften wie köstliche Äpfel trägt, und Religion, die ihm nicht im Weg ist, sondern seiner Natur angemessen, wer aber dieser Stimme nicht horcht, der ist blind und taub und muß sich von andern hinführen lassen, wo ihre Vorurteile sie selbst hinverbannen.

BETTINE VON ARNIM[37]

Ich

Die Bienen

Rabbi Rafael von Berschad sprach: »Es heißt, die Hochmütigen werden als Bienen wiedergeboren. Denn der Hochmütige spricht in seinem Herzen ›Ich bin ein Schreiber, ich bin ein Singer, ich bin ein Lerner.‹ Und weil von diesen gilt, was gesagt ist, daß sie noch an der Schwelle der Hölle nicht umkehren, werden sie nach dem Tode als Bienen wiedergeboren. Die summen und surren: ›Ich bin, ich bin, ich bin!‹«

Erzählungen der CHASSIDIM [38]

Selbst und All-Selbst

Selbst-Bewußtsein ist nicht Ich-Bewußtsein. Das letztere sagt: »Dies ist mein Körper, mein Haus, mein Weib, mein Kind, mein Vermögen!« Das Selbst-Bewußtsein hingegen weiß: Nichts von dem, was ich sehe, höre, halte, ist mein, berührt meine Wesenheit; auch dieser Körper ist nicht mein; denn ich, das Selbst, bin ewig frei und über allem, weil all-eins!

Das Ich ist bloßer Schein – ein Trug des noch nicht erwachten Selbst. Es gleicht einer Linie, die über eine Wasserfläche gezogen wird.

Der Magnetfels unter dem Meeresspiegel zieht das über ihn dahinsegelnde Schiff an und reißt die Nägel aus ihm heraus, so daß die Planken auseinanderfallen und das Schiff in die Tiefe sinkt. So auch wird, wenn die Menschenseele vom Magneten des Allselbst-Bewußtseins angezogen wird, in einem Augenblick alle Nichterkenntnis, Ichhaftigkeit und Leidgebundenheit von ihr abgezogen, und sie entsinkt als Selbst im Ozean des All-Selbst.

Ist die Erkenntnis des Selbst gewonnen, fallen alle Fesseln, gleich, welcher Art. Was bis dahin nötig oder gut war, um das Herz rein und den Sinn auf Gott gerichtet zu halten, ist nun entbehrlich. Denn wenn die Zweiheit endet, bedarf es keiner Brücke mehr vom einen zum andern. Beide sind eins.

RAMAKRISHNA [39]

Die Ichheit schadet mehr als tausend Teufel

Mensch, hüte dich vor dir! Wirst du mit dir beladen,
Du wirst dir selber mehr als tausend Teufel schaden.

ANGELUS SILESIUS [40]

Die Entsagung auf das Vermögen in der ersten Person zu denken, ist das Aufgeben aller Güter um der Nachfolge Christi willen. Alle Güter eines Menschen sind, von ihm selbst als Mittelpunkt aus gesehen, das ganze Universum. Die Menschen lieben Reichtum, Macht und soziale Bedeutung nur, weil sie in ihnen die Fähigkeit stärken, in der ersten Person zu denken.

SIMONE WEIL [41]

Man soll nicht »ich« sein, aber man soll noch weniger »wir« sein.

Die Gemeinschaft der Mitbürger gibt das Gefühl des Zuhauseseins.

Sich in der Verbannung zu Hause fühlen lernen. Verwurzelt sein in der Abwesenheit jeder Stätte.

SIMONE WEIL [42]

Die Zauberperle

Der Herr der gelben Erde wandelte jenseits der Grenzen der Welt. Da kam er auf einen sehr hohen Berg und schaute den Kreislauf der Wiederkehr. Da verlor er seine Zauberperle. Er sandte Erkenntnis aus, sie zu suchen, und bekam sie nicht wieder. Er sandte Scharfblick aus, sie zu suchen, und bekam sie nicht wieder. Er sandte Denken aus, sie zu suchen, und bekam sie nicht wieder. Da sandte er Selbstvergessen [d. h. das Vergessen des Ich] aus. Selbstvergessen fand sie. Der Herr der gelben Erde sprach: »Seltsam fürwahr, daß gerade Selbstvergessen fähig war, sie zu finden!«

DSCHUANG DSÏ [43]

Alle Paare von Gegensätzen (wie Erkennen und Nichtwissen)
und alle Dreiheiten (wie Erkennender, Erkanntes und Erkenntnisvorgang) entspringen einem Einzigen: der Vorstellung »Ich«.
Erkennst du die Wesenheit des Einzigen in deinem Herzen,
fallen alle anderen Vorstellungen dahin.
Nur wer diese Wirklichkeit erfahren hat,
weiß, was wirklich ist.
Ihn macht nichts irre.

RAMANA MAHARSHI [44]

Das Forschen nach dem Selbst

Werden nicht alle Wesen unwillkürlich ihres »Ich« gewahr und erfahren es in all ihren Empfindungen »ich kam – ich ging – ich tat – ich war«? Fragst du, was es sei, wird anscheinend der Leib mit dem Ich gleichgesetzt, weil Bewegungen und andere Betätigungen dem Leibe eignen. [...] Diese Ich Vorstellung, die auf Zeit im Leibe aufsteigt, heißt auch das Ego, oder Nichtwissen, Wahn, Unreinheit und Individuation.

Alle heiligen Schriften haben die Ergründung des Selbst zum Gegenstand, sie erklären: die Vernichtung der Ich-Vorstellung bedeutet Erlösung.

Kann der Leib, bewußtlos wie ein Stück Holz, Licht sein und sich als Ich betätigen? – Nein, darum laß den leichnamgleichen beiseite als wäre er ein Leichnam. Flüstere nicht einmal »Ich«, aber frage angespannt nach innen: was ist's, das dir im Herzen als »Ich« leuchtet? Kannst du hinausgelangen über den zeitweiligen und stoßweisen Strom der Vorstellungen und Regungen, so erhebt sich vor dir stumm und unwillkürlich ein Ständiges und Wandelloses in deinem Herzen: ein Gewahrsein »ICH-ICH«.

Kannst du es erfassen und ganz stillbleiben, so wird es die Vorstellung »Ich« in deinem Leibe ganz auflösen und zunichte machen, und selber wird es verschwinden wie eine weiße Flamme brennenden Kampfers, die erlischt. Weise und heilige Bücher sagen: das sei die Befreiung.

Das Ego in Gestalt der Ich-Vorstellung ist die Wurzel des Baumes aller Wahnvorstellungen; wird sie vernichtet, ist aller Wahn gefällt. Klebe nicht am Vielerlei der Vorstellungen, die dir beim Forschen nach dem Selbst in den Anfangsstadien deiner Übungen kommen. Halte dich abseits von ihnen: ein leidenschaftslos und gleichgültig Zuschauender, der zu sich spricht: »Laß geschehen was mag, ich schaue mir zu.« Übst du ständig diese Haltung und verweilst ohne Wanken in ihr, so löscht das Selbst die Ich-Vorstellung im Leibe aus, sie ist die Wurzel aller Schwierigkeiten, fortzuschreiten auf der geistigen Bahn. [...]

Das Selbst ist in sich selber strahlend Licht. Man soll sich aber besser kein Bild, keine Vorstellung davon machen. Die vorstellende Phantasie an sich bedeutet schon Bindung. Das Selbst ist Ausstrahlung jenseits von Dunkel und Licht – das Gemüt soll es sich gar nicht ausmalen, das führt nur zur Bindung, indes das Selbst unwillkürliches, völlig unbezogenes Licht ist. [...]

Die großen Weisen haben gelehrt: nur durch hingebungsvolles Forschen nach dem Selbst erlangst du Befreiung.

RAMANA MAHARSHI[45]

ER, DEN ich mit meinem Namen umschließe, er weint im Gefängnis. Ich bin immer geschäftig, die Mauer um ihn zu bauen, und wie der Wall in den Himmel wächst Tag für Tag, verlier ich in seinem tiefen Schatten mein wahres Sein aus dem Auge.

Ich bin stolz auf die mächtige Mauer, verkleb sie mit Staub und mit Sand; daß nicht das kleinste Loch in diesem Namen bleibe. Bei all dieser Sorge verlier ich mein wahres Sein aus dem Auge.

RABINDRANATH TAGORE[46]

Ein Meister spricht – und so auch unsere besten Meister –, die Seligkeit liege daran, daß man erkenne und »wisse« das höchste Gut, das Gott selbst ist. Ich habe eine Kraft in meiner Seele, die Gottes ganz und gar empfänglich ist. Ich bin des so gewiß, wie ich lebe, daß mir nichts so »nahe« ist wie Gott. Gott ist mir näher, als ich mir selber bin; mein Sein hängt daran, daß mir Gott »nahe« und gegenwärtig sei! [...]

Soll die Seele Gott erkennen, so muß sie auch sich selbst vergessen und muß sich selbst verlieren; denn solange sie sich selbst sieht und erkennt, so sieht und erkennt sie Gott nicht. Wenn sie sich (aber) um Gottes willen verliert und alle Dinge aufgibt, so findet sie sich wieder in Gott. [...]

Die Meister werfen viele Fragen in der Schule darüber auf, wie es möglich sei, daß die Seele Gott erkennen könne. Es kommt nicht von Gottes Gerechtigkeit und Strenge, daß er viel heischt vom Menschen; es kommt von seiner großen Gebefreudigkeit, wenn er will, daß die Seele sich weite, auf daß sie *viel* empfangen und er ihr *viel* geben könne.

Niemand soll glauben, daß es schwer sei, hierzu zu gelangen, wenngleich es schwer klingt und auch schwer *ist* am Anfang und im Abscheiden und Absterben gegenüber allen Dingen. Aber, wenn man (erst) hineinkommt, so hat es nie ein leichteres, lustvolleres und liebenswerteres Leben gegeben. Denn Gott ist sehr beflissen, allzeit bei dem Menschen zu sein, und belehrt ihn, auf daß er ihn zu sich bringe, wenn anders er folgen will. Nie hat ein Mensch nach irgend etwas so sehr begehrt, wie Gott danach begehrt, den Menschen dahin zu bringen, daß er ihn erkenne. Gott ist allzeit bereit, *wir* aber sind sehr unbereit; Gott ist uns »nahe«, *wir* aber sind ihm fern; Gott ist drinnen, *wir* aber sind draußen; Gott ist (in uns) daheim, *wir* aber sind in der Fremde.

MEISTER ECKEHART [47]

Der Lebensstrom durch Jahrmillionen, der Menschenstrom durch Jahrtausende. Bosheit, Tod und Not, Opferwille und Liebe. – Was bedeutet »Ich« in dieser Sicht? Zwingt mich nicht die Vernunft, das Meine zu suchen, meine Lust, meine Macht, die Achtung der

Menschen vor mir? Und trotzdem »weiß« ich – weiß es, ohne zu wissen –: gerade in dieser Perspektive ist dies das Gleichgültigste von allem. Eine Einsicht, in der *Gott ist.*

DAG HAMMARSKJÖLD [48]

Glückselig, wer durch Buddhas Wort belehrt,
Befriedigt weilt in Abgeschiedenheit!
Glückselig, wer stets liebevoll verkehrt
Mit aller Welt, frei von Gehässigkeit!
Glückselig, wem kein weltliches Begehren
Und keine Sinnenlust den Frieden stört!
Das höchste Glück jedoch wird dem gehören,
Bei dem der Ich-Wahn ganz hat aufgehört.

UDĀNA [49]

Verkleidet ist das Ich, das nur aus gleichgültigen Urteilen, sinnlosen Auszeichnungen und protokollierten »Leistungen« geschaffen ist. Eingeschnürt in die Zwangsjacke des Naheliegenden.

Aus dem alle heraustreten, nackt, auf des Morgenlichts Klippe – empfangen, unversehrbar, frei: im Licht, mit Licht, vom Licht. *Einer,* wirklich in dem einen.

Heraus aus mir selbst, dem Hindernis, hinaus zu mir selbst, der Erfüllung.

DAG HAMMARSKJÖLD [50]

Das wahre Ziel

Die vor alters ihr Selbst zu wahren wußten, schmückten nicht durch Beweise ihr Wissen auf. Sie suchten nicht mit ihrem Wissen die Welt zu erschöpfen, suchten nicht mit ihrem Wissen das LEBEN zu erschöpfen. Auf steiler Höh' weilten sie an ihrem Platz und kehrten zu ihrer Natur zurück. Was hätten sie auch handeln sollen? Der SINN [Tao] besteht wahrlich nicht aus kleinen Tugenden; das LEBEN besteht wahrlich nicht aus kleinen Erkenntnissen. Kleine Erkenntnisse schädigen das LEBEN; kleine Tugenden schädigen den SINN. Darum heißt es: Sich selbst recht machen ist alles. Höchste Freude ist es, das Ziel zu erreichen.

Was die Alten als Erreichung des Ziels bezeichneten, waren nicht Staatskarossen und Kronen, sondern sie bezeichneten damit einfach die Freude, der nichts zugefügt werden kann. Was man heute unter Erreichung des Ziels versteht, sind Staatskarossen und Kronen. Staatskarossen und Kronen aber sind nur etwas Äußerliches und haben nichts zu tun mit dem wahren LEBEN. Was von außen her der Zufall bringt, ist nur vorübergehend. Das Vorübergehende soll man nicht abweisen, wenn es kommt, und nicht festhalten, wenn es geht. Darum soll man nicht um äußerer Auszeichnungen willen selbstisch werden in seinen Zielen, noch um äußerer Not und Schwierigkeiten willen es machen wollen wie die andern. Dann ist unsere Freude dieselbe im Glück und Unglück, und man ist frei von allen Sorgen. Heutzutage aber verlieren die Leute ihre Freude, wenn das Vorübergehende sie verläßt. Von diesem Gesichtspunkt aus sind sie auch mitten in ihrer Freude immer in Unruhe. Darum heißt es: Die ihr Selbst verlieren an die Außenwelt, die ihr Wesen preisgeben an die andern: das sind verkehrte Leute.

DSCHUANG DSÏ [51]

Klage nicht, daß du in Fesseln seist geschlagen.
  Klage nicht, daß du der Erde Joch mußt tragen.
Klage nicht, die weite Welt sei ein Gefängnis;
  zum Gefängnis machen sie nur deine Klagen.
Frage nicht, wie sich dies Rätsel wird entfalten;
  schön entfalten wird sich 's ohne deine Fragen.
Sage nicht, die Liebe habe dich verlassen;
  wen hat Liebe je verlassen? Kannst du 's sagen?
Zage nicht, wenn dich der grimme Tod will schrecken;
  er erliegt dem, der ihn antritt ohne Zagen.
Jage nicht das flücht'ge Reh des Weltgenusses!
  Denn es wird ein Leu und wird den Jäger jagen.
Schlage nicht dich selbst in Fesseln, Herz, so wirst du
  Klagen nicht, daß du in Fesseln seist geschlagen.

FRIEDRICH RÜCKERT: Nachdichtung aus dem Werk Rumis [52]

Armut – Reichtum

Das Äußerliche macht nicht werter

Mensch, alls was außer dir, das gibt dir keinen Wert:
Das Kleid macht keinen Mann, der Sattel macht kein Pferd.

ANGELUS SILESIUS[53]

Sich auf Gott verlassen

Rabbi Mosche Löb sprach: »Wie leicht ist es für einen armen Mann, sich auf Gott zu verlassen – worauf sonst könnte er sich verlassen? Und wie schwer ist es für einen reichen Mann, sich auf Gott zu verlassen – alle seine Güter rufen ihm zu: ›Verlaß dich auf mich!‹«

Erzählungen der CHASSIDIM[54]

Die Erkenntnis des menschlichen Elends ist schwierig für den Reichen, den Mächtigen, weil er fast unwiderstehlich zu dem Glauben neigt, daß er etwas sei. Sie ist gleichfalls schwierig für den Unglücklichen, weil er fast unwiderstehlich zu dem Glauben neigt, daß der Reiche, der Mächtige etwas sei.

SIMONE WEIL[55]

Es ist etwas Großes, nicht an Dinge gebunden zu sein. Aber es ist etwas viel Größeres, nicht an die Vorstellung gebunden zu sein, die wir von ihnen haben.

MAXIMOS der Bekenner[56]

Nur auf dem leeren, leichten Schiff vollkommener Armut und Selbstbeherrschung kann man die Wogen der Leidenschaften durchqueren, deren stürmische Wasser die zurückgezogene Seele überfluten. Haben durch Maßlosigkeit und Begehrlichkeit Ströme von Leidenschaften das Erdreich des Herzens überschwemmt, allen Schlamm und Schmutz schlechter Gedanken hineingespült, dann verwirren sie das Gemüt, trüben den Geist und belasten den Leib. Sie machen Seele und Herz träge, düster und stumpf, verdrängen naturgegebene Verfassung und Empfindung.

GREGORIOS DER SINAIT[57]

Das Allergeizigste

Wie geizig ist ein Herz! Wenn tausend Welten wären,
Es würde sie gesamt und mehr dazu begehren.

ANGELUS SILESIUS[58]

Der Reichtum muß inner uns sein

In dir muß Reichtum sein: was du nicht in dir hast,
Wärs auch die ganze Welt, ist dir nur eine Last.

ANGELUS SILESIUS[59]

Der Reichtum

Gott sprach: *Und er hat dich bedürftig gefunden und reich gemacht* (Sure 93, 8). Reichtum bedeutet mangelloses Besitzen. Es gibt davon drei Grade. Der erste Grad ist der Reichtum des Herzens. Er ist das Nichtgebundensein des Herzens an Zweitursachen, sein Versöhntsein mit dem (göttlichen) Entscheid und sein Freisein von Widersetzlichkeit. Der zweite Grad ist der Reichtum der Seele. Er ist ihr Verharren bei dem (von Gott) Gewünschten, ihr Heilsein von dem (von Gott) Gehaßten und ihr Freisein von der Augendienerei. Der dritte Grad ist das Genughaben an Gott.

ANSĀRI[60]

Der Ärmste der Freiste

Der Armut Eigentum ist Freiheit allermeist:
Drum ist kein Mensch so frei, als der recht arm im Geist.

ANGELUS SILESIUS[61]

Ein Sadhu (Heiliger) baute nach Anweisungen seines Gurus (geistiger Führer) eine kleine, mit Blättern bedeckte Hütte, abseits von den menschlichen Behausungen. Hier begann er seine frommen Übungen. Jeden Morgen nach der Waschung hängte er sein nasses Leinentuch und den Schurz, den er darunter trug, zum Trocknen auf einen Baum neben der Hütte.

Doch wenn er aus dem Nachbardorf, in dem er um seine tägliche Nahrung bettelte, zurückkam, hatten Ratten Löcher in seinen Schurz genagt, so daß er am nächsten Tag die Dorfbewohner um einen neuen bitten mußte.

Da gaben ihm diese den Rat, er solle sich eine Katze anschaffen. Von diesem Tag an ließen ihn die Ratten in Ruhe, und seine Freude war groß. Er pflegte das nützliche kleine Tier mit viel Sorgfalt und gab ihm die Milch, die er im Dorf erbettelte. Nach einigen Tagen meinte ein Dorfbewohner: »Sadhuji, jeden Tag verlangst Du Milch. Einige Zeit können wir Dir genügend geben. Aber wer wird Dir das ganze Jahr über Milch verschaffen? Halte Dir eine Kuh, dann wirst Du Deine eigenen Bedürfnisse befriedigen und auch Deiner Katze Milch geben können.«

Nach einigen Tagen hatte sich der Sadhu eine Milchkuh angeschafft und brauchte nicht mehr um Milch zu betteln. Nach und nach wurde es aber notwendig, Stroh für die Kuh zu erbitten. Er mußte zu diesem Zwecke in Nachbardörfer gehen, aber die Bewohner meinten: »Es gibt viel unbebautes Land um Deine Hütte. Bebaue es und Du wirst nicht um Stroh für Deine Kuh betteln müssen.«

Auf diesen Rat hin begann der Sadhu das Land zu bestellen. Nach und nach mußte er Landarbeiter anstellen und schließlich auch eine Scheune errichten, um die Ernte bergen zu können. So verbrachte er seine Tage in größerer Geschäftigkeit als ein Hausvater.

Nach einiger Zeit besuchte ihn sein Guru. Als er ihn von Hab und Gut umgeben sah, fragte er verwundert einen Knecht:

»Früher lebte ein Asket hier in seiner Hütte. Kannst Du mir sagen, wohin er gegangen ist?«

RAMAKRISHNA[62]

Der Arme muß seine Armut ebenso umsorgen wie der Reiche seinen Reichtum. Wie daher der Reiche jede Arbeit und Mühe auf sich nimmt, damit sein Reichtum nicht schwinde, so muß der Arme das gleiche tun, damit seine Armut nicht schwinde.

'ABD AL-QĀDIR AL-ǦĪLĪ[63]

Ich lebte auf der Schattenseite der Straße und sah hinüber zu den
Gärten meiner Nachbarn, die im Sonnenlichte prunkten.
Ich fühlte, ich war arm, und hungrig ging ich von Tür zu Tür.
Je mehr sie mir von ihrem sorgenlosen Überflusse gaben, um so
bedrückender ward mir die Bettlerschale.
Bis eines Morgens ich aus meinem Schlaf erwachte, weil plötzlich
meine Tür sich öffnete: Du kamst und batest um Almosen!
Verzweifelt brach ich meiner Truhe Deckel auf, und überrascht
fand ich, wie reich ich selber war.

RABINDRANATH TAGORE[64]

Es ist zu unterscheiden eine äußere, zufällige Armut und eine innere Armut, die das Wesen wahrer Armut ist. Die äußere ist nicht Sache aller Menschen, und es sind nicht alle dazu berufen, in äußerer Armut zu leben. Zu der wesentlichen Armut aber sind wir alle berufen, alle, die Gottes Freunde sein wollen, das heißt, daß Gott unseren [Seelen-]Grund allein besitze und wir von keinem anderen Dinge besessen sind und daß wir alle Dinge so besitzen, wie Gott sie von uns besessen haben will, (nämlich) in Armut unseres Geistes, wie St. Paulus sagte: »wie die, welche nichts haben und doch alle Dinge besitzen«, das heißt, daß sie kein Ding so liebhaben, weder Gut noch Freund, weder Leib noch Seele, weder Lust noch Nutzen, daß, wollte Gott es anders von uns, wir es ihm zuliebe und zu seinem Lob gerne nach seinem guten Willen überlassen, in ganz der Weise, wie er es gelassen haben wollte; dies soll unser ganzer guter Wille sein. Aber obgleich die geschwächte Natur dagegen ist, daran liegt nichts, wenn der Wille hierzu bereit ist.

Das, meine Lieben, ist die wahre wesentliche Armut, die sich für alle guten Menschen in Wahrheit gehört und die Gott von ihnen will, und so, daß sie ein freies, lediges, erhabenes Gemüt haben, von keinem Ding in Fesseln geschlagen, weder von Verlangen noch von Liebe, ein Gemüt, das bereit ist, alle Dinge zu lassen, falls Gott es haben wollte. Hätte dann der Mensch auch ein Königreich, so wäre er doch ein wesentlich armer Mensch und durch nichts verhindert, Gott aufzunehmen, solange als kein vergänglich Ding dieses Menschenherz zu Ruhe und Frieden bringen kann, sondern der Mensch allein stets die Hand seines Begehrens nach dem barmherzigen Almosen des lauteren Gutes, das Gott selber ist, ausstreckt: das kann ihn allein zufriedenstellen in seinem Willen und in seinem [Seelen-]Grunde.

Johannes Tauler[65]

Was die Armut des Geistes ist

Die Armut unsres Geists besteht in Innigkeit,
Da man sich aller Ding und seiner selbst verzeiht.

Angelus Silesius[66]

Willst du wissen, was ein wahrhaft armer Mensch ist?

Der Mensch ist wahrhaft arm im Geiste, der alles das wohl entbehren kann, was nicht nötig ist. Darum sprach der, der nackt in der Tonne saß, zum großen Alexander, der die ganze Welt unter sich hatte: »Ich bin«, sagte er, »ein viel größerer Herr als du bist; denn ich habe mehr verschmäht, als du in Besitz genommen hast. Was du zu besitzen für groß achtest, das ist mir zu klein, (es auch nur) zu verschmähen.« Der ist viel glücklicher, der alle Dinge entbehren kann und ihrer nicht bedarf, als wer alle Dinge mit

Bedürfnis (nach ihnen) im Besitz hält. *Der* Mensch ist der beste, der das entbehren kann, was ihm nicht not tut. Darum: wer am allermeisten entbehren und verschmähen kann, der hat am allermeisten gelassen. Es erscheint als ein groß Ding, wenn ein Mensch tausend Mark Goldes um Gottes willen hingäbe und mit seinem Gut viele Klausen und Klöster erbaute und alle Armen speiste; das wäre eine große Sache. Aber der wäre viel glücklicher daran, der ebensoviel um Gottes willen verschmähte. *Der* Mensch hätte ein rechtes Himmelreich, der um Gottes willen auf alle Dinge verzichten könnte, was immer Gott gäbe oder nicht gäbe.

MEISTER ECKEHART[67]

Eigentum

Schun (der große Herrscher) fragte den Dscheng und sprach: »Kann man den Sinn des Weltgeschehens sich zu eigen machen?« Der sprach: »Nicht einmal dein Leib ist dein Eigentum, wie willst du da den Sinn zum Eigentum dir machen?«

LIÄ DSÏ[68]

Je leichter das Gepäck des Wandrers sei,
Je mehr ist auf dem Weg er sorgenfrei.
Ein Wandrer bist in dieser Welt auch du –
Erkenne dies, und nüchtern bind' den Schuh.
Je mehr Vermögen, sind die Sorgen schwer;
Der faltenreiche Turban drückt dich mehr.
Wirf aus dem Kopf die Selbstsucht, die du hast;
Gleich falschem Sinn ist's eine schwere Last.
Sei frei in dieser Welt im ganzen Leben –
Hör diesen Rat, den Qadiri gegeben!

DARA SCHIKOH[69]

Wissen – Weisheit

Wo die Weisheit gerne ist

Die Weisheit findt sich gern, wo ihre Kinder sind:
Warum? O Wunderding! Sie selber ist ein Kind.

ANGELUS SILESIUS[70]

Nicht neue Dinge begreifen wollen, sondern durch immer größere Geduld, Anstrengung und Methode dahin gelangen, die offenkundigen Wahrheiten mit seinem ganzen Selbst zu begreifen.

SIMONE WEIL[71]

Pädagogik – Man müßte in den Grundschulen für die Kinder eine Liste mit allen Dingen aufstellen, über die die Wissenschaft keinerlei Aufklärung geben kann.

SIMONE WEIL[72]

Eine Tasse Tee

Nan-in, ein japanischer Meister der Meiji-Zeit (1868 bis 1912), empfing den Besuch eines Universitätsprofessors, der etwas über Zen erfahren wollte.

Nan-in servierte Tee. Er goß die Tasse seines Besuchers voll und hörte nicht auf weiterzugießen.

Der Professor beobachtete das Überlaufen, bis er nicht mehr an sich halten konnte. »Es ist übervoll. Mehr geht nicht hinein!«

»So wie diese Tasse«, sagte Nan-in, »sind auch Sie voll mit

Ihren eigenen Meinungen und Spekulationen. Wie kann ich Ihnen Zen zeigen, bevor Sie Ihre Tasse geleert haben?«

Zen-Geschichte[73]

Es war Abend, und ich fühlte mich einsam. Ich las ein Buch, bis ich eine große Dürre in meinem Herzen empfand und es mir schien, als sei Schönheit ein Ding, das Wortkrämer für den Markt herstellten. Müde schloß ich das Buch und blies die Kerze aus. In einem Augenblick war das Zimmer von Mondlicht überflutet.

Geist der Schönheit, wie konntest du, dessen Glanz der ganze Himmel nicht zu umfassen vermag, dich hinter einer kleinen Kerzenflamme verbergen? Wie konnten ein paar eitle Worte aus einem Buche wie ein Nebel aufsteigen und sie verschleiern, deren Stimme in das leidenschaftlich pochende Herz der Welt unaussprechlich süße Ruhe gießt?

Rabindranath Tagore[74]

(Ein König) übergab seinen Sohn einer Gruppe von Gelehrten, damit sie ihm Astrologie [...] und anderes beibringen sollten, trotz seiner ungeheuren Dummheit und Stupidität. Eines Tages nahm der König einen Ring in die Hand und prüfte seinen Sohn: »Komm, sag, was ich in der geschlossenen Hand halte!« Er sagte: »Was du hältst, ist rund, gelb und hohl.« Der König sagte: »Da du nun alle Zeichen richtig gesagt hast, urteile, was es ist!« Er antwortete: »Es muß ein Mühlstein sein.« »Was!« sagte der König. »Du hast mir alle kleinen Zeichen so korrekt angegeben, daß der Verstand verwirrt werden konnte – wie kommt es, daß trotz all deinem Lernen und dieser Kenntnis es dir entgehen konnte, daß ein Mühlstein niemals in eine hohle Hand passen kann?«

Nun haben die großen Gelehrten unserer Zeit ebenso in allen Arten von Wissenschaften Haare gespalten. Sie kennen all die anderen Dinge, die sie nichts angehen, und haben sie ganz gründlich gelernt, aber das, was wirklich wichtig für sie ist und dem Menschen nahe ist, nämlich ihr eigenes Selbst, das haben sie übergangen, und sie kennen ihr eigenes Selbst nicht.

Rumi[75]

Werte

Der Flußgott sprach: »Außerhalb oder innerhalb der Dinge: wo ist der Punkt, da Wert und Unwert sich scheidet; wo ist der Punkt, da Großes und Kleines sich scheidet?«

Jo vom Nordmeer sprach: »Vom SINNE [Tao] aus betrachtet kommt den Dingen nicht Wert noch Unwert zu; von den Dingen aus betrachtet hält jedes selbst sich wert und die andern unwert; vom Standpunkt der Masse aus betrachtet ist Wert und Unwert etwas, das nicht auf dem eigenen Ich beruht (sondern auf der Anerkennung von andern). Will man's vom Standpunkt der Relativität aus betrachten und ein Ding, weil es größer ist als andere, als groß bezeichnen, so gäbe es unter allen Dingen keines, das nicht groß wäre. Oder wollte man ein Ding, weil es kleiner ist als andere, als klein bezeichnen, so gäbe es unter allen Dingen keins, das nicht klein wäre. Erkennen, daß Himmel und Erde nur wie ein Reiskorn sind, erkennen, daß die Spitze eines Haares wie ein Berg ist, das ist das Ergebnis der relativen Betrachtungsweise. [...] Will man's vom Standpunkt der Wertung aus beurteilen und ein Ding, weil es auf Wert Anspruch macht, als wertvoll bezeichnen, so gäbe es unter allen Dingen keines, das nicht wertvoll wäre. Oder wollte man ein Ding, dem von andern der Wert abgesprochen wird, als wertlos bezeichnen, so gäbe es kein Ding, das nicht wertlos wäre. Zu erkennen, daß der Erzvater Yau und der Tyrann Gië beide sich selbst für wertvoll und einander für wertlos hielten, das zeigt die Betrachtungsweise der Werturteile. [...]

Mit einem Sturmbock kann man eine Stadt berennen, aber nicht eine Bresche ausfüllen: so gibt's verschiedene Werkzeuge. Auf einem Renner kann man in einem Tag tausend Meilen weit galoppieren, aber Mäuse fangen kann er nicht so gut wie ein Fuchs und ein Wiesel: so gibt's verschiedene Fähigkeiten. Ein Käuzchen und eine Ohreule können bei Nacht ihre Flöhe fangen und die Spitze eines Haars unterscheiden, aber bei Tag starren sie mit glotzenden Augen und können keinen Berg erblicken: so gibt's verschiedene Naturen. [...] Stille, stille, mein Flußgott! Wie willst du das Tor zu Wert und Unwert erkennen und das Haus von Größe und Kleinheit?«

DSCHUANG DSÏ[76]

Imperative

Der Flußgott sprach: »Ja, aber was soll ich dann tun und was nicht tun? Wonach soll ich mich richten beim Ablehnen und Annehmen, beim Ergreifen und Fahrenlassen?«

Jo vom Nordmeer sprach: »Vom SINNE aus betrachtet: was ist da wertvoll und was wertlos? Das sind nur überflüssige Gegensätze. Laß dadurch nicht dein Herz gefangennehmen, daß du nicht im SINN erlahmest! Was ist wenig, was ist viel? Das sind nur Worte beim Danken und Spenden. Mach nicht einseitig deinen Wandel, damit du nicht abweichst vom SINN! [...] Alle Dinge gleichmäßig umfangen, ohne Vorliebe, ohne Gunst, das ist Unumschränktheit. Alle Dinge gleich betrachten: was ist dann kurz, was ist dann lang? Der SINN kennt nicht Ende noch Anfang, nur für die Einzelwesen gibt's Geburt und Tod. Sie können nicht verharren auf der Höhe ihrer Vollendung. Einmal leer, einmal voll, vermögen sie nicht festzuhalten ihre Form. Die Jahre lassen sich nicht zurückholen, die Zeit läßt sich nicht aufhalten. Verfall und Ruhe, Fülle und Leere machen einen ewigen Kreislauf durch. Damit ist die Richtung, die allem seine Bedeutung gibt, ausgesprochen und ist die Ordnung aller Einzelwesen genannt. Das Dasein aller Dinge eilt dahin wie ein rennendes Pferd. Keine Bewegung, ohne daß sich etwas wandelte; keine Zeit, ohne daß sich etwas änderte. Was du da tun sollst, was nicht tun? Einfach der Wandlung ihren Lauf lassen!«

DSCHUANG DSÏ[77]

Religion statt Theologie

Zwei Menschen kamen in einen Garten. Der eine begann sogleich zu untersuchen, welche Art Früchte jeder Baum trägt und was wohl der Wert der ganzen Pflanzung sein möge. Der andere suchte den Besitzer des Gartens auf und pflückte mit dessen Erlaubnis von den Früchten des Gartens, um sie zu essen.

Wer war der Weisere von den beiden? Der, der seinen Hunger stillt.

Was nützt es, die Blätter an den Bäumen zu zählen und über den Wert der Früchte zu streiten? So handelt der Frömmler, der in seinem Grübeln über das Warum und Wie der Schöpfung, über Wesen und Attribute Gottes, über das Leben nach dem Tode oder über die Festlegung von Bekenntnisformen nutzlos geschäftig ist, während der Gläubige sich dem Schöpfer selbst zuwendet und sich der höchsten Glückseligkeit erfreut. –

Solange sich die Biene noch außerhalb der Honigblüte befindet, schwirrt sie summend um sie herum. Ist sie aber ins Innere gelangt, trinkt sie lautlos den Blütensaft.

Solange ein Mensch um Dogmen und Lehrmeinungen streitet, hat er noch nicht den Nektar wahren Glaubens geschmeckt. Sowie er ihn schmeckt, wird er still.

Wer streitet, weiß nicht. Wer weiß, streitet nicht. Seines Glaubens gewiß, läßt er anderen die Freiheit, an dem ihren festzuhalten. Durch Disputieren wird niemand überzeugt. Wird er vom Lichte Gottes berührt und erleuchtet, sieht er seinen Irrtum selbst ein.

RAMAKRISHNA[78]

Man *kann* nicht die Wahrheit sagen; wenn man sich noch nicht selbst bezwungen hat. Man *kann* sie nicht sagen; – aber nicht, weil man noch nicht gescheit genug ist.

Nur der kann sie sagen, der schon in ihr *ruht*; nicht der, der noch in der Unwahrheit ruht, und nur einmal aus der Unwahrheit heraus nach ihr langt.

LUDWIG WITTGENSTEIN[79]

Die allergewöhnlichste Wahrheit, wenn sie die ganze Seele durchdringt, ist wie eine Offenbarung.

SIMONE WEIL[80]

Diese Erfahrung läßt sich nicht wie ein Wissen vermitteln, sondern nur der innere Sinn erfaßt sie

Erwarte nicht, daß wir dir dies nun mit unseren eigenen Worten näher empfehlen. Nur der Geist kann das enthüllen. Du suchst umsonst nach Rat darüber in den Büchern; suche lieber nach der

Erfahrung. Das ist Weisheit, deren Preis der Mensch nicht kennt (Iob 28,12–13). Aus der Verborgenheit wird sie gezogen. Diese Süße läßt sich nicht im Lande derer finden, die süß leben. Es ist die Süße des Herrn: wenn du sie nicht verkostest, siehst du sie nicht. Es heißt: »Kostet und seht, wie süß der Herr ist« (Ps 34,9). Das ist das verborgene Manna, der neue Name, den nur der kennt, der ihn empfängt (Offb 2,17). Das lehrt nicht sorgfältiges Forschen, sondern der Geist, mit dem du gesalbt wirst; nicht das Wissen erfaßt das, sondern das innere Empfinden.

BERNHARD VON CLAIRVAUX[81]

BANKEI zu seinen Schülern: Die Menschen, die sich heutzutage der Zen-Schulung widmen, verbringen ihre ganze Zeit mit alten Zen-Sprüchen und Geschichten und zitieren mal diesen, mal jenen, während sie [...] verbissen den Worten anderer nachspüren, sich von deren Abfällen ernähren, im Boot eines anderen sitzen – unfähig zum Ausbruch in die wahre Freiheit. Sie leben tief in dunklen Höhlen unter körperlosen Geistern. Solche Sinnierer und Grübler werdet ihr hier nicht finden. Ich sorge dafür, daß die Menschen hier von Anfang an auf sich gestellt und unabhängig sind, die Augen geöffnet, so daß ihnen das ganze Universum offensteht. Jedes Wort, jeder Ausspruch der ehrwürdigen alten Meister stand in einem bestimmten Zusammenhang und war den wechselnden Umständen angemessen [...] Wenn ihr Aussprüchen nachjagt und euch in Worte verliert, seid ihr nicht besser dran als der Mann, dem sein Schwert vom Schiff ins Wasser fiel und der die Stelle an der Railing markierte.

MEISTER BANKEI[82]

Wissen ist ein Lichtblitz zwischen zwei Dunkelheiten, aber es leuchtet weder in das Dunkel hinein noch darüber hinaus. Wissen ist für die Technik des Lebens so wichtig wie Kohle für eine Dampfmaschine, aber es reicht nicht bis ins Unbekannte. Das Unbekannte läßt sich nicht im Netz des Gewußten und Bekannten fangen. Man muß alles Wissen beiseite legen, damit das Unbekannte ins Dasein treten kann, aber das ist sehr, sehr schwer.

Unser bewußtes Sein wurzelt in der Vergangenheit, alle unsere Gedanken beziehen sich auf Vergangenes. Das Vergangene ist das Bekannte, das ständig wie ein Schatten über der Gegenwart, dem Unbekannten, liegt. Unbekannt ist nämlich nicht die Zukunft, sondern die Gegenwart, das Jetzt. Zukunft ist nur Vergangenheit, die sich durch das ungewisse Jetzt ihren Weg bahnt. Diese Lücke des Jetzt, dieses Intervall zwischen Vergangenheit und Zukunft, wird durch das blinkende Licht des Wissens erfüllt, das die Leere der Gegenwart überdeckt. Eben diese Leere aber birgt das Wunder des Lebens.

Mit der Wißbegierde verhält es sich wie mit jeder anderen Leidenschaft; sie bietet uns eine willkommene Gelegenheit, der Angst zu entkommen, der Angst vor der Leere, der Verlassenheit, der Sinnlosigkeit unserer Existenz, der Angst vor der Erkenntnis, ein Nichts zu sein. Das Licht des Wissens breitet einen zarten Schleier über das Dunkel, das menschlicher Geist nicht durchdringen kann. Der Geist entsetzt sich vor dem Unerforschlichen und flüchtet sich darum in Theorien, Hoffnungen und Vorstellungen; aber eben das Wissen, das er dabei anhäuft, hindert ihn daran, des Unbekannten inne zu werden. Wer das Wissen beiseitelegt, der ladet die Angst zu sich zu Gaste, und wer auf das Denken verzichtet, das einzige Werkzeug zur Wahrnehmung, das wir besitzen, den wird jedes Leid und jede Freude um so tiefer verwunden. Es ist alles andere als leicht, das Wissen beiseite zu legen. Ohne Wissen sein, heißt aber nicht etwa unwissend sein. Unwissend ist vielmehr der, dem es an Selbsterkenntnis mangelt, und Wissen wird zur Unwissenheit, wenn es sich nicht mit einem Innewerden der eigenen Wesenheit paart. Dieses Innewerden allein bringt uns Freiheit vom Wissen.«

Jiddu Krishnamurti[83]

Nun erhebt sich (wieder) eine Frage. Ihr könntet sagen: Herr, Ihr setzt all unser Heil in ein Unwissen. Das klingt (doch) wie ein Mangel. Gott hat den Menschen geschaffen, auf daß er *wisse*; wie der Prophet sagt: »Herr, mache sie wissend« (vgl. Tob 13,4). Wo Unwissen ist, da ist Mangel und ist Leere; so einer ist ein tierischer Mensch, ein Affe, ein Tor! – und das ist wahr, solange er in diesem Unwissen *verharrt*. Indessen: man muß hier (ja) in ein überformtes Wissen kommen, und zudem darf dieses Unwissen nicht *aus Unwissen* kommen, sondern: *aus Wissen* muß man in ein Unwissen kommen. Dann werden wir wissend werden mit dem göttlichen Wissen, und dann wird unser Unwissen mit dem übernatürlichen Wissen geadelt und geziert werden. Und hierin, wo wir uns leidend verhalten, sind wir vollkommener, als wenn wir wirkten.

MEISTER ECKEHART[84]

Die Aufmerksamkeit besteht darin, das Denken auszusetzen, den Geist verfügbar, leer und für den Gegenstand offenzuhalten, die verschiedenen bereits erworbenen Kenntnisse, die man zu benutzen genötigt ist, in sich dem Geist zwar nahe und erreichbar, doch auf einer tieferen Stufe zu erhalten, ohne daß sie ihn berührten. Der Geist soll hinsichtlich aller besonderen und schon ausgeformten Gedanken einem Menschen auf einem Berge gleichen, der vor sich hinblickt und gleichzeitig unter sich, doch ohne hinzublikken, viele Wälder und Ebenen bemerkt. Und vor allem soll der Geist leer sein, wartend, nichts suchend, aber bereit, den Gegenstand, der in ihn eingehen wird, in seiner nackten Wahrheit aufzunehmen.

Jeder Irrtum [...] kommt nur daher, daß der Geist sich voller Hast auf etwas stürzte und, so vorzeitig angefüllt, der Wahrheit nicht mehr zur Verfügung stand. Die Ursache ist immer, daß man aktiv sein wollte; daß man suchen wollte. Dies läßt sich jedesmal, für jeden Fehler, nachprüfen, wenn man auf seine Wurzel zurückgeht. Es gibt keine bessere Übung als diese Nachprüfung. Denn die hierbei festgestellte Wahrheit gehört zu denen, die man nur glauben kann, wenn man sie hundert- und tausendmal erfahren hat. Das gilt von allen wesentlichen Wahrheiten.

Die kostbarsten Güter soll man nicht suchen, sondern erwarten. Denn der Mensch kann sie aus eigenen Kräften nicht finden, und wenn er sich auf die Suche nach ihnen begibt, findet er statt ihrer falsche Güter, deren Falschheit er nicht zu erkennen vermag.

SIMONE WEIL[85]

Sie wissen, was Konzentration ist. Seit der Kindheit werden wir dazu angehalten, daß wir uns konzentrieren sollen. Konzentration ist die Ballung aller Kraft in einem bestimmten Punkt und das Verharren an diesem Punkt.

In der Schule blickt ein Junge aus dem Fenster. Er schaut den Vögeln zu und die Bäume an, er schaut auf die Bewegung ihrer Blätter, oder er schaut dem Eichhörnchen nach, das einen Baum hinaufklettert. Und der Lehrer sagt:

»Du bist unaufmerksam, konzentriere dich auf das Buch.« Oder: »Hör zu, was ich sage!«

Das bedeutet, daß der Konzentration viel mehr Bedeutung beigemessen wird als der Aufmerksamkeit.

Wenn ich der Lehrer wäre, würde ich dem Jungen helfen, daß er beobachtet. Ich würde ihm helfen, daß er dieses Eichhörnchen voll und ganz beobachtet: »Beobachte, wie sich sein Schwanz bewegt, was seine Krallen machen, alles.« Sobald er gelernt hat, das aufmerksam zu beobachten, wird er auch dem Buch Aufmerksamkeit schenken.

Aufmerksamkeit ist ein Geisteszustand, in dem es keinen Widerspruch gibt. Da gibt es keine Wesenheit, da gibt es kein Zentrum noch einen Punkt, der sagt: »Ich muß aufmerksam sein.«

Es ist ein Zustand, in dem es keines Kraftaufwands bedarf, während im Zustand der Konzentration der Kontrollvorgang immer weitergeht: »Ich will mich auf diese Seite konzentrieren.« Aber die Gedanken schweifen ab, und Sie holen sie wieder zurück. Das ist ein andauernder Kampf. Aufmerksamkeit ist etwas ganz anderes als Konzentration. [...]

Konzentration hat Bezug zum Denken, weil der Verstand die Anweisung gibt: »Ich muß lernen. Ich muß mich konzentrieren, damit ich mich beherrschen lerne.« Das Denken erteilt die Anweisungen von einem Punkt zum nächsten. Aber im Zustand der Aufmerksamkeit hat das Denken keinen Platz. Da paßt man einfach nur auf. [...]

Alles Gedankliche ist immer etwas Besonderes, es ist begrenzt und spaltend. Da es in sich unvollkommen ist, kann es niemals vollkommen werden. Man kann über Vollkommenheit nachdenken. Man kann über Ganzheit nachdenken, aber [der] Gedanke selber ist niemals ganz. [...] Wenn Sie das Wesen des Denkens verstehen und erkennen, was Konzentration ist, dann werden Sie begreifen, daß man nicht aufmerksam sein kann, solange man denkt; denn aufmerksam zu sein bedeutet, daß Sie Ihre ganze Kraft geben, ohne daß [der] Gedanke Sie dabei einschränkt oder beherrscht.

JIDDU KRISHNAMURTI[86]

Aufmerksamkeit: Methode zum Verständnis der Bilder, der Symbole usw. Nicht versuchen, sie auszudeuten, sondern sie solange betrachten, bis das Licht herausbricht.

SIMONE WEIL[87]

Der Begriff des Mysteriums ist rechtmäßig, wenn der logischste, strengste Gebrauch des Verstandes in eine Sackgasse führt, zu einem Gegensatz, dem man nicht ausweichen kann, und zwar in dem Sinne, daß die Vermeidung eines Begriffs den anderen seines Sinns beraubt, daß die Setzung des einen Begriffs zur Setzung des anderen zwingt. Wie ein Hebel überträgt dann der Begriff des Mysteriums das Denken auf die andere Seite der Sackgasse, auf die andere Seite der nicht zu öffnenden Tür, jenseits des Bereichs des Verstandes, darüber. Aber um jenseits des Bereichs des Verstandes zu gelangen, muß man ihn bis ans Ende durchquert haben, und zwar, indem man einem mit unanfechtbarer Strenge vorgezeichneten Weg folgt. Sonst ist man nicht jenseits, sondern diesseits.

SIMONE WEIL[88]

Der Wissenschaft in ihrer Gesamtheit, von der Mathematik bis zur Psychologie und Soziologie, den Sinn für ihren Ursprung und für ihre wirkliche Bestimmung als Brücke zu Gott wiedergeben – nicht indem man die Strenge der Beweisführung, Feststellung und Vermutung vermindert, sondern indem man sie vermehrt – das wäre eine Aufgabe, für die sich die Mühe lohnte.

SIMONE WEIL[89]

Bernhard von Clairvaux beschreibt die der menschlichen Seele (Braut) durch den mystischen Kuß vermittelte Erkenntnis und Liebe in der Bildersprache des Hohenliedes.

So sollt auch ihr immer an die Mahnung des Weisen denken: »Suche nicht etwas, was über dich hinausgeht, und erforsche nicht, was deine Kraft übersteigt« (Sir 3,22), damit ihr euch behutsamen Schrittes in das Heiligtum vortastet. Laßt euch den Weg vom Geist Gottes weisen (Gal 5,16), nicht von eurem eigenen Sinnen und Trachten. Wenn der Heilige Geist den Unterricht übernimmt, spitzt er nicht die Neugier an, sondern entzündet die Liebe. Und so verläßt sich die Braut mit Recht bei der Suche nach dem, den ihre Seele liebt (Hld 3,1), nicht auf die Sinne ihres Fleisches und gibt sich nicht mit leeren Spekulationen der menschlichen Wißbegier zufrieden, sondern sie bittet um den Kuß. Das bedeutet: sie ruft den Heiligen Geist an, um von ihm zugleich den Geschmackssinn für die Erkenntnis und die Würze der Gnade zu empfangen. Eine Erkenntnis, die aufbläht (1 Kor 8,1), weil sie ohne Liebe ist, stammt also nicht vom Kuß her. [...]

Alle, die zwar Eifer für Gott haben (Röm 10,2), aber ohne Erkenntnis sind, sollen sich ja nicht einbilden, daß sie den Kuß empfangen haben. Denn die Gnade des Kusses schenkt immer beide Gaben: das Licht der Erkenntnis und die lebendige, spürbare Hingabe. Der Geist ist der Geist des Geschmacks an der Weisheit und der Geist der Einsicht (Jes 11,2). Er ist wie die Biene, die immer sowohl Wachs als auch Honig herstellt: er zündet das Licht der Erkenntnis an und weckt auch zugleich immer den Geschmackssinn, der die Gnade verkostet. Verfügt jemand nur über eines von beidem: erkennt er die Wahrheit und ist ungerührt von der Liebe, oder hat er Gefühle der Liebe und ist ohne Erkenntnis, dann braucht er nicht zu meinen, er habe den Kuß erfahren. Denn dieser Kuß läßt dem Irrtum oder der Empfindungslosigkeit keinen Raum.

Bernhard von Clairvaux[90]

Demut

Wir brauchen die Demut nicht zu erwerben. Die Demut ist in uns. Nur demütigen wir uns vor falschen Göttern.

SIMONE WEIL[91]

Das Fundament des geistlichen Strebens: sich selbst ganz nüchtern in den Blick nehmen

Die Seele muß vor allem zunächst einmal über sich selbst Bescheid wissen. Das ist sowohl um des Erfolgs als auch um des sinnvollen Vorgehens willen notwendig. Um des sinnvollen Vorgehens willen: denn was uns zuallererst einmal vorgegeben ist, sind wir selbst. Um des Erfolgs willen: denn ein solches Wissen bläht nicht auf, sondern stellt den Menschen bescheiden auf den Boden, und das ist die beste Grundlage für das Bauwerk, das man hochziehen will. Nur auf dem soliden Fundament der nüchternen Einschätzung seiner selbst kann ein geistliches Gebäude überhaupt stehenbleiben. Es gibt kaum etwas Wirksameres und Entsprechenderes, um der Seele diese rechte Demut beizubringen, als daß sie sich einfach im Licht der Wahrheit sieht. Die Voraussetzung dafür ist, daß sie sich nichts vormacht und keinen Betrug im Sinne hat, sondern sich ganz nüchtern selbst in den Blick nimmt und sich nicht von sich ablenken läßt.

BERNHARD VON CLAIRVAUX[92]

Und auch bei denen, die immer im Elend unserer Erde steckenbleiben […], wird die Strömung nie aus dem Schlamm der Ängste herauskommen, aus der Verzagtheit und Feigheit, die furchtsam fragt, ob man auf mich schaut oder nicht auf mich schaut; ob mir, wenn ich diesem Weg folge, etwa ein Unheil zustößt; ob ich es wagen kann, jenes Werk zu beginnen; ob es Hochmut ist; [...] Oh Gott bewahre, meine Töchter! Wie viele Seelen hat der Satan durch solche Mattherzigkeit um reichen Gewinn gebracht! All diese Bedenken erscheinen ihnen als Demut, und vieles andere mehr, was ich noch nennen könnte. Die Ursache davon ist, daß wir uns selbst nicht ganz verstehen. Der Satan verdreht unsere Selbsterkenntnis, und wenn wir nie aus uns selbst herausgehen, so wundert es mich nicht, daß solche und ähnliche Ängste in uns auftauchen können. Darum Töchter, sage ich: Laßt uns die Augen auf Christum richten, unser Heil, wo wir die wahre Demut erfassen, und laß uns auf seine Heiligen schauen. Dann wird sich, wie ich gesagt habe, unser Verstand veredeln und unsere Selbsterkenntnis davor bewahrt werden, zur Kriecherei und Feigheit zu entarten.

TERESA VON AVILA[93]

Demut ist im gleichen Grad der Gegensatz zur Selbstdemütigung wie zur Selbstüberhebung. Demut heißt *sich nicht vergleichen.* In seiner Wirklichkeit ruhend ist das Ich weder besser noch schlechter, weder größer noch kleiner als anderes oder andere. Es *ist* – nichts, aber gleichzeitig eins mit allem. In diesem Sinne ist Demut völlige Selbstvernichtung.

In der Selbstvernichtung der Demut nichts zu sein und doch in der Kraft der Aufgaben ganz *ihr* Gewicht und *ihre* Autorität zu verkörpern, ist die Lebenshaltung des Berufenen. Vor Menschen, Werk, Gedicht und Kunst geben, was das Ich dabei vermittelt, und, einfach und frei, entgegennehmen, was ihm zukommt an Kraft der inneren Identität. Lob und Tadel, die Winde von Erfolg und Mißerfolg, blasen spurlos über dieses Leben hinweg und ohne sein Gleichgewicht zu erschüttern.

Dazu hilf mir, Herr –

DAG HAMMARSKJÖLD[94]

Demut an sich ist nichts anderes als eine schonungslose Erkenntnis und Erfahrung des eigenen Selbst in seiner Beschaffenheit. Denn wer wirklich erkennt und erfährt, wie er ist, müßte gewiß auch wirklich demütig sein. Zwei Gründe gibt es für diese Demut: der eine ist die schmutzige Erbärmlichkeit und Hinfälligkeit des Menschen, ein Zustand, in den er durch die Sünde gefallen ist und den er immer irgendwie an sich erfahren muß, solange er in diesem Leben weilt, und wäre er noch so heilig. Der andere Grund ist die überströmende Liebe und Erhabenheit des göttlichen Seins, bei dessen Betrachtung die ganze Natur erbebt, die Gelehrten sich als Narren entlarven und alle Engel und Heiligen geblendet werden; so sehr, daß ihnen, ich weiß nicht was, widerführe, wenn Er nicht kraft Seiner göttlichen Weisheit ihnen davon nur soviel zu erschauen gäbe, als dem Maße ihrer Befähigung durch ihre Natur und die Gnade entspricht.

Der zweite Grund ist vollkommen.

Wolke des Nichtwissens [95]

Jeder Hochwuchs

Rabbi Abraham sprach: »Wir beten: ›Jeder Hochwuchs, vor dir neige er sich.‹ Wenn der Mensch zur höchsten Stufe gelangt, zur Beschaffenheit des vollkommnen Hochwuchses, dann erst wird er wahrhaft niedrig in seinen Augen und erfährt, was das ist, sich neigen vor dir.«

Erzählungen der Chassidim [96]

Nichts ist der wahren Demut näher als der Verstand. Wegen seines eigenen Verstandes stolz und selbstgefällig zu sein, ist in dem Augenblick, wo man ihn wirklich arbeiten läßt, unmöglich

Simone Weil [97]

Siehst du nun, daß uns die Demut rechtfertigt? Die »Demut« habe ich gesagt, nicht die »Demütigung«. [. . .] Denn nur die heitere, freie Demut verdient die ihr eigene Gnade. Wäre diese Demut erzwungen und erpreßt [. . .], solche Demut zöge ihrer traurigen Mine wegen keine besondere Gnade nach sich.

Bernhard von Clairvaux [98]

Der Zen-Meister war mit einem Schüler in der Stadt unterwegs. Als sie an einem blinden Bettler vorbeikamen, sagte der Meister zu seinem Schüler: »Gib dem Mann ein Almosen!« Und der Schüler warf dem Mann eine Münze in den Hut. »Jetzt bedanke dich bei ihm«, sagte der Meister. Der Schüler tat dies widerwillig und sagte wenig später: »Warum sollte ich mich verneigen, der Mann war doch blind?« Der Meister erwiderte: »Dies tut nichts zur Sache, die Verbeugung machst du für dich, und nicht für ihn.« »Und«, fügte er hinzu, »wer weiß, vielleicht ist der Mann ein Schwindler.«

Zen-Geschichte [99]

Die Seele des Demütigen ist wie das Meer; wenn man in das Meer einen Stein hineinwirft, bewegt sich die Oberfläche des Wassers wohl für einen Augenblick, dann sinkt er in die Tiefe. So versinkt aller Kummer im Herzen des Demütigen, denn die Kraft Gottes ist mit ihm.

Wo wohnst du, demütige Seele? Wer wohnt in dir? Wem kann man dich gleichstellen?

Du brennst hell wie die Sonne, aber du verbrennst nicht, sondern mit deiner Glut erwärmst du alles.

Dir gehört das Land der Sanftmütigen, nach dem Wort des Herrn.

Du gleichst einem Blumengarten, in dessen Tiefe ein schönes Haus steht, in dem der Herr wohnt.

Dich lieben Himmel und Erde.

Starez Siluan [100]

Der Weg zum Sieg

Es gibt in der Welt einen immer sieghaften Sinn und einen immer sieglosen Sinn. Der sieghafte Sinn heißt Demut, der sieglose Sinn heißt Gewalt. Beides ist leicht zu erkennen, aber die Menschen erkennen es noch nicht. Darum haben die Alten gesagt: Gewalt verläßt sich darauf, daß andres dem eignen Selbst nicht gleichkommt; Demut verläßt sich auf das, was aus dem eignen Selbst hervorgeht.

Wenn einer sich darauf verläßt, daß andere seinem eignen Selbst nicht gleichkommen, und die andern erreichen es dann doch, seinem eignen Selbst gleichzukommen, so kommt er in Gefahr. Wer sich auf das verläßt, was aus seinem eignen Selbst hervorgeht, kommt nie in Gefahr. Dadurch siegt man über ein Ich wie nichts; dadurch waltet man über der Welt, wie nichts. Das heißt: man siegt nicht, es siegt sich von selber. Man waltet nicht, es walte sich von selber.

Meister Yu sprach: »Willst du Härte, mußt du sie durch Weichheit wahren. Willst du Stärke, mußt du sie durch Schwäche schützen. Übe dich in Demut, so wirst du fest. Übe dich im Schwachsein, so wirst du stark. Wenn du darauf siehst, was einer übt, so weißt du, ob Glück oder Unglück ihm naht. Die Gewalt siegt über das, was dem eignen Selbst nicht gleichkommt. Das, was dem eignen Selbst gleichkommt, stößt hart mit ihr zusammen. Demut siegt durch das, was aus ihrem eignen Selbst hervorgeht, ihre Macht ist ohne Maß.«

Lau Dan *(Laotse)* sprach:

»Sind Waffen stark, so bersten sie.
Ist ein Baum stark, so zerbricht er.
Weichheit und Schwäche sind Gesellen des Lebens,
Festigkeit und Stärke sind Gesellen des Todes.«

LIÄ DSÏ [101]

Gelassenheit

Ein gelassener Mensch soll nicht allzeit danach ausschauen, wessen er bedürfe, sondern wessen er entbehren könne.

HEINRICH SEUSE[102]

Von ungelassenen Leuten, die voll Eigenwillens sind

Die Leute sagen: »Ach, ja, Herr, ich möchte gern, daß ich auch so gut zu Gott stünde und daß ich ebensoviel Andacht hätte und Frieden mit Gott, wie andere Leute haben, und ich möchte, mir ginge es ebenso oder ich wäre ebenso arm«, oder: »Mit mir wird 's niemals recht, wenn ich nicht da oder dort bin und so oder so tue, ich muß in der Fremde leben oder in einer Klause oder in einem Kloster.«

Wahrlich, darin steckt überall dein Ich und sonst ganz und gar nichts. Es ist der Eigenwille, wenn zwar du's auch nicht weißt oder es dich auch nicht so dünkt: niemals steht ein Unfriede in dir auf, der nicht aus dem Eigenwillen kommt, ob man's nun merke oder nicht. Was wir da meinen, der Mensch solle dieses fliehen und jenes suchen, etwa diese Stätten und diese Leute und diese Weisen oder diese Menge oder diese Betätigung – nicht das ist schuld, daß dich die Weise oder die Dinge hindern: du bist es (vielmehr) selbst in den Dingen, was dich hindert, denn du verhältst dich verkehrt zu den Dingen.

Darum fang zuerst bei dir selbst an und *laß dich!* Wahrhaftig, fliehst du nicht zuerst dich selbst, wohin du sonst fliehen magst, da wirst du Hindernis und Unfrieden finden, wo immer es auch sei. Die Leute, die da Frieden suchen in äußeren Dingen, sei's an Stätten oder in Weisen, bei Leuten oder in Werken, in der Fremde oder in Armut oder in Erniedrigung – wie eindrucksvoll oder was es auch sei, das ist dennoch alles nichts und gibt keinen Frieden. Sie suchen völlig verkehrt, die so suchen. Je weiter weg sie in die Ferne schweifen, um so weniger finden sie, was sie suchen. Sie gehen wie einer, der den Weg verfehlt: je weiter der geht, um so mehr geht er in die Irre. Aber, was soll er denn tun? Er soll zuerst sich selbst lassen, dann hat er alles gelassen. Fürwahr, ließe ein Mensch ein Königreich oder die ganze Welt, behielte aber sich selbst, so hätte er nichts gelassen. Läßt der Mensch aber von sich selbst ab, was er auch dann behält, sei es Reichtum oder Ehre oder was immer, so hat er alles gelassen.

[...] Richte dein Augenmerk auf dich selbst, und wo du *dich* findest, da laß von dir ab; das ist das Allerbeste.

MEISTER ECKEHART[103]

Je mehr du aus, je mehr Gott ein

Je mehr du dich aus dir kannst austun und entgießen,
Je mehr muß Gott in dich mit seiner Gottheit fließen.

ANGELUS SILESIUS[104]

Gott sucht und will haben einen demütigen und sanftmütigen Menschen, einen armen und lauteren Menschen, einen gelassenen Menschen, der in Gleichmut verharre. Das bedeutet nicht, daß man sich niedersetzen soll und ein Fell über das Haupt ziehen; wahrlich, ihr Lieben, nein! Aber du sollst Gott dich suchen lassen [...]. Wer ein verlorenes Ding sucht, sucht es nicht nur an einem Platz, sondern an vielen Orten, da und dort, so lange, bis er es findet. Sieh, so muß dich Gott auf mannigfache Weise suchen. Laß dich nur finden in all den Weisen, in all den Schickungen, die auf dich fallen, wo es auch herkommt, durch wen er es will.

JOHANNES TAULER[105]

Lern' diese Alchemie vom Gottgesandten:
Begnüge dich mit dem, was Er dir gibt;
Und wenn der Bote »Kummer« in dein Haus kommt,
Umarme ihn wie einen alten Freund!

RUMI[106]

Vom Nutzen des Lassens, das man innerlich und äußerlich vollziehen soll

Du mußt wissen, daß sich noch nie ein Mensch in diesem Leben so weitgehend gelassen hat, daß er nicht gefunden hätte, er müsse sich noch mehr lassen. Der Menschen gibt es wenige, die das recht beachten und darin beständig sind. Es ist ein gleichwertiger Austausch und ein gerechter Handel: So weit du ausgehst aus allen Dingen, so weit, nicht weniger und nicht mehr, geht Gott ein mit all dem Seinen, dafern du in allen Dingen dich des Deinen völlig entäußerst. Damit heb an, und laß dich dies alles kosten, was du aufzubringen vermagst. Da findest du wahren Frieden und nirgends sonst.

Die Leute brauchten nicht soviel nachzudenken, was sie *tun* sollten; sie sollten vielmehr bedenken, was sie *wären.* Wären nun aber die Leute gut und ihre Weise, so könnten ihre Werke hell leuchten. Bist *du* gerecht, so sind auch *deine Werke* gerecht. Nicht gedenke man Heiligkeit zu gründen auf ein Tun; man soll Heiligkeit vielmehr gründen auf ein Sein, denn die Werke heiligen nicht uns, sondern wir sollen die Werke heiligen. Wie heilig die Werke immer sein mögen, so heiligen sie uns ganz und gar nicht, soweit sie Werke sind, sondern: soweit wir heilig sind und Sein besitzen, soweit heiligen wir alle unsere Werke, es sei Essen, Schlafen, Wachen oder was immer es sei. Die nicht großen Seins sind, welche Werke die auch wirken, da wird nichts daraus. Erkenne hieraus, daß man allen Fleiß darauf verwenden soll, gut zu *sein,* – nicht aber so sehr darauf, was man tue oder welcher Art die Werke seien, sondern wie der Grund der Werke sei.

MEISTER ECKEHART[107]

Nun (aber) sagen unsere biederen Leute, man müsse so vollkommen werden, daß uns keinerlei Freude mehr bewegen könne und man unberührbar sei für Freude und Leid. Sie tun unrecht daran. *Ich* (aber) sage, daß es nie einen noch so großen Heiligen gegeben hat, der nicht hätte bewegt werden können. Indessen sage ich demgegenüber auch: Wohl wird es dem Heiligen (schon) in diesem Leben zuteil, daß ihn nichts von Gott abzubringen vermag. Ihr wähnt, solange Worte euch zu Freude und Leid zu bewegen vermögen, seiet ihr unvollkommen? Dem ist nicht so! (Selbst) Christus war *das* nicht eigen; das ließ er erkennen, als er sprach: »Meine Seele ist betrübt bis in den Tod« (Mt 26,38). [...] Daher sage ich: Einen Heiligen, dem Pein nicht wehe täte und Liebes nicht wohl, hat es noch nie gegeben, und niemals wird es einer dahin bringen. Wohl kommt es hie und da vor, bewirkt durch die Liebe und Huld und ein Wunder Gottes, daß einer, dem man seinen Glauben oder sonst was schölte, wenn er mit Gnade übergossen wäre, ganz gleichmütig in Lieb und Leid stünde. Und wiederum bringt es ein Heiliger wohl dahin, daß ihn nichts von Gott abzubringen vermag, so daß, obzwar das Herz gepeinigt wird, während der Mensch nicht in der Gnade steht, der Wille doch einfaltiglich in Gott verharrt und spricht: »Herr, ich (gehöre) dir und du mir!« Was immer dann (in einen solchen Menschen) einfällt, das behindert nicht die ewige Seligkeit, dieweil es nicht den obersten Wipfel des Geistes befällt dort oben, wo er mit Gottes allerliebstem Willen vereint steht.

MEISTER ECKEHART[108]

Gleich wie ein leichtes Blatt, also gleichgiltig schwebet
In Gottes Luft mein willenloser Sinn;
Kein Wollen sonst in mir als Gottes Wollen lebet,
Sein mindster Wink bläst meinen Willen hin.
Zu lassen und zu tun, zu leiden oder nicht,
Es ist mir alles eins, Herr, wenn dein Will geschicht.

GERHARD TERSTEEGEN[109]

Die Hand des Gebetes der Gott-Erkennenden wendet, gleich dem Platanenblatt, die Blätter des Buches der Willenlosigkeit um; denn er erwartet nicht, den Saum der Rose des Wunsches zu ergreifen, sondern folgt immer nur dem Wehen des Windes des Geschicks – wie der ihn bewegt, so bewegt er sich.

Und das hohe Streben der Gottesfreunde ist frei, gleich der

Gestalt der nackten Zypresse, von den geliehenen Kleidern jeder Bindung; denn sie beanspruchen nicht, Glück in die Hand zu bekommen, sondern sind immer zufrieden mit der Zufriedenheit des Allmächtigen – wohin Er sie wendet, dahin wenden sie sich. Diese Großen öffnen niemals aus eigenem Willen die Tür eines Wunsches und belasten ihre hilflose Hand nicht damit, sich um irgendeines Begehrens willen zu rühren.

KHAWĀJA MĪ DARD[110]

Die gelassene Schönheit

Ihr Menschen lernet doch von Wiesenblümelein,
Wir ihr könnt Gott gefalln und gleichwohl schöne sein.

ANGELUS SILESIUS[111]

Wie edel sich ein recht gelassener Mensch in allen Dingen verhält

Darauf wandte sich der Jünger wieder voll Ernst zur ewigen Wahrheit und bat um Belehrung über die äußeren Merkmale im Verhalten eines Menschen, der sich in Wahrheit (Gott) überlassen habe, und fragte so: Ewige Wahrheit, wie verhält sich ein solcher Mensch einem jeglichen Ding gegenüber?
Antwort: Er entsinkt sich selbst und alles mit ihm.
Frage: Wie verhält er sich zu der Zeit?
Antwort: Er lebt im gegenwärtigen Augenblick ohne selbstsüchtigen Vorsatz und nimmt sein Höchstes wahr, sei es im Gewöhnlichen oder im Erhabenen.
Frage: Paulus sagt, für den Gerechten gebe es kein Gesetz (1 Tim 1,9).
Antwort: Ein gerechter Mensch, so wie er geworden ist, verhält sich unterwürfiger als andere Menschen; er begreift nämlich aus seinem innersten Grunde, was nach außen hin jedem ziemt, und faßt alle Dinge so auf; daß er keinem Gesetz unterworfen ist, kommt daher, daß er aus Gelassenheit vollbringt, was die Allgemeinheit unter Druck tut. [...]

Frage: Woher kommt etlicher gut scheinender Menschen großer Gewissensdrang und übermäßige Angst und manch anderer Menschen unordentliche Weite ihres Gewissens?
Antwort: Beiden schwebt noch ihr Selbst als Zielbild vor, aber auf verschiedene Art, jenen auf geistliche, diesen auf leibliche Weise.
Frage: Bleibt ein solcher Mensch allzeit untätig, oder womit beschäftigt er sich?
Antwort: Eines wirklich gelassenen Menschen Tun ist sein Lassen, sein Werk, sein Müßigbleiben; denn in seiner Tätigkeit bewahrt er die Ruhe und während seines Wirkens seine Muße.
Frage: Wie verhält er sich gegen seinen Nächsten?
Antwort: Er übt Gemeinschaft mit den Leuten, ohne ihr Bild in sich zu prägen, erweist Liebe, ohne an ihnen zu hängen, und Mitleiden, ohne sich zu sorgen in rechter Freiheit. [...]
Frage: Wie steht es mit seiner äußeren Lebensführung?
Antwort: Er fällt nicht auf, spricht nicht viel; und was er sagt, ist schlicht und einfach; er hat einen ruhigen Lebenswandel, so daß die Dinge ohne sein Zutun ihn durchfließen, und ist ruhig in seinen Sinnen.
Frage: Sind alle gelassenen Menschen so?
Antwort: Mehr oder weniger je nach den Umständen; im wesentlichen aber gleichen sie einander.
Frage: Ist ein solcher Mensch zum vollen Besitz der Wahrheit gelangt, oder kennt auch er noch ein Meinen und Glauben?
Antwort: Solange der Mensch Mensch bleibt, gelangt er nicht über Meinen und Glauben hinaus; ist er aber, losgelöst von sich, versunken in das, was da ist, so besitzt er ein Wissen aller Wahrheit, denn seiner selbst entsunken, steht er dann in der Wahrheit selbst.

Und hiermit sei dir genug gesagt; denn nicht mit Fragen, sondern mit rechter Gelassenheit gelangt man zu dieser verborgenen Wahrheit. Amen.

Heinrich Seuse[112]

Schmutzige Straße

Tanzan und Ekido wanderten einmal eine schmutzige Straße entlang. Zudem fiel auch noch heftiger Regen.

Als sie an eine Wegbiegung kamen, trafen sie ein hübsches Mädchen in einem Seidenkimono, welches die Kreuzung überqueren wollte, aber nicht konnte.

»Komm her, Mädchen«, sagte Tanzan sogleich. Er nahm sie auf die Arme und trug sie über den Morast der Straße.

Ekido sprach kein Wort, bis sie des Nachts einen Tempel erreichten, in dem sie Rast machten. Da konnte er nicht mehr länger an sich halten. »Wir Mönche dürfen Frauen nicht in die Nähe kommen«, sagte er zu Tanzan, »vor allem nicht den jungen und hübschen. Es ist gefährlich. Warum tatest du das?«

»Ich ließ das Mädchen dort stehen«, sagte Tanzan, »trägst du sie noch immer?«

Zen-Geschichte [113]

Gleichschätzung macht Ruh

Wenn du die Dinge nimmst ohn allen Unterscheid,
So bleibst du still und gleich in Lieb und auch in Leid.

Angelus Silesius [114]

Der Spiegel des Herzens

Der höchste Mensch gebraucht sein Herz wie einen Spiegel. Er geht den Dingen nicht nach und geht ihnen nicht entgegen; er spiegelt sie wider, aber hält sie nicht fest. Darum kann er die Welt überwinden und wird nicht verwundet. Er ist nicht der Sklave seines Ruhms; er hegt nicht Pläne; er gibt sich nicht ab mit den Geschäften; er ist nicht Herr des Erkennens. Er beachtet das Kleinste und ist doch unerschöpflich und weilt jenseits des Ichs. Bis aufs letzte nimmt er entgegen, was der Himmel spendet, und hat doch, als hätte er nichts. Er bleibt demütig.

Dschuang Dsï [115]

Der Wind pfeift im Bambus,
und der Bambus tanzt.
Wenn der Wind aufhört,
wird der Bambus still.
Ein silberner Vogel
fliegt über den herbstlichen See.
Ist er verschwunden,
so versucht die Oberfläche des Sees nicht,
das Bild des Vogels festzuhalten.

HUONG HAI [116]

Die höchsten Menschen der alten Zeit benützten die Liebe als Pfad und die Pflicht als Herberge, um zu wandern im Raum freier Muße. Sie nährten sich vom Feld der Wunschlosigkeit und standen im Garten der Bedürfnislosigkeit. Wandern in Muße ist Nicht-Handeln. Wunschlosigkeit ist leicht zu ernähren, und Bedürfnislosigkeit braucht keinen Aufwand. Die Alten nannten das: Wanderschaft, bei der man die Wahrheit pflückt.

DSCHUANG DSÏ [117]

Der leichte Weg, Buddha zu werden:

Alles Böse nicht wirken,
an Leben und Tod nicht haften,
mit allen Lebewesen tiefes Mitleid hegen,
das Oben ehren, mit dem Unten Erbarmen haben,
nichts hassen,
nichts verlangen,
nichts im Herzen bedenken,
um nichts Leid tragen –,

Dies nenne ich den Buddha.
Suche nichts sonst!

DOGEN [118]

Ein junger Zen-Mönch fragte spitzfindig seinen Meister: »Meister, muß man sich nicht erst verlaufen, um seinen Zielort zu finden?« Der Meister erwiderte: »Seit ich keinen Zielort mehr habe, verlaufe ich mich nicht mehr!«

Zen-Geschichte [119]

Der Zen-Meister Lin Chi sagte einmal: »Wenn du dem Buddha begegnest, töte den Buddha. Wenn du dem Patriarchen begegnest, töte den Patriarchen.« Für jemanden, der lediglich die betreffenden Persönlichkeiten verehrt, muß diese Anweisung schrecklich verwirrend sein. Ihre Wirkung hängt ganz von der Mentalität und dem Fassungsvermögen dessen ab, der sie hört. Ist der Schüler stark, dann besitzt er die Fähigkeit, sich von jeglicher Autorität zu lösen und die letzte Wirklichkeit in sich selbst wahrzunehmen. Die Wahrheit besteht nicht aus Begriffen. Daher ist es notwendig, unsere Begriffe zu »töten«, damit sie der Offenbarung der Wirklichkeit selbst Platz machen. Den Buddha zu töten, ist der einzige Weg, ihn zu sehen.

Thich Nhat Hanh [120]

Die geheimste Gelassenheit

Gelassenheit fängt Gott: Gott aber selbst zu lassen,
Ist ein Gelassenheit, die wenig Menschen fassen.

Angelus Silesius [121]

Einheit

Gott wirkt wie das Feuer

Das Feuer schmelzt und eint: sinkst du in Ursprung ein,
So muß dein Geist mit Gott in eins geschmelzet sein.
ANGELUS SILESIUS [122]

Mit deiner Seele hat sich meine
gemischt, wie Wasser mit dem Weine.
Wer kann den Wein vom Wasser trennen,
wer dich und mich aus dem Vereine?
Du bist mein großes Ich geworden,
und nie mehr will ich sein dies kleine.
Du hast mein Wesen angenommen,
sollt' ich nicht nehmen an das deine?
Auf ewig hast du mich bejahet,
daß ich dich ewig nie verneine.
FRIEDRICH RÜCKERT: Nachdichtung aus dem Werk Rumis [123]

Versunkenheit ist das, wo man nicht mehr da ist und keine Anstrengung mehr machen kann; man hört auf zu handeln und sich zu rühren und ist im Wasser untergegangen. Jede Handlung, die von einem ausgeht, ist nicht seine eigene Handlung; es ist die Handlung des Wassers. Aber wenn jemand im Wasser noch mit Händen und Füßen schlägt, nennt man das nicht Versunkensein, oder wenn er noch aufschreit: »O, ich ertrinke!«, das nennt man auch nicht Versunkenheit.

Nimm doch dieses *»Ich bin die Göttliche Wahrheit«*. Manche Leute halten das für eine große Prätension, aber *»Ich bin die*

Göttliche Wahrheit« zu sagen, ist in Wirklichkeit große Demut. Zu sagen, *»Ich bin Gottes Diener«*, ist ein großer Anspruch; denn man behauptet, daß zwei bestehen, einer er selbst und der andere Gott. Aber wenn einer sagt, *»Ich bin Gott«*, das heißt, »Ich bin nichts, alles ist Er; nichts existiert als Gott; ich bin ganz und gar Nicht-Sein, ich bin nichts« – darin ist die Demut größer.

Aber das ist es, was die Leute nicht verstehen. Da leistet jemand Dienst ganz für Gott, aber da ist seine Sklavenstellung noch dazwischen, selbst wenn es ganz für Gott ist; er sieht sich noch selber und sieht seine eigenen Handlungen und sieht Gott; er ist nicht im Wasser untergegangen. Jener aber ist im Wasser versunken, in dem keine Bewegung und keine Aktion mehr vorhanden ist, sondern dessen Bewegungen alle die Bewegung des Wassers sind.

RUMI [124]

Im Meer werden alle Tropfen Meer

Das Tröpflein wird das Meer, wenn es ins Meer gekommen:
Die Seele Gott, wenn sie in Gott ist aufgenommen.

ANGELUS SILESIUS [125]

Unter welchem Namen immer und welcher Gestalt
du ES verehrst, das ohne Name und Gestalt ist
und allem innewohnt, –: sie sind dir eine Hilfe, ES zu erleben
Aber seine Wirklichkeit wahrhaft erleben
meint: das eigene Sein in SEINEM Sein auffinden
und zu ihm eingehen und eines mit ihm sein.

RAMANA MAHARSHI [126]

Einfachheit heißt, die Wirklichkeit nicht *in Beziehung auf uns* zu erleben, sondern in ihrer heiligen Unabhängigkeit. Einfachheit heißt sehen, urteilen und handeln von dem Punkt her, in welchem wir in uns selber ruhen. Wie vieles fällt da weg! Und wie fällt alles andere in die rechte Lage!

Im Zentrum unseres Wesens ruhend, begegnen wir einer Welt, in der alles auf gleiche Art in sich ruht. Dadurch wird der Baum zu einem Mysterium, die Wolke zu einer Offenbarung und der Mensch zu einem Kosmos, dessen Reichtum wir nur in Bruchteilen erfassen.

DAG HAMMARSKJÖLD [127]

Alles Menschliche und Gegenständliche schien sich in eine von Zärtlichkeit erfüllte Seele verwandelt zu haben. [...] Frühere Spaziergänge traten mir vor Augen. Doch das wundervolle Bild der Gegenwart wurde rasch zur überragenden Empfindung. Alles Zukünftige verblaßte, und die Vergangenheit zerrann. Im glühenden Augenblick glühte ich selbst. Aus jeder Richtung und Entfernung trat alles Große und Gute mit herrlicher Gebärde hell hervor. In der schönen Gegend stehend dachte ich nur an diese selber; alles sonstige Denken sank dahin. Aufmerksam schaute ich auf das Geringste und Bescheidenste, indes der Himmel sich hoch empor und tief herab zu neigen schien. Die Erde wurde zum Traum; ich selbst war ein Inneres geworden und ging wie in einem Innern herum. Alles Äußere verlor sich, und alles bisher Verstandene war unverständlich. An der Oberfläche herab stürzte ich in die Tiefe, die ich im Augenblick als das Gute erkannte. Was wir verstehen und lieben, versteht und liebt auch uns. Ich war nicht mehr ich selbst, sondern ein anderer, doch gerade darum erst recht wieder ich selbst. Im süßen Liebeslichte glaubte ich einsehen zu können oder fühlen zu sollen, daß der innerliche Mensch der einzige sei, der wahrhaftig existiert.

ROBERT WALSER [128]

Mein wandelbares Ich, das ist und wird und war,
Ergreift im dein'gen sich, das ist unwandelbar.
Denn du bist, der du warst, und bist, der sein wird, du!
Es strömt aus deinem Sein mein Sein dem deinen zu.
Ich hätt' in jeder Nacht mich, der ich war, verloren,
Und wär' an jedem Tag, als der nicht war, geboren,
Hätt' ich mich nicht, der ich derselbe bin, begriffen,
Weil ich in dir, der ist, bin ewig inbegriffen.

FRIEDRICH RÜCKERT: Weisheit des Brahmanen [129]

Diese lautere Einheit ist eine dunkle Stille, eine ruhevolle Geruhsamkeit, die niemand verstehen kann als der, in den die Einheit mit ihrem eigenen Sein leuchtet. Aus der stillen Ruhe leuchtet rechte Freiheit ohne jegliches böses Denken und Handeln, denn solche Ruhe gebiert sich selbst aus der Entäußerung (des eigenen Selbst); da strahlt verborgene Wahrheit aus ohne alle Falschheit, und diese erzeugt sich in der Aufdeckung der verhüllten Lauterkeit. Denn hier wird der Geist des düsteren Lichts entkleidet, das ihm nach menschlicher Weise gefolgt war, nach Offenbarung der Dinge; das wird von ihm hinweggenommen, denn er findet sich in einer anderen ihm eigenen Weise wieder, anders als er zuvor war, wie Paulus sprach: »Ich lebe, aber nicht mehr ich«; und so wird der menschliche Geist (seines menschlichen Seins) entkleidet und entleert in der Weiselosigkeit des göttlichen, einfachen Wesens.

HEINRICH SEUSE[130]

Sich selber verlieren, sich ganz und gar entbilden jenseits aller Weisen, Bilder und Formen, jenseits aller Kräfte: in dieser Verlorenheit bleibt (dann) nichts als ein Grund, der wesentlich auf sich selber steht, ein Sein, ein Leben, ein Über-alles-(Hinaussein). Von diesem Zustand läßt sich sagen, daß man losgelöst werde von aller Erkenntnis, jeglicher Liebe, allem Tun, ja sogar vom Geist. Das geschieht nicht auf Grund natürlicher Eigentümlichkeit, sondern (als Folge) der Überformung, die der Geist Gottes dem geschaffenen Geist zuteil werden läßt in einem Akt freiwilliger Güte, entsprechend auch der unergründlichen Verlorenheit des geschaffenen Geistes und seiner abgrundtiefen Gelassenheit. Von solchen Menschen kann man sagen, daß Gott sich in ihnen erkenne, sich liebe, sich seiner (in ihnen) erfreue; denn er ist nur ein Leben, ein Sein, ein Wirken.

JOHANNES TAULER[131]

Die Geschöpfe reden mit Lauten. Das Wort Gottes ist Schweigen. Das heimliche Liebewort Gottes kann nichts anderes als das Schweigen sein. Christus ist das Schweigen Gottes. [...]

Unsere Seele macht beständig Lärm, aber es gibt einen Punkt in ihr, der Schweigen ist und den wir niemals vernehmen. Wenn das Schweigen Gottes Eingang findet in unsere Seele, sie durchdringt und dort sich jenem Schweigen verbindet, das heimlich in uns gegenwärtig ist, dann haben wir hinfort in Gott unseren Schatz und unser Herz; und der Raum öffnet sich uns wie eine Frucht, die sich teilt, denn wir sehen das Universum von einem Punkt, der außerhalb des Raumes gelegen ist.

SIMONE WEIL [132]

Der Jesuitenpater William Johnston berichtet, daß er, als er sich in einem japanischen Zen-Kloster aufhielt, vom Meister gefragt wurde, nach welcher Methode er meditiere. Johnston antwortete, daß er still, ohne Worte, Gedanken, Bilder oder Ideen, in der Gegenwart Gottes sitze. Der Meister fragte, ob sein Gott überall sei, und als Johnston bejahte, fragte der Meister ihn, ob er »ganz in Gott eingehüllt« sei. Johnston bejahte. »Und das erleben Sie?« fragte der Meister. Johnston bejahte. »Sehr gut, sehr gut«, sagte der Meister, »machen Sie so weiter. Mit der Zeit werden Sie feststellen, daß Gott verschwindet und nur noch Johnston übrigbleibt.« Johnston war von dieser Bemerkung schockiert, weil sie ihm wie eine Leugnung all dessen klang, was ihm heilig war. Daher widersprach er dem Meister und sagte: »Gott wird nicht verschwinden. Aber vielleicht Johnston, und dann ist nur noch Gott übrig.« »Ja, ja«, erwiderte der Meister lächelnd. »Das ist dasselbe. So meine ich es.«

Zen-Geschichte [133]

Was sind die Sternstunden des Lebens? Es sind die Stunden, in denen uns ganz unerwartet ein Tieferes anrührt und uns mit einem Male in eine andere Wirklichkeit hineinstellt. Dies kann uns widerfahren im Dunkel einer Not wie ein Licht, das mit einem Schlage alles verwandelt, es kann zu uns kommen auf dem Gipfel eines irdischen Glücks, wo mit einem Male alles einen überirdischen Glanz hat. Es kann uns geschehen, wo immer der Mensch an der Grenze seiner Macht, seiner Weisheit, seines seelischen Belastungsvermögens zerbricht, wenn er dies Zerbrechen annimmt und dann als sein Ureigenes zuläßt und ernst nimmt, was im Eingehen des Alten als ein Neues aus ihm hervorbricht. Das kann geschehen in Stunden drohender Vernichtung, im Annehmen des Todes, wo dann plötzlich die Angst weicht, und der Mensch ein neues, unbekanntes Leben in sich spürt, kraft dessen er sich auf eine ganz unbegreifliche Weise unzerstörbar und »in der Kraft« fühlt. Es kann geschehen im Verzweifeln am Widersinn dieser Welt oder im Eingeständnis eigener Schuld. Wo der Mensch das Unannehmbare annimmt, aushält, was nicht auszuhalten ist, kann er im Annehmen, im Aushalten, im Ausglühen plötzlich ein inneres Licht erfahren, das ihn in einen »Zustand der Klarheit« setzt, der nichts mehr zu tun hat mit einem Klarsein über etwas, sondern alle begründbare Klarheit umgreift. Es kann auch geschehen, wo der Mensch ein Verlassensein in der Welt, eine Ungeborgenheit, in der der Mensch nicht leben kann, annimmt. Im Annehmen dieser aushöhlenden Verlassenheit kann er erfahren, wie ein tieferes Aufgehobensein ihn im Grunde umfängt, ein In-der-Verbundenheit-Stehen, von dem man nicht sagen kann, mit wem es bestünde. Es ist die uralte Erfahrung der *Einheit* aller Wesen im Sein, an der man selbst teilhat. Diese unbegreiflichen Erlebnisse, dies ganz plötzliche, völlig unbegründete Stehen in der Kraft, in der Klarheit, in der Liebe ist Ausdruck des im Menschen selbst aufgebrochenen und offenbar werdenden Geheimnisses des sich in ihm manifestierenden Seins, darin alles Dasein in der Welt als Leben, Sinn und fruchtbringende Einheit wurzelt und sich ewig erneuert.

Karlfried Graf Dürckheim[134]

Die Seele außer ihrem Ursprung

Ein Fünklein außerm Feur, ein Tropfen außerm Meer:
Was bist du doch, o Mensch, ohn deine Wiederkehr?

Angelus Silesius[135]

Allerorten – Jederzeit

Wie Gott so allgemein

Wie allgemein ist Gott! Er hat der Bauernmagd
Die Kunst, wie man ihn küßt, so wohl als dir gesagt.

Angelus Silesius [136]

Der Weg

Rabbi Bär von Radoschitz bat einst den Lubliner, seinen Lehrer: »Weiset mir einen allgemeinen Weg zum Dienste Gottes!« Der Zaddik [religiöser Führer] antwortete: »Es geht nicht an, den Menschen zu sagen, welchen Weg sie gehen sollen. Denn da ist ein Weg, Gott zu dienen durch die Lehre, und da, durch Gebet, da, durch Fasten, und da, durch Essen. Jedermann soll wohl achten, zu welchem Weg ihn sein Herz zieht, und dann soll er sich diesen mit ganzer Kraft erwählen.«

Erzählungen der Chassidim [137]

Du mußt erkennen und darauf gemerkt haben, wozu du von Gott am stärksten gemahnt seist; denn mitnichten sind die Menschen alle auf *einen* Weg zu Gott gerufen, wie Sankt Paulus sagt (1 Kor 7, 24). [...] Denn Gott hat der Menschen Heil nicht an irgendeine besondere Weise gebunden. Was *eine* Weise hat, das hat die andere nicht; das Leistungsvermögen aber hat Gott *allen* guten Weisen verliehen, und keiner guten Weise ist es versagt, denn *ein* Gutes ist nicht wider das andere. Und daran sollten die Leute bei sich merken, daß sie unrecht tun: wenn sie gelegentlich einen *guten* Menschen sehen oder von ihm sprechen hören, und er folgt dann nicht *ihrer* Weise, daß dann (für sie) gleich alles als verloren gilt. Gefällt ihnen deren *Weise* nicht, so achten sie gleich auch deren *gute* Weise und ihre gute Gesinnung nicht. Das ist nicht recht! Man soll bei der Leute Weise mehr darauf achten, daß sie eine gute Meinung haben und niemandes Weise verachten. Nicht kann ein jeglicher nur *eine* Weise haben, und nicht können alle Menschen nur *eine* Weise haben, noch kann ein Mensch *alle* Weisen noch eines *jeden* Weise haben.

Ein jeder behalte *seine gute* Weise und beziehe *alle* (anderen) Weisen darin ein und ergreife in *seiner* Weise *alles Gute* und *alle Weisen.* Wechsel der Weise macht Weise und Gemüt unstet.

MEISTER ECKEHART[138]

Kehrt euch zu euch selbst, sehet, womit ihr umgeht, vernachlässigt euch nicht. Wißt, es gibt manche Frau in der Welt, die Mann und Kinder hat, und mancher Mann stellt Schuhe her, und sie suchen Gott (indem sie arbeiten) und versuchen dadurch, sich und ihre Kinder zu ernähren. Und mancher arme Mensch im Dorf fährt Mist und gewinnt sein bißchen Brot in harter, saurer Arbeit. Und es kann wohl sein, daß diese alle hundertmal besser fahren (als ihr), indem sie in schlichter Weise dem (an sie ergangenen) Ruf (Gottes) folgen.

JOHANNES TAULER[139]

Das echte Wunder

Als Bankei im Ryumon-Tempel predigte, war ein Shinshu-Priester, der an die Erlösung durch die Wiederholung des Namens des Buddha der Liebe glaubte, eifersüchtig auf Bankeis große Zuhörerschaft und wollte mit ihm debattieren.

Bankei war mitten in einer Rede, als der Priester erschien, aber der Mann verursachte eine solche Störung, daß Bankei seine Ausführungen unterbrach und nach dem Grund des Lärms fragte.

»Der Gründer unserer Sekte«, prahlte der Priester, »hatte so wunderbare Kräfte, daß er einen Pinsel auf der einen Seite des Flusses in der Hand hielt und sein Diener auf der anderen Seite ein Papier, und der Lehrer schrieb den ganzen Namen Amidas durch die Luft. Kannst du etwas so Wunderbares tun?« Bankei erwiderte milde: »Vielleicht kann dein Schlaukopf diesen Trick zeigen, aber das ist nicht die Art des Zen. Mein Wunder besteht darin, daß ich esse, wenn ich hungrig bin, und trinke, wenn ich durstig bin.«

Zen-Geschichte [140]

Das Wichtigste

Bald nach dem Tod von Rabbi Mosches von [...] Kobryn wurde einer seiner Schüler von Rabbi Mendel gefragt: »Was war für Euren Lehrer das Wichtigste?«

Er besann sich, dann gab er die Antwort: »Womit er sich gerade abgab.«

Erzählungen der CHASSIDIM [141]

Von der Abgeschiedenheit und dem Besitzen Gottes

Ich wurde gefragt: manche Leute zögen sich streng von den Menschen zurück und wären immerzu gern allein, und daran läge ihr Friede und daran, daß sie in der Kirche wären – ob dies das Beste wäre? Da sagte ich »Nein!« Und gib acht, warum.

Mit wem es recht steht, wahrlich, dem ist's an allen Stätten und unter allen Leuten recht. Mit wem es aber unrecht steht, für den ist's an allen Stätten und unter allen Leuten unrecht. Wer aber recht daran ist, der hat Gott in Wahrheit bei sich; wer aber Gott recht in Wahrheit hat, der hat ihn an allen Stätten und auf der Straße und bei allen Leuten ebensogut wie in der Kirche oder in der Einöde oder in der Zelle; wenn anders er ihn recht und nur ihn hat, so kann einen solchen Menschen niemand behindern. [...]

Der Mensch soll Gott in *allen* Dingen ergreifen und soll sein Gemüt daran gewöhnen, Gott allzeit gegenwärtig zu haben im Gemüt und im Streben und in der Liebe. [...] Wem aber Gott nicht so wahrhaft innewohnt, sondern wer Gott beständig von draußen her nehmen muß in diesem und in jenem, und wer Gott in ungleicher Weise sucht, sei's in Werken oder unter den Leuten oder an Stätten, der *hat* Gott nicht. Und es mag leicht etwas geben, was einen solchen Menschen behindert, denn er *hat* Gott nicht, und er sucht nicht ihn allein noch liebt noch erstrebt er ihn allein. Und darum hindert ihn nicht nur böse Gesellschaft, sondern ihn hindert auch die gute, und nicht allein die Straße, sondern auch die Kirche, und nicht allein böse Worte und Werke, sondern auch gute Worte und Werke. Denn das Hindernis liegt in *ihm,* weil Gott in ihm noch nicht alle Dinge geworden ist.

MEISTER ECKEHART[142]

Meister Bankeis Lehre vom ungeborenen Buddha-Geist bezieht sich auf den ursprünglichen Erleuchtungszustand jedes Menschen.

Wirklich, es gibt keine unerleuchteten Menschen hier. Wenn ihr jedoch nachher aufsteht und nacheinander die Halle verlaßt, könnte es geschehen, daß jemand gegen den vor ihm Gehenden stößt oder daß einer von hinten angerempelt wird und hinfällt. Wenn ihr nach Hause geht, könnten Frau, Sohn, Schwiegertochter, Dienerin oder sonstjemand etwas sagen, das euch mißfällt. Wenn so etwas geschieht und ihr darauf eingeht und anfangt, euch darüber aufzuregen, so daß das Blut euch zu Kopfe steigt und ihr die Hörner hebt und durch die Parteilichkeit für euch selbst der Verblendung anheimfallt, so verwandelt der Buddha-Geist sich zwangsläufig in einen Streitenden Geist. Bevor ihr ihn verwandelt, lebt ihr einfach so, wie ihr seid, im ungeborenen Buddha-Geist, nicht verblendet und nicht unerleuchtet. Sobald ihr aber etwas anderes daraus macht, seid ihr unwissend und verblendet. Alle Täuschungen wirken sich so aus. Indem ihr euch aufregt und für euch selbst Partei ergreift, verwandelt ihr den Buddha-Geist in Streit-Geist – und fallt einer selbstgemachten Verblendung anheim.

Was auch immer jemand euch sagen mag, was auch geschieht, laßt die Dinge, wie sie sind. Bekümmert euch nicht darum, und ergreift nicht Partei für euch selbst. Bleibt nur so, wie ihr seid, nämlich im Buddha-Geist, und macht ihn nicht zu etwas anderem, dann gibt es keine Täuschungen, und ihr lebt beständig im ungeborenen Geist. Ein jeder ist ein lebendiger, atmender, festgegründeter Buddha. Seht ihr es nicht? Unschätzbare Kostbarkeit ist euch greifbar nah.

MEISTER BANKEI[143]

Alle Geschöpfe sind im Grunde Buddhas,
gleich wie Wasser und Eis:
Es gibt kein Eis getrennt vom Wasser,
gesondert von den Geschöpfen keine Buddhas.

Nicht wissend, wie nah ihnen die Wahrheit,
suchen die Geschöpfe sie in der Ferne – welch Jammer!
Sie gleichen denen, die im Wasser
nach Wasser schrei'n vor Durst.
Sie gleichen dem Sohn des Reichen,
der unter Armen seinen Weg verlor.

MEISTER HAKUIN [144]

Ein junger Mönch, Kyosho, kam zu dem Zen-Meister Gensha [. . .]. Er sprach zu dem Meister: »Ich bin hierhergekommen auf der Suche nach Wahrheit. Wo kann ich mit der Einführung in Zen beginnen?« Hierauf stellte Gensha die Frage: »Kannst du das Murmeln des Bergflusses hören?« »Ja, Meister, ich kann es hören.« Da antwortete der Meister: »Dann tritt von da aus in Zen ein.«

Einige Zeit später erzählte ein Laienschüler, Kyo, diese Geschichte dem Meister An aus Sengan und meinte: »Weil Kyosho die Antwort gab, daß er das Murmeln des Bergflusses hören könne, als Gensha ihn danach fragte, konnte dieser ihn anweisen, von dort aus den Zen-Weg zu gehen. Hätte Kyosho dagegen gesagt, er könne ihn nicht hören, wie hätte ihn dann Meister Gensha belehrt?« Da rief der Meister ganz plötzlich: »Herr Kyo.« Dieser antwortete: »Ja, Meister.« »Gehe von dort aus in Zen ein.« So völlig frei war der Meister bei allen Gelegenheiten.

In Wahrheit hat das Große Tao kein Tor, und der Weg zu Zen ist überall offen.

Zen-Geschichte [145]

Wenn ich dir buntes Spielzeug bringe, mein Kind, begreife ich, warum ein solches Spiel von Farben in den Wolken und auf dem Wasser ist, und warum die Blumen in Farben gemalt sind – wenn ich dir buntes Spielzeug schenke, mein Kind.

Wenn ich singe, damit du tanzest, weiß ich fürwahr, warum Musik in den Blättern ist, und warum die Wellen ihrer Stimmen Chor zu dem Herzen der lauschenden Erde senden – wenn ich singe, damit du tanzest.

Wenn ich deinen verlangenden Händchen Süßigkeiten reiche, weiß ich, warum Honig in dem Kelch der Blume ist, und warum Früchte heimlich mit süßem Saft gefüllt sind – wenn ich deinen verlangenden Händchen Süßigkeiten reiche.

Wenn ich dein Gesicht küsse, damit du lächelst, mein Liebling, begreife ich freilich, welche Wonne vom Himmel träuft im Morgenlicht, und welch Entzücken die Sommerbrise meinen Gliedern bringt – wenn ich dich küsse, damit du lächelst.

RABINDRANATH TAGORE [146]

[...]
oder
es kann auch sein: ich fand
dich einmal ...
Meine Freunde sind weit,
ich höre kaum noch ihr Lachen schallen;
und du: du bist aus dem Nest gefallen,
bist ein junger Vogel mit gelben Krallen
und großen Augen und tust mir leid.
(Meine Hand ist dir viel zu breit.)
Und ich heb mit dem Finger vom Quell einen Tropfen
und lausche, ob du ihn lechzend langst,
und ich fühle dein Herz und meines klopfen
und beide aus Angst.

RAINER MARIA RILKE [147]

Eine Mutter gibt sich alle erdenkliche Mühe, ihr kleines unverständiges Kindchen zufriedenzustellen, sie kommt seinen Bedürfnissen zuvor und macht ihm aus allem ein Spielwerk. [...] Das ist gerade, wie es Gott mit den Menschen macht, er gibt das Schönste, um den Menschen zur Lust, zur Freude zu reizen und ihm den Verstand zu schärfen. – Die Kunst ist ein so schönes

Spielwerk, um den unruhigen, ewig begehrenden Menschengeist auf sich selbst zurückzuführen, um ihn denken zu lehren und sehen; um Geschicklichkeit zu erwerben, die seine Kräfte weckt und steigert. Er soll lernen, ganz der Unschuld solcher Erfindung sich hinzugeben und vertrauen auf die Lust und das Spiel der Phantasie, die ihn zum Höchsten auszubilden und zu reifen vermag. Gewiß liegen in der Kunst große Geheimnisse höherer Entwicklung verborgen; ja ich glaub' sogar, daß alle Neigungen, von denen die Philister sagen, daß sie keinen nützlichen Zweck haben, zu jenen mystischen gehören, die den Keim zu großen, in diesem Leben noch unverständlichen Eigenschaften in unsre Seele legen.

BETTINE VON ARNIM [148]

In allem, was das reine und echte Gefühl des Schönen in uns weckt, ist Gott wirklich gegenwärtig. Es gibt gleichsam eine Art Inkarnation Gottes in der Welt, deren Merkmal die Schönheit ist. [...] Deshalb ist jede Kunst höchsten Ranges ihrem Wesen nach religiöse Kunst.

SIMONE WEIL [149]

Es war beim Konzert gewesen, eine herrliche alte Musik wurde gespielt, da war zwischen zwei Takten eines von Holzbläsern gespielten Piano mir plötzlich wieder die Tür zum Jenseits aufgegangen, ich hatte Himmel durchflogen und Gott an der Arbeit gesehen, hatte selige Schmerzen gelitten und mich gegen nichts mehr in der Welt gewehrt, mich vor nichts mehr in der Welt gefürchtet, hatte alles bejaht, hatte an alles mein Herz hingegeben. Es hatte nicht lange gedauert, vielleicht eine Viertelstunde, aber es war im Traum jener Nacht wiedergekehrt und hatte seither, durch alle die öden Tage, hin und wieder heimlich aufgeglänzt, ich sah es zuweilen für Minuten deutlich wie eine goldene göttliche Spur durch mein Leben gehen, fast immer tief im Kot und Staub verschüttet, dann wieder in goldnen Funken vorleuchtend, nie mehr verlierbar scheinend und dennoch bald wieder tief verloren. [...] Ein andermal kam es beim Lesen eines Dichters, beim Nachdenken eines Gedankens von Descartes, von Pascal, ein andres Mal leuchtete es wieder auf und führte mit goldner Spur weiter in die Himmel, wenn ich bei meiner Geliebten war.

HERMANN HESSE[150]

Sobald man einen Punkt von Ewigkeit in der Seele hat, muß man nichts anderes mehr tun, als ihn beschützen; denn er wächst von allein wie ein Korn.

SIMONE WEIL[151]

Wo wohnt Gott?

Als Rabbi Jizchak Meïr ein kleiner Junge war, brachte ihn seine Mutter einmal zum Maggid von Kosnitz. Da fragte ihn jemand: »Jizchak Meïr, ich gebe dir einen Gulden, wenn du mir sagst, wo Gott wohnt.« Er antwortete: »Und ich gebe dir zwei Gulden, wenn du mir sagen kannst, wo er nicht wohnt.«

Erzählungen der CHASSIDIM[152]

Gottes Wohnung

»Wo wohnt Gott?«

Mit dieser Frage überraschte der Kozker einige gelehrte Männer, die bei ihm zu Gast waren. Sie lachten über ihn: »Wie redet Ihr! Ist doch die Welt seiner Herrlichkeit voll!«

Er aber beantwortete die eigene Frage: »Gott wohnt, wo man ihn einläßt.«

Erzählungen der CHASSIDIM[153]

Die Vereinigung mit Gott ist leicht

Mensch, du kannst dich mit Gott viel leichter eines sehn,
Als man ein Auge auftut: will nur, so ist's geschehn!

ANGELUS SILESIUS[154]

Auferstehung

Manchmal stehen wir auf
Stehen wir zur Auferstehung auf
Mitten am Tage
Mit unsrem lebendigen Haar
Mit unserer atmenden Haut.

Nur das Gewohnte ist um uns.
Keine Fata Morgana von Palmen
Mit weidenden Löwen
Und sanften Wölfen.

Die Weckuhren hören nicht auf zu ticken
Ihre Leuchtzeiger löschen nicht aus.

Und dennoch leicht
Und dennoch unverwundbar
Geordnet in geheimnisvolle Ordnung
Vorweggenommen in ein Haus aus Licht.

MARIE LUISE KASCHNITZ[155]

Vor etwa sechshundert Jahren lebte in Japan der berühmte Zen-Meister Sanko. Er war Lehrer des damaligen Kaisers. Eines Tages fragte ein Mönch den Meister: »Bitte zeige mir das Wesen des Zen.« Unmittelbar gab Sanko die Antwort: »Schau unter deine Füße!« Dies bedeutet: »Wo stehst du jetzt?«

Zen-Geschichte[156]

Ein Zen-Meister wurde gebeten, den Unterschied zwischen Mensch und Tier zu erklären, denn letztendlich besäßen doch beide in gleicher Weise die Buddha-Natur. Der Zen-Meister lächelte: »Gut, ich werde euch den Unterschied zwischen Ratten und Menschen erklären: Wenn wir eine Ratte wiederholt in ein Labyrinth mit vier Tunneln setzen und zuvor immer in den vierten Tunnel ein Stück Käse legen, lernt die Ratte schließlich, immer in den vierten Tunnel zu gehen, um an den Käse zu gelangen. Ein Mensch lernt das auch. Du willst Käse, also gehst du in den vierten Tunnel, und dort ist er. Jetzt verlegt aber der große Gott des Lebens nach einer Weile den Käse in einen anderen Tunnel. Die Ratte geht in den vierten Tunnel. Kein Käse im vierten Tunnel. Die Ratte kommt raus. Geht wieder in den vierten Tunnel, kein Käse. Kommt raus. Wieder in den vierten Tunnel. Kein Käse. Kommt raus. Und so weiter. Schließlich hört die Ratte irgendwann auf, in den vierten Tunnel zu gehen und sucht woanders. Und hier zeigt sich jetzt der Unterschied zwischen Ratten und Menschen: Menschen gehen immer in den vierten Tunnel! Ewig! Menschen sind vom vierten Tunnel ›überzeugt‹. Ratten sind von nichts überzeugt; sie interessieren sich für den Käse. Der Mensch aber entwickelt eine Überzeugung: den Glauben an den vierten Tunnel. Der Mensch fängt sehr schnell an, es für richtig zu halten, in den vierten Tunnel zu gehen, – ob Käse drin ist oder nicht. Der Mensch hat lieber recht als seinen Käse! Ihr seid hier und praktiziert Zen, um alle eure Käse-verneinenden Überzeugungen zu verlieren.

Also merkt euch, ihr kriegt den Käse nie, wenn ihr ihn dort zu kriegen versucht, wo er gerade eben noch war. Denn der große Gott des Lebens verlegt den Käse ständig. Ihr aber habt zu viele Überzeugungen über zu viele vierte Tunnels. [...] Ihr werdet nie glücklich werden, wenn ihr versucht, glücklich zu werden; denn eure Versuche werden gänzlich von euren Überzeugungen gesteuert, wo der richtige Platz ist, an dem der Käse zu sein hat. Sobald ihr eine Vorstellung davon habt, was z. B. Satori [Erleuchtung] ist und wo ihr es bekommen könnt, habt ihr die Chance, Satori zu erlangen, verspielt. Weil jede Vorstellung oder Überzeugung das wirkliche Erleben zerstört.

Also wenn es einem von euch einmal gelingen sollte, Gott zu begegnen, versucht nicht, ihn dort noch einmal zu treffen. Gott kommt rum. Wenn du versuchst, ihn festzulegen, wirst du ihn niemals wiedersehen.«

Zen-Geschichte[157]

In einem Augenblick, wann still der Geist versunken
In sich und Welt und Gott, nicht wein- noch schlummertrunken,

Nicht trunken, sondern klar, nicht schlummernd, sondern wach,
Als wie der Sonne Bild im unbewegten Bach;
Wann Fern und Nah, und Ist und War, und Zeit und Raum
Zergangen ist, als wie in stiller Flut der Schaum;
Wann du des Lebensbaums entfaltet Blütenprangen
An deinem Busen fühlst von einer Knosp umfangen;
Wann Erd und Himmel dir in einen Duft verschwimmt,
Der Stern als Blume blüht, als Stern die Blume glimmt;
In solchem Augenblick, wo wie mit heilgem Rauschen
Der Strom der Schöpfung geht durch deines Herzens Lauschen;
Wo du nicht du mehr bist, und nichts mehr ist als du
Und Gott, in dem du bist, dem du dich atmest zu;
In solchem Augenblick, der wie ein Blick der Augen,
Der Liebesaugen kommt, Besinnung wegzusaugen;
In solchem Augenblick, wer ihn, eh er geschwunden,
Empfinden konnte, der hat Ewigkeit empfunden.
Und so wer Ewigkeit empfunden hat einmal,
Hält ewig fest sie, wie der Demant seinen Strahl.

FRIEDRICH RÜCKERT [158]

So denkt und spricht der noch dem Ich Verhaftete: »Wenn mein Sohn groß geworden ist, will ich ihn verheiraten und ihm die Sorge um die Familie überlassen, um mich selbst dann Gott zuzuwenden.«

Ein Weiser erwidert ihm: »Du wirst nie Gelegenheit finden, zu Gott zu gelangen. Denn nachher wirst Du sagen: Mein Sohn und meine Schwiegertochter hängen so sehr an mir; ich muß mich ihnen noch eine Weile widmen. Und wieder eine Weile später wirst Du denken: Wenn die beiden ein Kind haben, will ich mich seiner annehmen. Und so wird Dein Trachten und Wünschen nie ein Ende finden, das Wesentliche versäumt und Gott Dir immer ferner rücken ...

Denke statt dessen: Ich muß Vollkommenheit in diesem Leben erlangen, ja in drei Tagen muß ich Gott gefunden haben, ja mit einer einzigen inbrünstigen Nennung seines Namens will ich seiner bewußt werden!«

RAMAKRISHNA [159]

Niemals halten wir uns an die Gegenwart. Wir nehmen die Zukunft vorweg, als käme sie zu langsam, als wollten wir ihren Gang beschleunigen; oder wir erinnern uns der Vergangenheit, um sie aufzuhalten, da sie zu rasch entschwindet. Torheit, in den Zeiten umherzuirren, die nicht unsere sind, und die einzige zu vergessen, die uns gehört, und Eitelkeit, denen nachzusinnen, die nichts sind, und die einzige zu verlieren, die besteht, nämlich weil es die Gegenwart ist, die uns gewöhnlich verletzt. Wir verbergen sie vor uns, weil sie uns bekümmert; und wenn sie uns freundlich ist, bedauern wir, sie entschwinden zu sehen. Wir versuchen sie für die Zukunft zu erhalten, und sind gesonnen, über Dinge, die nicht in unserer Macht sind, an einem Zeitpunkt zu verfügen, von dem wir keine Gewähr haben, daß wir ihn erleben.

Wer seine Gedanken prüft, wird sie alle mit der Vergangenheit und der Zukunft beschäftigt finden. Kaum denken wir je an die Gegenwart, und denken wir an sie, so nur, um hier das Licht anzuzünden, über das wir in Zukunft verfügen wollen. Niemals ist die Gegenwart Ziel, Vergangenheit und Gegenwart sind Mittel, die Zukunft allein ist unser Ziel. So leben wir nie, sondern hoffen zu leben, und so ist es unvermeidlich, daß wir in der Bereitschaft, glücklich zu sein, es niemals sind.

BLAISE PASCAL[160]

Schweigend blüht eine Blume,
schweigend fällt sie herab.
In diesem Augenblick – heute und jetzt –
an diesem Ort hier blüht sie vollendet,
erblüht die Ganzheit der Welt.
Das ist die Stimme der Blume,
die Wahrheit der Blüte.
Die Herrlichkeit ewigen Lebens
erstrahlt in Vollkommenheit hier.

JOWA HIROHATA[161]

Betrachtung der Zeit

Mein sind die Jahre nicht, die mir die Zeit genommen;
Mein sind die Jahre nicht, die etwa möchten kommen;
Der Augenblick ist mein, und nehm ich den in acht,
So ist der mein, der Jahr und Ewigkeit gemacht.

ANDREAS GRYPHIUS[162]

Der Mensch entgeht den Gesetzen dieser Welt nur für die Dauer eines Blitzes. Augenblicke des Innehaltens, der Betrachtung, der reinen Intuition, der geistigen Leere, des Annehmens innerer Leere. Durch diesen Augenblick ist er des Übernatürlichen fähig.

SIMONE WEIL[163]

Lieber gehen wir unter, als uns zu ändern,
lieber sterben wir in unserer Angst,
als das Kreuz des Augenblicks zu ersteigen
und unsere Illusionen sterben zu lassen.

WYSTAN HUGH AUDEN[164]

Der einige Tag

Drei Tage weiß ich nur, als: Gestern, Heut und Morgen.
Wenn aber Gestern wird ins Heut und Nun verborgen
Und Morgen ausgelöscht, so leb ich jenen Tag,
Den ich, noch eh ich ward, in Gott zu leben pflag.

ANGELUS SILESIUS[165]

Arbeit

Das ewige Licht soll nicht einen Grund zum Leben und zum Arbeiten geben, sondern eine Fülle, die einen davon befreit, einen solchen Grund zu suchen.

SIMONE WEIL[166]

Im Verzagtsein wird die Freude des Geistes verbittert, in der Geschäftigkeit geht ihm die Ruhe verloren. Von Verzagtsein spricht man, wenn ein Mensch wegen einer Sache, die er nicht vermag, von Ungeduld gequält wird; von Geschäftigkeit, wenn er bei der Ausführung dessen, was er vermag, vom Unmaß getrieben wird. Damit also der Geist nicht dem Übel der Bitternis verfällt, soll er seine Unfähigkeit geduldig ertragen, um aber das Übel der Geschäftigkeit zu meiden, soll er seine Fähigkeit nicht ohne Maß einsetzen.

AELRED VON RIEVAULX[167]

Unweise handelt, wer nur an seine weltlichen Pflichten und selten oder gar nicht an Gott denkt, und ebenso der, der das Gegenteil tut und über seinen Meditationen seine weltlichen Pflichten versäumt. Ich erwarte von keinem, daß er allem entsagt. Wenn er zum Selbstsein und Einssein erwacht, weiß er selbst, was zu tun und was zu lassen ist. Er lebt dann in der Welt und zugleich in Gott und weiß, daß er frei ist. [...]

Glaube niemand, seine tägliche Arbeit entferne ihn von Gott. Keiner kann ohne Arbeit leben, weil die Natur jeden dazu drängt. Darum schaffe – aber tue es recht!

Wenn Du ohne Haften und Gieren, ohne Anhängen und Klebenbleiben arbeitest, führt dieses Wirken Dich zu Gott. Recht vollbrachtes Werk ist ein Mittel, um zum Ziel zu gelangen. Das Ziel ist Gott.

Je näher dem Göttlichen, desto lebendiger wird die *Liebe.* Und wer die Liebe hat, dem wird alles andere dazu gegeben. Ein Werk ohne Liebe aber ist ohnmächtig und ohne Bestand.

Noch größer als der liebend Schaffende ist, wer mitten im Tun das *Lassen* lernt. Dazu kommt er von selbst, wenn die höchste Liebe, die Liebe Gottes, sein Herz gänzlich erfüllt und durchglutet. Dann läßt er Gott das Werk tun. In solchem *Tun durch Nicht-Tun* wirkt nicht mehr das Ich, sondern Gott.

RAMAKRISHNA [168]

Wer in dem Wirken ruht

Der Weise, welcher sich hat über sich gebracht,
Der ruhet, wenn er lauft, und wirkt, wenn er betracht.

ANGELUS SILESIUS [169]

Wenn ich Gott die Sorge für das Notwendige überlasse, so ist das nicht so zu verstehen, daß ich mich in keiner Weise darum bemühe, sondern ich will damit nur sagen, daß ich dabei nicht mit Unruhe zu Werke gehe. Seitdem mir Gott diese Freiheit verliehen hat, befinde ich mich dabei wohl, und ich sorge nur dafür, mich soviel wie möglich zu vergessen.

TERESA VON AVILA [170]

Woher kommt das nun, daß so viel geklagt wird und jeder sich über seine Arbeit beschwert, als sei sie ihm ein Hindernis (für seine Heiligung)? [...] Wisse: nicht die Arbeit läßt dich unzufrieden werden, sondern die Unordnung, die du in deine Arbeit trägst. [...]

Der Mensch soll gute, nützliche Arbeit verrichten, wie sie ihm zufällt; die Sorge aber soll er Gott anheimstellen, und seine Arbeit gar behutsam und im stillen tun. Er soll bei sich selbst bleiben, Gott in sich hereinziehen und oft in sich schauen mit in sich selbst gekehrtem Gemüte, gar innig und andächtig; und immer soll er auf sich selbst achten (und auf das), was ihn zu einer Arbeit treibt und ihn ihr geneigt macht. Auch soll der Mensch gar innerlich darauf achten, wann ihn der Geist Gottes zum Ruhen oder zum Wirken treibt, daß er jedem Antrieb folge und gemäß der Weisung des Heiligen Geistes handle: jetzt ruhen, jetzt wirken, und daß er dann seine Arbeit voll guten Willens und in Friede vornehme. [...] Und erfährst du in deiner Arbeit eine innere Berührung, so gib auf sie in deiner Arbeit recht acht, und lerne so Gott in deine Arbeit tragen und entziehe dich nicht allsogleich jener Berührung. [...]

Der Mensch soll sich bei Tag oder in der Nacht eine Zeitspanne nehmen, in der er sich in seinen Grund senken kann, jeder nach seiner Weise. Die edlen Menschen, die in Lauterkeit ohne Bilder und Formen sich in Gott versenken können, mögen es auf ihre Weise tun. Die anderen mögen, ein jeder auf seine Art, eine gute Stunde auf diese Übung verwenden, denn wir können nicht alle Auge sein (nicht alle der Beschauung obliegen).

JOHANNES TAULER[171]

Rabbi Mosche Löb sprach: »Ein Mensch, dem nicht an jedem Tag eine Stunde gehört, ist kein Mensch.«

Erzählungen der CHASSIDIM[172]

Wer fähig ist, in Muße zu leben, der kann nicht anders als in Muße sein; wer nicht fähig ist, in Muße zu leben, der vermag die Muße nicht zu ertragen.

DSCHUANG DSÏ[173]

Wohl ist ein Werk anders als das andere; wer aber seine Werke aus einem gleichen Gemüt täte, wahrlich, dessen Werke wären auch alle gleich, und mit wem es recht stünde, wem Gott so (eigen) geworden wäre, fürwahr, dem leuchtete Gott ebenso unverhüllt im weltlichen wie im allergöttlichsten Werk. Traun, nun ist das aber nicht so (zu verstehen), daß der Mensch selbst etwas Weltliches oder Unpassendes tun solle; sondern was ihm von äußeren Dingen her im Sehen und Hören zufällt, das soll er zu Gott kehren. Wem Gott so in allen Dingen gegenwärtig ist, und wer seine Vernunft im Höchsten beherrscht und gebraucht, der allein weiß vom wahren Frieden, und der hat ein rechtes Himmelreich.

Denn wer recht daran sein soll, bei dem muß je von zwei Dingen eines geschehen: entweder muß er Gott *in* den Werken zu ergreifen und zu halten lernen, oder er muß alle Werke lassen. Da nun aber der Mensch in diesem Leben nicht ohne Tätigkeit sein kann, die nun einmal zum Menschsein gehört und deren es vielerlei gibt, darum lerne der Mensch, seinen Gott in allen Dingen zu haben und unbehindert zu bleiben in allen Werken und an allen Stätten.

MEISTER ECKEHART[174]

Nicht als ob man seinem Innern entweichen oder entfallen oder absagen solle, sondern gerade in ihm und mit ihm und aus ihm soll man so wirken lernen, daß man die Innerlichkeit ausbrechen lasse in die Wirksamkeit und die Wirksamkeit hineinleite in die Innerlichkeit und daß man sich so gewöhne, ungezwungen zu wirken. Denn man soll das Auge auf dieses innere Wirken richten und aus ihm heraus wirken, sei's Lesen, Beten oder – wenn es anfällt – äußeres Werk. Will aber das äußere Werk das innere zerstören, so folge man dem inneren. Könnten aber beide in Einem bestehen, das wäre das Beste, auf daß man ein Mitwirken mit Gott hätte.

MEISTER ECKEHART[175]

Der Holzschnitzer

Ein Holzschnitzer schnitzte einen Glockenständer. Als der Glokkenständer fertig war, da bestaunten ihn alle Leute, die ihn sahen, als ein göttliches Werk.

Der Fürst von Lu besah ihn ebenfalls und fragte den Meister: »Was habt Ihr für ein Geheimnis?«

Jener erwiderte: »Ich bin ein Handwerker und kenne keine Geheimnisse, und doch, auf Eines kommt es dabei an. Als ich im

Begriffe war, den Glockenständer zu machen, da hütete ich mich, meine Lebenskraft (in anderen Gedanken) zu verzehren. Ich fastete, um mein Herz zur Ruhe zu bringen. Als ich drei Tage gefastet, da wagte ich nicht mehr, an Lohn und Ehren zu denken; nach fünf Tagen wagte ich nicht mehr, an Lob und Tadel zu denken; nach sieben Tagen, da hatte ich meinen Leib und alle Glieder vergessen. Zu jener Zeit dachte ich auch nicht mehr an den Hof Eurer Hoheit. Dadurch ward ich gesammelt in meiner Kunst, und alle Betörungen der Außenwelt waren verschwunden. Darnach ging ich in den Wald und sah mir die Bäume auf ihren natürlichen Wuchs an. Als mir der rechte Baum vor Augen kam, da stand der Glockenständer fertig vor mir, so daß ich nur noch Hand anzulegen brauchte. Hätte ich den Baum nicht gefunden, so hätte ich's aufgegeben. Weil ich so meine Natur mit der Natur des Materials zusammenwirken ließ, deshalb halten die Leute es für ein göttliches Werk.«

DSCHUANG DSÏ [176]

Innere Größe

Giën Wu fragte den Sun Schu Au und sprach: »Ihr wart dreimal Kanzler und wart nicht stolz darüber; dreimal wurdet Ihr weggeschickt und zeigtet Euch nicht traurig. Früher traute ich Euch nicht recht, nun aber sehe ich, wie ruhig der Atem durch Eure Nase geht. Wie macht Ihr's nur, daß Ihr also Euer Herz in der Hand habt?«

Sun Schu Au sprach: »Ich bin nicht besser als andere Menschen. Ich hielt nur dafür, daß man, was einem zufällt, nicht ablehnen, und was einen verläßt, nicht festhalten soll. Ich bin der Meinung, daß, was wir bekommen oder verlieren, nicht unser eigentliches Ich ist. Darum war ich nicht traurig. Das ist alles. Ich bin nicht besser als andere Menschen. Außerdem wußte ich nicht einmal, ob die Ehre dem Amte galt oder ob sie mir galt. Galt sie dem Amte, so ging sie mich nichts an; galt sie mir, so ging sie das Amt nichts an. Beschäftigt mit sorgfältiger Überlegung und allseitiger Umsicht hatte ich keine Muße, darauf zu achten, ob die Menschen mich ehrten oder geringschätzten.«

DSCHUANG DSÏ [177]

Frieden

Warum nennt unser Herr seine Freunde immerfort Schafe? Das ist um zweier Eigenschaften willen, die die Schafe besitzen und die unser Herr durchaus und besonders liebt: Unschuld und Sanftmut. Lauterkeit und Unschuld, die läßt (die Gottesfreunde) dem Lamm folgen, wohin immer es geht, die Sanftmut steht Gott nahe, ein sanftmütiger Mensch hört Gottes Stimme, die der ungestüme und zornige Mensch nie hört. Denn wenn der Wind stürmt und Fenster und Türen klappern, kann man schlecht hören. Willst du das väterliche, verborgene, heimliche Wort in dir vernehmen, das in heiligem Flüstern zum Innersten der Seele gesprochen wird, so muß in und außer dir alles Ungestüm vernichtet sein, und du sollst ein sanftmütig Schäflein sein, besonnen und gelassen, und von deinem Stürmen ablassen und dieser liebreichen Stimme in stiller Sanftmut lauschen. Das ist allen denen verborgen, die nicht Schafe sind.

JOHANNES TAULER[178]

Sanftmut gegen sich selbst

Die Sanftmut können wir gut an uns selbst üben, indem wir über uns oder unsere Fehler niemals in Zorn geraten. Gewiß verlangt die Vernunft, daß uns die Fehler mißfallen und leid tun, aber dieses Mißfallen darf nicht bitter, ärgerlich und zornig sein. Darin fehlen viele, die nach einem Zornausbruch in Zorn geraten, weil sie zornig waren; sie ärgern sich über ihren Ärger, und dadurch sind sie die Ursache, daß ihr Herz immer von Zorn wie durchtränkt ist. Wenn es auch scheint, als ob der zweite Zorn den ersten aus der Welt schaffen sollte, in Wirklichkeit bahnt er doch schon einen neuen Zornausbruch für die nächste Gelegenheit an. Übrigens laufen dieser Zorn und Ärger, diese Erbitterung über sich selbst auf den Stolz hinaus, ihre Wurzel ist die Eigenliebe, die sich aufregt und in Unruhe gerät, weil sie uns noch unvollkommen findet. [...]

Glaube mir, ruhige und herzliche Ermahnungen des Vaters vermögen ein Kind viel eher zu bessern als Zorn und Wutausbrüche. So ist es auch bei uns. Haben wir einen Fehler begangen, dann mahnen wir unser Herz ruhig und liebevoll, mehr aus Mitleid als in leidenschaftlichem Unwillen.

FRANZ VON SALES [179]

»Ach, lieber Gott, Herr aller Welt, sei gütig und edel zu mir armen Menschen, denn heute muß ich Abrechnung mit dir halten, es geht nicht anders. Und ob du auch ob deiner großen Erhabenheit niemandem etwas schuldest noch zu etwas verpflichtet bist, so geziemt es doch wohl deiner unermeßlichen Güte, daß du ein volles Herz, das niemanden anders hat, dem es klagen könne oder der es tröste, dir gegenüber sich aussprechen lässest dank deiner Gnade. Ich bezeuge vor dir, der du ja alles weißt, daß ich von meiner Mutter Schoß an ein gütiges Herz all mein Lebtag gehabt habe. Nie erblickte ich einen Menschen in Leid und Trübsal, ohne daß ich ein herzliches Mitleid mit ihm gehabt hätte. [...] Ich wurde ›Vater der Armen‹ genannt, war aller Gottesfreunde besonderer Freund; alle Menschen, die traurig oder beschwert zu mir kamen, fanden stets irgendwelchen Rat, so daß sie froh und getröstet fortgingen, denn mit den Weinenden weinte ich, mit den Trauernden trauerte ich, bis ich sie wie eine Mutter (von ihrem Kummer) erlöst hatte. Niemals fügte mir ein Mensch so großes Herzeleid zu, daß nicht mein Schmerz vergangen war, als ob nichts geschehen wäre, sobald er mich danach nur freundlich anlachte. Herr, von den Menschen will ich nichts (mehr) sagen: doch aller Tierlein und Vögelein und aller Gottesgeschöpfe Mangel und Trauer – sah ich die oder hörte ich davon, so ging es mir ans Herz, und konnte ich nicht helfen, so bat ich den obersten gütigen Herrn unter Seufzen, daß er ihnen hülfe. Alles, was auf Erden lebt, fand bei mir Hilfe und Güte. Ach, und du, barmherziger Herr, gestattest etlichen, von denen der liebe Paulus spricht und die er seine falschen Brüder nennt, daß sie – das klag ich dir – ihren Grimm an mir auslassen, wie du, Herr, wohl weißt und jedermann sieht. Ach, lieber Herr, sieh dies an und entschädige mich dessen durch dich selbst.«

Als er eine gute Weile sein Herz gegenüber Gott so ausgeschüttet hatte, kam (ich weiß nicht wie) ein wenig stille Ruhe über ihn und eine Erleuchtung von Gott, der so zu ihm sprach: »Deine kindliche Rechnung, die du mir vorlegst, kommt daher, daß du nicht jederzeit sorgfältig auf des duldenden Christus Wort und Gehaben geachtet hast. Du sollst wissen, daß Gott dein gütiges Herz nicht genügt, das du besitzest, er will noch mehr von dir, er will auch dies: wenn du von jemandem mit Wort oder Tat schlecht behandelt wirst, so sollst du das nicht nur geduldig erleiden; du mußt von deinem eigenen Selbst so sehr absehen, daß du nicht schlafen gehst, ehe du dich zu deinen Widersachern begibst und, soweit möglich, mit deinen liebevollen, demütigen Worten ihr aufgeregtes Herz beruhigst; denn mit solch sanftmütiger Bescheidenheit nimmst du Schwert und Messer aus ihren Händen und schwächst ihre Bosheit. Sieh, das ist der alte Weg der Vollkommenheit, den der liebe Heiland seine Jünger lehrte, als er zu ihnen sprach: ›Seht, ich sende euch wie Schafe unter die Wölfe.‹« Als der Diener zu sich selbst kam, dünkte ihn dieser Rat der Vollkommenheit zu beschwerlich; es fiel ihm schwer, daran zu denken, und noch viel schwerer, danach zu handeln. Dennoch machte er sich daran und begann es zu lernen.

Heinrich Seuse[180]

Nur die Gnade kann einem Mut geben und dabei die Zartheit intakt lassen; oder Zartheit geben und dabei den Mut intakt lassen.

Simone Weil[181]

Glück

Den Haß nicht zu erwidern, das ist unser Glück;
Und hassen andre uns, wir hassen nicht zurück.

Welch Glück! Von allem Leid der Welt sind wir befreit;
Voll Leiden ist die Welt, doch wir sind ohne Leid.

In gierverzehrter Welt, wie glücklich leben wir!
Wenn andre gierig sind, sind wir doch frei von Gier.

Wie glücklich leben wir! Denn hier gehört uns nichts;
Wir nehmen Freud' als Brot, wie Gottheiten des Lichts.

Aus Sieg kommt Haß, denn der Besiegte ist bedrückt;
Wer friedsam auf den Sieg verzichtet, lebt beglückt.

DHAMMAPADA [182]

Weltfrieden und Seelenfrieden

Rabbi Bunam lehrte: »Unsere Weisen sagen: ›Suche den Frieden an deinem Ort.‹ Man kann den Frieden nirgendwo anders suchen als bei sich selber. Es heißt im Psalm: ›Es ist kein Friede in meinen Gebeinen meiner Sünde wegen.‹ Wenn der Mensch in sich selber den Frieden hat, ist er befähigt, ihn in der ganzen Welt zu stiften.«

Erzählungen der CHASSIDIM [183]

Wer Friede sucht, muß viel übersehen

Mensch, wenn du so genau das Deine willst beschützen,
So wirst du nimmermehr im wahren Frieden sitzen.

ANGELUS SILESIUS [184]

Die Scheiche haben erklärt: »Die Zufriedenheit mit [Gottes] Ratschluß ist das große Tor und das Paradies des Diesseits.« Das heißt: wer mit der Zufriedenheit ausgezeichnet wurde, der hat die vollkommenste Weite erreicht und wurde mit der höchsten Gottesnähe beehrt. Man hat erzählt: »Ein Schüler fragte seinen Meister: Kann der Mensch erkennen, daß Gott mit ihm zufrieden ist? Er antwortete: Nein! Wie kann er es wissen, wo doch Gottes

Zufriedenheit etwas Verborgenes ist! Da sagte der Schüler: Er kann es wissen! Der Meister fragte: Wie? Er erwiderte: Wenn ich erfahre, daß mein Herz mit Gott zufrieden ist, weiß ich, daß er mit mir zufrieden ist. Darauf sagte der Meister: Gut gesprochen, junger Mann!«

'ABD AL-QĀDIR AL-ǦĪLĪ [185]

Denn so viel bist du in Gott, so viel du in Frieden bist, und so viel außer Gott, wie du außer Frieden bist. Ist etwas nur in *Gott*, so hat es Frieden. So viel in Gott, so viel in Frieden. Wieviel du in Gott bist, wie auch, ob dem nicht so sei, das erkenne daran: ob du Frieden oder Unfrieden hast. Denn wo du Unfrieden hast, darin *mußt* du notwendig Unfrieden haben, denn Unfriede kommt von der Kreatur und nicht von Gott. Auch ist nichts in Gott, das zu fürchten wäre; alles, was in Gott ist, das ist nur zu lieben.

MEISTER ECKEHART [186]

Das große Glück

Wo Menschen wohnen, hab auch ich
mein Hüttchen mir gebaut.
Es rasseln Wagen dran vorbei,
und Pferde wiehern laut.
Und fragt ihr mich, wie fügt es sich,
daß mir's vorm Lärm nicht graut,
so wisset: fernab liegt die Welt
dem, der sich selbst vertraut.

Ich pflücke Astern oft am Zaun
und blicke müßig hin
zum Südberg, wenn er überblaut
vom Himmelsbaldachin,
wenn nebelschwer der Hang ergraut,
im letzten Abendglühn
zu ihrem Nest im stillen Hag
die Vögel heimwärts ziehn.

Und fragt ihr mich, wie fügt es sich,
daß ich so glücklich bin,
so wißt: vergeblich würd ich mich
ums rechte Wort bemühn –
Es kündet doch kein Menschenwort
der Dinge tiefsten Sinn.

TAO YUANMING [187]

So ist diese Seele ruhig in bezug auf alles, was Gott durch sie zuläßt, denn sie hat ein wahres Einverständnis mit allen seinen Absichten und friedvolle Rast bezüglich der Taten ihrer Nächsten. Denn über alles, das nicht in ihrer Absicht liegt, bildet sie sich kein Urteil, oder dann höchstens ein gutes. Diese Seele hat an allen Orten ihren Frieden, denn sie trägt den Frieden immer mit sich, so daß ihr um dieses Friedens willen alle Orte recht sind und auch alle Dinge.

MARGARETA PORETE [188]

Geheiligt werde Dein Name
nicht der meine,
Dein Reich komme
nicht das meine,
Dein Wille geschehe
nicht der meine,
Gib uns Frieden mit Dir
Frieden mit den Menschen
Frieden mit uns selbst
und befreie uns von Angst.

DAG HAMMARSKJÖLD [189]

Tod

Der Sinn

Als Rabbi Bunam im Sterben lag, weinte seine Frau. Er sprach: »Was weinst du? All mein Leben war ja nur dazu da, daß ich sterben lerne.«

Erzählungen der Chassidim [190]

Stirb, während du lebst, und sei vollkommen tot.
Dann tue, was immer du willst – alles ist gut.

Meister Shido Bunan [191]

Nicht daß die Seele stürbe, die sich in Gott ergießt. Wie sollte sie auch sterben, da sie in den Abgrund des Lebens einströmt? Doch lebt sie, ohne in sich selbst zu leben. Wie die Sterne nicht mehr leuchten, wenn die Sonne zugegen ist, und doch ihr Licht nicht verlieren, sondern im Lichte der Sonne verborgen sind, so lebt auch, ohne ihr Leben zu verlieren, die so in Gott zerronnene Seele nicht mehr in sich, sondern Gott lebt in ihr.

Franz von Sales [192]

Die Wahrheit lieben bedeutet, die Leere zu ertragen und in der Folge den Tod anzunehmen. Ohne ein Sich-Losreißen kann man die Wahrheit nicht mit der ganzen Seele lieben.

Simone Weil [193]

Wohl endet Tod des Lebens Not,
    doch schauert Leben vor dem Tod.
Das Leben sieht die dunkle Hand,
    den hellen Kelch nicht, den sie bot.
So schauert vor der Lieb' ein Herz,
    als wie von Untergang bedroht.
Denn wo die Lieb' erwachet, stirbt
    das Ich, der dunkele Despot.
Du laß ihn sterben in der Nacht,
    und atme frei im Morgenrot.

FRIEDRICH RÜCKERT: Nachdichtung aus dem Werk Rumis [194]

Wo der Mensch hinkommt, wenn er in Gott vergeht

Wenn ich in Gott vergeh, so komm ich wieder hin,
Wo ich von Ewigkeit vor mir gewesen bin.

ANGELUS SILESIUS [195]

Wie es zwei Leeren gibt, zwei Stillen etc. – die von oben und die unten –, vielleicht auch, wenn der Tod Auslöschung ist, zwei Auslöschungen, die Auslöschung im Nichts und die Auslöschung in Gott.

SIMONE WEIL [196]

Wir können uns die Existenz nur in der Zeit vorstellen, und folglich gibt es, was uns betrifft, keinen Unterschied zwischen Auslöschung und ewigem Leben, außer im Licht. Eine Auslöschung, die Licht ist, ist das ewige Leben.

SIMONE WEIL [197]

Abschied

Ich laß dich allein, ganz allein.
Wenn du am Morgen mit leerem Schoß
mich rufst: »Kindlein, wo bist du bloß«,
werd ich sagen: »Nein – da ist kein Kindlein.«
Mama, ich laß dich allein.

Im Winde werde ich als Wind
wehen, Mama, anrühren deine Brust gelind –
mit deiner Hand kannst du nicht fangen mich.
Im Wasser werd ich, Mama, eine Welle sein,
damit niemand erkennen kann dein Kindlein –
werde mit dir spielen, wenn du badest dich.

Wenn der Regen von dem Himmel rinnt,
wachst du nachts und denkst an dein Kind.
Mein Lied will ich in Schauern von jenem Walde singen.
Von den Wolken durch das Fenster werde ich
im Leuchten des Blitzes besuchen dich –
wird dann in deinem Sinnen mein Lachen erklingen?

Mama, wenn des Kindleins wegen
nachts noch spät du wach gelegen,
werde ich ein Stern und sag: »Schlaf ein.«
Bist du eingeschlafen dann,
tret ich als Mondschein an dein Bett heran –
auf deinen Augen werden meine Küsse sein.

Durch den Schlitz der Augen werde ich
als Traum besuchen, Mama, dich
und leben in deinem Schlafe mittendrin.
Erwachend wirst du mit der Hand
in falscher Hoffnung tasten an des Bettes Rand
verschwinden werde ich, wer weiß wohin.

Wenn zur Festtagszeit vor unserm Haus
viele Kinder spielend rennen ein und aus,

wirst du sagen: »Nein – Kindlein ist nicht da.«
Ich will dann in Flötenmelodien
durch den Himmel auf und nieder ziehen –
und bei dir sein, in jeder Arbeit fern und nah.

In der Hand ein Festtagshemd für mich
kommt und fragt die Tante dich:
»Wo ist dein Kindlein hingegangen?«
Sag dann: »Kindlein kann doch nicht verloren sein!
In den Sternen dieser Augen mein
wohnt es, im Schoß, in meiner Brust gefangen.«

RABINDRANATH TAGORE [198]

Als der Zen-Meister erfahren hatte, daß sein ältester Sohn ums Leben gekommen war, weinte er bitterlich. Einer seiner engsten Schüler wandte sich an ihn:
»Warum weint Ihr, Meister? Ihr lehrt doch, daß alles Illusion ist.«
Der Meister erwiderte: »Ja, du hast recht. In der Tat ist alles Illusion; und der Tod eines Kindes ist die größte dieser Illusionen.«

Zen-Geschichte [199]

Zwei Gedichte, die Zen-Meister Dogen kurz vor seinem Tod schrieb: [200]

Auf Blatt und Gräsern
harrend der Morgensonne
rasch hinschmilzt der Tau.
Eile nicht so, du Herbstwind,
der auf dem Feld sich erhebt!

Wem vergleich ich wohl
Welt und des Menschen Leben?
Dem Mondesschatten,
wenn er im Tautropf berührt
des Wasservogels Schnabel.

Dsï Gung und der Meister. Im Grab ist Ruh

Dsï Gung war des Lernens müde und sagte zu Dschung Ni (Konfuzius): »Ich möchte Ruhe finden.« Dschung Ni sprach: »Das Leben hat keine Ruhe.« Dsï Gung sprach: »Dann gibt es also keine Ruhe für mich?« Dschung Ni sprach: »O ja; sieh dort im Brachfeld alle die Gräber, so weißt du, wo es Ruhe gibt.« Dsï Gung sprach: »Wahrlich, groß ist der Tod; die Edlen bringt er zur Ruhe, die Gemeinen zur Unterwerfung.« Dschung Ni sprach: »Sï, du hast es erkannt. Die Menschen im allgemeinen wissen nur, daß das Leben eine Freude ist, aber nicht, daß es auch bitter ist. Sie wissen nur, daß das Alter hinfällig ist, aber nicht, daß es auch friedlich ist. Sie wissen nur, daß der Tod ein Übel ist, aber nicht, daß er auch Ruhe gibt.«

Liä Dsï[201]

Der Nutzen des Todes

Herzog Ging von Tsi wanderte auf dem Kuhberg. Als er von Norden der Hauptstadt seines Landes nahte, da vergoß er Tränen und rief aus: »Wie schön bist du, o Land! So üppig, so prächtig, glitzernd im Tau! Muß ich dies Land verlassen und sterben? O, gäbe es doch keinen Tod in der Welt! Wenn ich von hier scheide, wohin werde ich dann kommen?« Geschichtsschreiber Kung und Liang Kiu Gu taten es nach und sprachen schluchzend: »Wir hängen von des Fürsten Gnade ab, und unsere Speise ist einfaches Gemüse und geringes Fleisch. Wir fahren mit alten Mähren und Rumpelwagen und möchten dennoch nicht sterben. Wieviel mehr (Grund zur Klage) hat da erst unser Fürst!«

Nur Meister Yän lächelte für sich. Der Herzog wischte seine Tränen ab, wandte sich an Meister Yän und sprach: »Der Spaziergang hat Uns traurig gemacht, und Kung und Gü haben es Uns beide nachgetan und auch geweint. Warum lachst du allein?« Meister Yän erwiderte und sprach: »Wenn die Würdigen ewig dauerten, so wären der Große Herzog und der Herzog Huan ewig am Leben geblieben. Wenn die Mutigen ewig dauerten, so wären die Herzöge Dschuang und Ling ewig am Leben geblieben. Wenn nun alle diese Fürsten heute noch lebten, so könnten Eure Hoheit im Schilfmantel und Strohhut auf den Feldern stehen. In diesem bemitleidenswerten Zustand hättet Ihr keine Muße gehabt, ans Sterben zu denken, und wie wäre es dann überhaupt möglich geworden, daß Eure Hoheit auf den Thron gekommen wären? Dadurch, daß in beständigem Wechsel jeder weilte und dann wieder ging, kam die Reihe an Eure Hoheit. Darüber nun Tränen zu vergießen, ist nicht wahre Seelengröße. Ich habe einen Fürsten gesehen ohne wahre Seelengröße und habe Diener gesehen, die ihm schmeichelnd nach dem Munde redeten. Als ich dies beides sah, da habe ich mir erlaubt, heimlich für mich zu lächeln.«

Herzog Ging schämte sich. Er erhob den Becher sich selbst zur Strafe, und er bestrafte seine beiden Diener, jeden mit zwei Bechern Weins.

Liä Dsï [202]

Das große All trägt uns durch die Form; es schafft uns Mühe durch das Leben; es schafft uns Lösung durch das Alter; es schafft uns Ruhe durch den Tod. So wird (die Kraft), die es gut gemacht hat mit unserem Leben, eben deshalb es auch gut machen mit unserem Sterben.

Dschuang Dsï [203]

Liebe

Liebe überflutet das All

Liebe
überflutet das All –:
  quillend aus tiefsten Gründen,
    über die Sternenwelt strömend:

Die Liebe
  ist liebend zugetan allem,
  da sie den Kuß des Friedens gab
dem Könige, unserem höchsten Herrn.

HILDEGARD VON BINGEN[204]

ICH WEISS, da ist nichts als deine Liebe, Geliebter du meines Herzens – das goldene Licht, das über die Blätter tanzt, die müßigen Wolken, die durch den Himmel segeln, der sanfte Windhauch, der seine Kühle auf meiner Stirn läßt. Das Morgenlicht überflutet mein Auge – das ist die Botschaft von dir an mein Herz. Dein Antlitz beugt sich herab, deine Augen schauen auf die meinen, und mein Herz berührt deine Füße.

RABINDRANATH TAGORE[205]

Sehet! So liebkost Gott uns, so fleht er zu uns, und Gott kann es nicht erwarten, bis die Seele sich von der Kreatur abwendet und abschält. Und es ist eine sichere Wahrheit und ist eine notwendige Wahrheit, daß es Gott so not tut, uns zu suchen, recht als ob seine ganze Gottheit daran hinge, wie sie's denn auch tut. Und Gott kann uns ebensowenig entbehren wie wir ihn; denn, selbst wenn es so wäre, daß wir uns von Gott abkehren könnten, so könnte sich doch Gott niemals von uns abwenden. Ich sage: Ich will Gott nicht darum bitten, daß er mir gebe; ich will ihn auch nicht dafür loben, daß er mir gegeben hat. Ich will ihn vielmehr bitten, daß er mich würdig mache zu empfangen, und will ihn dafür loben, daß er der Natur und des Wesens ist, daß er geben muß. Wer aber Gott dies rauben wollte, der raubte ihm sein eigenes Sein und sein Leben.

MEISTER ECKEHART[206]

Ich möchte auch nur darauf hinweisen, daß es nicht darauf ankommt, viel zu denken, sondern viel zu lieben. Darum tut das, was am meisten Liebe in euch erweckt.

TERESA VON AVILA[207]

Nur eins will Gott von uns

Ein einzigs Wort spricht Gott zu mir, zu dir und allen:
Lieb! Tun wir das durch ihn, wir müssen ihm gefallen.

ANGELUS SILESIUS[208]

Ohne kommende Welt

Einmal war der Sinn des Baalschem so gesunken, daß ihm schien, er könne keinen Anteil an der kommenden Welt haben. Da sprach er zu sich: »Wenn ich Gott liebe, was brauche ich da eine kommende Welt?«

Erzählungen der CHASSIDIM[209]

Man sah sie [Rabi'a] in den Straßen von Basra, mit einem Eimer in der einen Hand und einer Fackel in der anderen. Gefragt, was das bedeute, antwortete sie: »Ich will Wasser in die Hölle gießen und Feuer ans Paradies legen, damit diese beiden Schleier verschwinden und niemand mehr Gott aus Furcht vor der Hölle oder in

Hoffnung aufs Paradies anbete, sondern nur noch um Seiner ewigen Schönheit willen.«

Sufi-Geschichte[210]

So verlangt also Gott, als Herr gefürchtet, als Vater geehrt und als Bräutigam [der menschlichen Seele] geliebt zu werden. Was ist das Vorzüglichste davon, was überragt alles? Natürlich die Liebe. Ohne die Liebe kreist die Furcht um die Strafe, bleibt die Ehre ohne Gnade. Die Furcht ist knechtisch, solange sie nicht von der Liebe an der Hand geführt wird.

Und eine Ehrerbietung, die nicht aus der Liebe kommt, ist keine Ehrerbietung, sondern Kriecherei. Zwar gebühren »allein Gott Ehre und Herrlichkeit« (1 Tim 1,17); aber keines von beiden nimmt Gott an, wenn es nicht mit dem Honig der Liebe gewürzt ist. Die Liebe genügt sich selbst, hat an sich selbst und um ihrer selbst willen Gefallen. Sie ist für sich selbst Verdienst, ist Lohn. Die Liebe sucht keinen Grund, keine Frucht außerhalb ihrer selbst: wer die Liebe verwirklicht, der erntet im Verwirklichen ihre Frucht. Ich liebe, weil ich liebe; ich liebe, um zu lieben.

Bernhard von Clairvaux[211]

Ein Mönch im Gespräch mit seinem Herzen

Ich glaube, daß du dich danach sehnst, Gott zu schauen und in Gott hineinzugehen. Und weil du blind bist, brauchst du einen Führer. Folgst du dem Glauben als Führer, so wirst du nicht vom Weg abirren; ja, im Licht des Glaubens kannst du sogar schon jetzt Gott sehen.

(Sein Herz:) Aber warum sieht man nur im Glauben Gott?

Warum nicht in der Liebe?

(B:) Du hast recht, man schaut ihn auch in der Liebe und sogar in der Liebe noch deutlicher. Denn die Liebe ist ein lichtvolles Gebot und macht die Augen hell. Und nichts in uns gleicht *mehr* der Liebe, die Gott ist, als die Liebe selbst, die in uns von Gott ist. Durch sie wird das Bild Gottes in uns wiederhergestellt. Durch sie sehen und spüren wir Gott in uns und sogar weit mehr, als wir ihn im bloßen Glauben erkennen.

BALDUIN VON FORD[212]

Die Liebe zerstört nie, vielmehr unterweist und ernährt und unterstützt sie jene, die sich ihr anvertrauen. Denn sie ist sättigend und ein Abgrund und ein überlaufendes Meer.

MARGARETA PORETE[213]

So ist Jesus Christus, der durch das Gute das Böse überwindet, in Wahrheit unsere Mutter. Von Ihm bekamen wir unser Sein; denn dort liegt der Urgrund der Mutterschaft und all die süße Geborgenheit der Liebe, die für alle Zeit daraus entspringt. Ebenso wahrhaft wie Gott unser Vater ist, so wahrhaft ist Gott auch unsere Mutter. [...]

Das schöne, holde Wort *Mutter* ist ja an sich schon so liebreich, daß es von niemand so ganz in Wahrheit gesagt werden kann als von Ihm und zu Ihm, der wahrhaft Mutter des Lebens und aller Dinge ist. Die besonderen Eigenschaften einer Mutter sind freundliche Liebe, Weisheit und Einsicht, und so ist es gut. Obwohl unsere leibliche Geburt nur etwas Kleines, Geringfügiges und Einfaches ist im Licht unserer geistlichen Geburt, so ist es doch Er, der sie bewirkt in den Geschöpfen, durch die sie geschieht. Eine gute, liebevolle Mutter kennt und versteht die Bedürfnisse ihres Kindes. Sie umgibt es mit großer Zärtlichkeit, wie es in der Natur und Art der Mutter liegt. [...]

Eine Mutter mag zugeben, daß ihr Kind zuweilen fällt und auf verschiedene Weise betrübt wird, zu seinem eigenen Gewinn. Aber niemals wird sie in ihrer Liebe dulden, daß ihr Kind auf irgendeine Weise in Gefahr gerät. Und selbst wenn unsere irdische Mutter ihr Kind zugrunde gehen ließe, so wird doch Jesus, unsere himmlische Mutter, niemals zulassen, daß wir, Seine Kinder, verlorengehen. Denn Er ist die All-Macht, All-Weisheit und All-Liebe. Und keiner ist außer Ihm. Er sei gepriesen!

Doch manches Mal, wenn unser Sturz und unser Elend uns offenbar werden, fallen wir in solche bittere Angst und Beschämung, daß wir kaum wissen, wohin wir uns verbergen sollen. Unsere gütige Mutter will aber nicht, daß wir fortlaufen – nichts würde Ihr mehr mißfallen. Nein, Er will, daß wir jetzt wie ein betrübtes und erschrecktes Kind eilig zu unserer Mutter laufen und, wenn uns sonst kein Ausweg bleibt, so laut wir können, nach unserer Mutter rufen, damit sie uns helfe. So wie ein frommes Kind sollen wir handeln und sagen: »Meine milde Mutter, meine gütige Mutter, meine liebevolle Mutter, erbarme dich meiner! Durch meine Schuld wurde ich häßlich und Dir unähnlich, und ich darf und kann das nicht wiedergutmachen, außer Du hilfst mir gnädiglich.« – Wenn es uns aber dann nicht sofort leichter wird, dann wollen wir vertrauen, daß Er wie eine weise Mutter an uns handelt. Sofern Er sieht, daß Trauer und Tränen uns von Nutzen sind, dann läßt es Seine Liebe voll Erbarmen und Mitleid geschehen, solange wir es brauchen. Er will, daß wir nach Art der Kinder, in natürlichem Vertrauen, uns der Liebe unserer Mutter in Wohl und in Wehe überlassen.

JULIANA VON NORWICH[214]

Denn es ist unmöglich, daß Gott irgend etwas (anderes) denn Gutes wolle, und insonderheit gerade darin und dadurch, daß es Gott will, wird es und ist es notwendig gut und zugleich das Beste. Und darum lehrte unser Herr die Apostel und uns in ihnen und beten wir alle Tage darum, daß Gottes Wille geschehe. Und doch, *wenn* Gottes Wille kommt und geschieht, so klagen wir.

MEISTER ECKEHART[215]

Ich wähle Dich von aller Welt alleine.
Sprich, willst Du, daß ich traurig sitz' und weine?
Der Feder gleicht mein Herz in Deinen Händen;
Du bist der Grund, wenn froh, wenn trüb ich scheine.
Was will ich außer dem, was Du für gut hältst?
Die Bilder nur, die Du zeigst, nenn' ich meine!
Bald treibst Du Rosen aus mir, bald auch Dornen,
Bald Schmerz, bald Duft schenkt mir die Ros' im Haine.

Wünschst Du mich *so*, füg' ich mich Deinem Willen;
Hältst Du mich *so*, so bin ich ganz der Deine.

RUMI[216]

Das schönste Ding

Kein Ding ist hier noch dort, das schöner ist als ich,
Weil Gott, die Schönheit selbst, sich hat verliebt in mich.

ANGELUS SILESIUS[217]

Wenn zwei sich zärtlich küssen, hauchen sie sich gegenseitig ihren Atem ein. Das ist wie ein Duft, von dem sie sich wunderbar durchdrungen fühlen.

Nimm, Herr, den Atem meiner Seele ganz in Dich auf. Wende Dich nicht von ihm ab. Ich hauche ihn ganz in Dich ein [...]. Und Du hauche Deinen Atem ganz in mich ein – er duftet ja ganz nach Dir –, damit mein Atem von Deinem Wohlgeruch erfüllt wird.

Du sagst zur Seele, die sich nach Dir sehnt: »Mach deinen Mund weit auf, und ich werde ihn füllen« (Ps 80, 11), und die Seele wird beim Verkosten und Schauen Deiner zärtlichen Liebe im großen und unfaßlichen Sakrament des Gedächtnisses Deiner Taten in das verwandelt, was sie ißt: sie wird Bein von Deinem Bein und Fleisch von Deinem Fleisch (vgl. Gen 2,23).

WILHELM VON SAINT-THIERRY[218]

Mit dir bin ich am liebsten nackt,
werf' ab des Leibes Kleid,
Daß deiner Gnade Schoß zum Rock
für meine Seele wird.

RUMI[219]

»Ich kann nicht tanzen, Herr, Du führtest mich denn.
Soll ich sehr springen,
Mußt Du selber vorsingen.

Dann spring ich in die Minne,
Von der Minne in die Erkenntnis,
Von der Erkenntnis in den Genuß,
Vom Genuß über alle menschlichen Sinne.

Dort will ich verharren und doch höher drängen.« [...]

Darauf spricht der Jüngling: »Jungfrau, in diesem Lobetanz habt Ihr Euch sehr schön geschwungen. Ihr sollt mit der Jungfrau Sohn Euren Willen haben, denn Ihr seid nun herzlich müde. Kommt am Mittag zu der Schattenquelle in das Bett der Minne. Dort sollt Ihr Euch mit Ihm erholen.« Da spricht die Jungfrau:

»O Herr, das ist unbegreiflich viel,
Daß die sei Deiner Minne Gespiel,
Die nicht Minne in sich selber hegt,
Sie werde denn von Dir bewegt.« [...]

Nun geht die Allerliebste zu dem Allerschönsten in die verborgenen Kammern der unsichtbaren Gottheit. Dort findet sie der Minne Bett und Gelaß und Gott übermenschlich bereit. Da spricht unser Herr:

Haltet an, Frau Seele!
Seele: Was gebietest Du, Herr?
Gott: Ihr sollt nackt sein!
Seele: Herr, wie soll mir dann geschehen?
Gott: Frau Seele, Ihr seid so sehr in mein Wesen gehoben,
Daß zwischen Euch und mir nichts sein kann.
Es ward kein Engel je so geehrt,
Dem das wurde eine Stunde gewährt,
Was Euch von Ewigkeit ist gegeben.
Darum sollt Ihr von Euch legen
Beides, Furcht und Scham [...]
Seele: Herr, nun bin ich eine nackte Seele,
Und Du in Dir selber ein reichgeschmückter Gott.
Unser zweier Gemeinschaft
Ist ewiges Leben ohne Tod.

Da geschieht eine selige Stille
Und es wird ihrer beider Wille.
Er gibt sich ihr, und sie gibt sich ihm.
Was ihr nun geschieht, das weiß sie,
Und damit tröste ich mich.
Aber dies kann nie lange sei.
Denn wo zwei Geliebte verborgen sich sehen,
Müssen sie oft abschiedslos voneinander gehen.

Lieber Gottesfreund, diesen Minneweg habe ich dir geschrieben. Gott möge ihn deinem Herzen erschließen!

Amen.

MECHTHILD VON MAGDEBURG [220]

So ruht der Himmel an der Erde. In des Waldsees dunkler Ruhe öffnet sich der Schoß des Forsts. Und so wie der Mann ihren Leib mit seiner überdauernden Zärtlichkeit bedeckt, so umhüllt der Erde und der Bäume Nacktheit des Morgens stilles, starkes Licht.

Selber fühle ich ein Brennen, das Sehnen nach Vereinigung ist, nach Aufgehen, nach einem Teilhaben an dieser Begegnung. Ein Brennen, das eins ist mit der Begierde irdischer Liebe – aber auf Erde und Wasser und Himmel gerichtet, und vom Rauschen der Bäume, vom Duft der Erde, vom Schmeicheln des Windes und von der Umarmung der Luft und des Wassers kommt Antwort. Zufrieden? Nein, nein, nein –. Aber gekühlt, ausgeruht – wartend.

DAG HAMMARSKJÖLD [221]

Mystikern vorzuwerfen, sie liebten Gott mit der Kraft der sexuellen Liebe, das ist so, als würde man einem Maler vorwerfen, Bilder mit Farben zu malen, die aus materiellen Substanzen bestehen. Wir haben nichts anderes, womit wir lieben können.

SIMONE WEIL [222]

Nächsten(liebe)

Jeder hat seinen Ort

Man fragte Rabbi Abraham Jaakob: »Unsere Weisen sagen: ›Kein Ding, das seinen Ort nicht hätte.‹ Es hat also auch der Mensch seinen Ort. Warum ist dann den Leuten zuweilen so eng?« Er antwortete: »Weil jeder den Ort des andern besetzen will.«

Erzählungen der CHASSIDIM[223]

Das göttliche Sehen

Wer in dem Nächsten nichts als Gott und Christum sieht,
Der siehet mit dem Licht, das aus der Gottheit blüht.

ANGELUS SILESIUS[224]

Wir haben die Unterscheidung zwischen der Gerechtigkeit und der Nächstenliebe erfunden. Und man begreift auch leicht, warum. Unser Begriff der Gerechtigkeit entbindet den Besitzenden von der Verpflichtung zu geben. Gibt er trotzdem, so glaubt er berechtigten Anlaß zur Selbstzufriedenheit zu haben. Er meint, ein gutes Werk getan zu haben. Und je nach der Auffassung, die der Empfänger von diesem Begriff hat, fühlt er sich entweder jeder Erkenntlichkeit enthoben oder zu niedrigen Dankesbezeugungen genötigt.

Einzig die unbedingte Gleichsetzung der Gerechtigkeit mit der Liebe ermöglicht zugleich sowohl das Mitleid und die Dankbarkeit wie auch die Ehrfurcht vor der Würde des Unglücks in dem Unglücklichen bei ihm selbst und bei den anderen.

SIMONE WEIL[225]

Gerechtigkeit. Ständig bereit sein, gelten zu lassen, daß ein anderer etwas anderes ist als das, was man in ihm liest, wenn er da ist (oder wenn man an ihn denkt). Oder eher: in ihm auch (und ständig) lesen, daß er sicher etwas anderes ist, vielleicht etwas ganz anderes als das, was man in ihm liest. [...]

Jedes Wesen schreit im stillen, um anders gelesen zu werden. Diesen Schreien gegenüber nicht taub sein.

SIMONE WEIL[226]

Jemand, den ich liebe, enttäuscht mich. Ich habe ihm geschrieben. Unmöglich, daß er mir nicht das gleiche antworte, was ich mir selben in seinem NAMEN gesagt habe.

Die Menschen schulden uns, was wir in unserer Einbildung von ihnen erwarten. Ihnen diese Schuld erlassen.

Hinnehmen, daß sie anders sind als die Geschöpfe unserer Einbildung, heißt den Verzicht Gottes nachahmen.

Auch ich bin anders, als zu sein ich mir einbilde. Dies wissen, das ist die Vergebung.

SIMONE WEIL[227]

Darum ist die Sonne Abbild Gottes.
Die Sonne gibt und erhält nichts dafür zurück.
Wir müssen die Schulden erlassen, wie Gott sie erläßt.
Wie wir den anderen vergeben, so vergeben wir uns selbst.

SIMONE WEIL[228]

Die Eigenschaft Gottes

Zu Rabbi Nachum von Tschernobil kam ein Mann aus Litauen und klagte, ihm fehle das Geld, um seine Tochter zu verheiraten. Der Zaddik hatte grad fünfzig Gulden zu anderem Zweck bereitgelegt, er gab sie dem Armen und seinen Seidenrock dazu, damit er auf der Hochzeit würdig auftreten könne. Jener nahm's, ging stracks in die Branntweinschenke und begann zu trinken. Nach Stunden kamen Chassidim herein und fanden ihn schwer berauscht auf der Bank liegen. Sie nahmen ihm den Rest des Geldes und den Seidenrock ab, brachten's Rabbi Nachum und erzählten ihm, wie schmählich sein Vertrauen mißbraucht sei. Zürnend rief er: »Ich fasse Gottes Eigenschaft beim Zipfel, ›des Guten, der guttut den Bösen und den Guten‹, und ihr wollt sie mir aus den Händen reißen! Tragt sogleich alles zurück!«

Erzählungen der CHASSIDIM [229]

Die Störung

In einer Mitternacht, als Rabbi Mosche Löb in das Geheimnis der Lehre versenkt war, klopfte es an sein Fenster. Draußen stand ein betrunkener Bauer und begehrte Einlaß und Nachtlager. Einen Augenblick war das Herz des Zaddiks erzürnt und redete zu ihm: »Wie erfrecht sich der Trunkenbold, und was soll er uns hier im Haus?« Dann antwortete er seinem Herzen: »Und was soll er Gott in seiner Welt? Wenn Gott sich mit ihm verträgt, kann ich mich ihm weigern?« Sogleich öffnete er die Tür und bereitete das Lager.

Erzählungen der CHASSIDIM [230]

Die Stimme Gottes

Die Kreaturen sind des Ewgen Wortes Stimme:
Es singt und klingt sich selbst in Anmut und im Grimme.

ANGELUS SILESIUS [231]

Zu den Guten bin ich gut,
zu den Nichtguten bin ich auch gut;
denn das LEBEN ist die Güte.
Zu den Treuen bin ich treu,
zu den Nichttreuen bin ich auch treu;
denn das LEBEN ist die Treue.
Der Berufene lebt in der Welt ganz still
aber er macht sein Herz weit für die Welt.

Die Leute alle starren auf ihn und horchen.
Der Berufene behandelt sie alle als seine Kinder.

LAOTSE[232]

Wenn du einen Fehler in deinem Bruder siehst, so ist der Fehler, den du in ihm siehst, in dir selber. Die Welt ist ja gleich einem Spiegel, in dem du dein eigenes Bild siehst, denn der Gläubige ist der Spiegel des Gläubigen. Reinige dich von dem Fehler in dir; denn was dich im anderen schmerzt, schmerzt dich [in Wirklichkeit] in dir selber.

Es heißt: Ein Elefant wurde zu einem Brunnen geführt, um dort zu trinken. Er sah sich im Wasser und scheute. Er dachte, er scheue vor einem anderen Elefanten und begriff nicht, daß er vor sich selber scheute.

Alle schlechten Eigenschaften wie Unterdrückung, Haß, Neid, Gier, Unbarmherzigkeit, Lust, Zorn, Stolz – wenn sie in dir sind, schmerzt es dich nicht. Wenn du sie aber in einem anderen wahrnimmst, dann scheust du davor, und es schmerzt und verletzt dich – doch wisse, daß du vor dir selbst scheust.

RUMI[233]

Der Lubliner und ein Prediger

Ein berühmter wandernder Maggid predigte einmal in einer Stadt, als die Kunde sich verbreitete, der Rabbi von Lublin sei gekommen. Alsbald gingen alle Zuhörer von dannen, den Zaddik zu begrüßen. Der Prediger merkte, daß er allein verblieben war; er zögerte eine Weile, dann begab auch er sich in die Herberge, wo der Lubliner eingekehrt war. Dessen Tisch war bereits von »Lösegeldern«, welche die Bittsteller und anderen Besucher dem Zaddik bringen, ganz bedeckt. Der Maggid fragte: »Wie geht das zu: ich predige hier seit etlichen Tagen und habe noch nichts bekommen, Euch aber ist in einer Stunde all dies zugeflogen?« Rabbi Jaakob Jizchak antwortete: »Es wird wohl dies sein, daß jeder in den Herzen der Menschen das erweckt, was er im eignen hegt; ich Geldeshaß, Ihr Geldesliebe.«

Erzählungen der CHASSIDIM[234]

Eines Tages trug jemand Maulana vor: Qadi Izzaddin schickt Grüße; er spricht immer voll Lob und Preis von Euch.

Er sagte:

Jedem, der meiner im Guten gedenkt –
Gutes Gedenken sei ihm auch geschenkt!

Wenn irgend jemand von einem anderen Gutes sagt, wendet sich das Gute zu ihm zurück, und in Wirklichkeit ist dieses Lob für ihn selber. Es ist ähnlich wie jemand, der um sein Haus einen Rosenhag und Duftkräuter pflanzt; wann immer er hinsieht, erblickt er Rosen und Duftkräuter und ist ständig im Paradies. Wenn er sich angewöhnt hat, gut von anderen zu sprechen, sprechen die andern auch gut von ihm. Wenn man Gutes von jemand sagt, wird der sein Freund; wenn er an ihn denkt, denkt er an einen lieben Freund, und an einen lieben Freund zu denken, ist wie Rosen und Rosenhag, Dufthauch und Rast. Aber wenn er schlecht von jemand spricht, dann erscheint er ihm verhaßt – wenn er an ihn denkt und sein Bild ihm erscheint, ist es, als ob eine Schlange oder ein Skorpion, ein Dorn oder eine Distel vor seinen Augen erschienen sei.

Tu Gottes wegen allen Menschen gut,
Und auch, damit dir deine Seele ruht.
Damit du immer einen Freund nur siehst,
Kein häßlich Bild aus Haß im Herzen siehst!

Nun, wenn du Tag und Nacht Rosen und Rosengärten und die Wiesen von Iram (s. Sura 89/6) sehen kannst, warum gehst du inmitten von Dornbüschen und Schlangen umher? Liebe alle, damit du immer unter Rosen und in einem Garten weilst! Doch wenn du allen feindlich gesonnen bist, dann erscheint das Bild deines Feindes vor dir, und es ist, als gingst du Tag und Nacht zwischen Dornbüschen und Schlangen umher. So lieben die Heiligen alle Menschen und denken gut von ihnen. Sie tun das nicht für jemand anders, sondern für sich selbst, damit nicht zufällig ein häßliches und hassenswertes Bild vor ihnen erscheine. Da es in dieser Welt unvermeidlich ist, Menschen zu erwähnen und ihrem Bild zu begegnen, haben sie sich bemüht, daß in ihrem Gedächtnis alles Denken an sie liebenswert und wünschenswert sei, damit die Scheußlichkeit von etwas Hassenswertem sie nicht auf ihrem Wege stören möge. Nun, was immer du anderen Menschen tust, und wie immer du sie erwähnst, im guten wie im bösen – alles kehrt zu dir zurück. Aus diesem Grund hat Gott der Erhabene erklärt: »Wer ein gutes Werk tut, tut es für sich, und wer Böses tut, tut es gegen sich« (Sura 41/46).

RUMI[235]

Auf der anderen Seite mühen sich manche mit der Meditation, denen ich nur raten kann, die Augen erst einmal, statt sie zu schließen, wirklich zu öffnen und auf das nächste zu schauen – ihren Nächsten –, um ihm zu dienen. Wollt Ihr Gott finden, so dienet den Menschen.

Gar zu viele reden Säcke voll Theologie, handeln aber nicht ein Körnchen danach, während der Weise wenig redet und sein Leben und Wirken lebendige Meditation und tätige Religion sein läßt.

RAMAKRISHNA[236]

Die wahre göttliche Liebe, die sollst du in deinem Inneren haben, die sollst du erkennen und wahrnehmen an der Liebe, die du nach außen zu deinem Nächsten hast; denn nicht eher liebst du Gott, als bis du findest, daß du deinen Nächsten liebst, wie geschrieben steht: »Wie kannst du Gott lieben, den du nicht siehst, solange du deinen Bruder, den du siehst, nicht liebst?« Daran hängen alle Gebote und das Gesetz Gottes.

JOHANNES TAULER[237]

Liebe Gott über alle Dinge und deinen Nächsten wie dich selbst! (Mt 22, 37), und dies ist ein Gebot von Gott. Ich aber sage, daß es nicht nur ein Gebot sei, sondern, daß Gott es geschenkt und zu schenken gelobt hat. Wenn du hundert Mark bei dir mehr liebst als bei einem andern, so ist das unrecht. Hast du einen Menschen lieber als einen andern, so ist das unrecht. Und hast du deinen Vater und deine Mutter und dich selbst lieber als einen anderen, so ist das unrecht. Und hast du die Seligkeit in dir lieber als in einem andern, so ist das unrecht. »Gott bewahre! Was sagt ihr da? Soll ich die Seligkeit in mir nicht lieber haben als in einem anderen?« Es gibt viele gelehrte Leute, die das nicht begreifen, und es dünkt sie gar schwer. Es ist aber nicht schwer, es ist (vielmehr) ganz leicht. Ich will dir zeigen, daß es nicht schwer ist. Seht, die Natur verfolgt bei jedem Glied zweierlei Zwecke damit, daß es am Menschen wirkt. Der erste Zweck, den es in seinen Werken verfolgt, ist, dem Leibe insgesamt zu dienen und danach einem jeglichen Glied gesondert wie sich selbst und nicht weniger als sich selbst, und es hat sich selbst in seinen Werken nicht mehr im Auge als ein anderes Glied. Um vieles mehr muß das im Bereich der Gnade gelten! Gott soll eine Regel und ein Fundament deiner Liebe sein. Das erste Absehen deiner Liebe soll rein auf Gott und danach auf deinen Nächsten wie auf dich selbst und nicht minder als auf dich selbst gerichtet sein. Liebst du (aber) die Seligkeit in dir mehr als in einem anderen, so liebst du dich selbst, und wo du dich liebst, da ist nicht Gott deine reine Liebe, und das ist unrecht.

MEISTER ECKEHART[238]

Selbsterkenntnis führt zur Milde mit anderen

Es lohnt sich, genauer zu betrachten, wie gut sich der Schüler der Wahrheit an die Reihenfolge halten soll, die der Lehrmeister angibt. In den Seligpreisungen [...] werden die Barmherzigen vor den Herzensreinen genannt, und ebenso kommen die Milden vor den Barmherzigen. Und auch der Apostel hat hinzugefügt: »im Geist der Milde« (Gal 6,1), als er die geistlich Gesinnten ermahnte, die fleischlich Gesinnten zu unterweisen. Die Unterweisung der Brüder ist Sache der Barmherzigen, der Geist der Milde ist Sache der Milden. Es ist, als wollte er damit sagen: »Keiner kann als Barmherziger angesehen werden, der nicht in sich selbst mild ist.«

Sieh also, wie der Apostel eindeutig sagt, [...] daß wir die Wahrheit zuerst in uns selbst suchen müssen, ehe wir sie in unseren Mitmenschen finden können: »Hab auf dich selbst acht« (Gal 6,1), sagt er, und er meint: Hab acht darauf, wie leicht du dich anfechten läßt und wie rasch du zur Sünde neigst. Wenn du auf dich selbst acht hast, wirst du milde, und dann kannst du anfangen, anderen »im Geist der Milde« zu Hilfe zu kommen. Hörst du jedoch nicht auf die Mahnung des Schülers, dann bleibt dir nur das Erschrecken vor dem Vorwurf des Meisters: »Du Heuchler, zieh zuerst den Balken aus deinem Auge und dann sieh zu, daß du den Splitter aus dem Auge deines Bruders entfernst!« (Mt 7,5) Ein großer und roher Balken im Auge, ist die Überheblichkeit im Geist. Ihre Aufgedunsenheit ist nichtig, ungesund, eine schwammige Geschwulst, die das Auge des Herzens verfinstert und die Wahrheit verdunkelt. Wenn sie deinen Geist in Beschlag nimmt, bist du nicht mehr in der Lage, dich selbst zu sehen und zu empfinden, wie du bist oder wie du sein kannst, sondern du hältst dich dann für den, der du gern sein möchtest oder zu sein meinst oder zu werden hoffst.

BERNHARD VON CLAIRVAUX[239]

Der Buddha sagte: »Wenn ein weiser Mensch leidet, so fragt er sich: ›Was habe ich bisher getan, um mich von meinem Leiden zu befreien? Was kann ich noch tun, um es zu überwinden? Wer kann mir dabei helfen?‹ Wenn aber ein törichter Mensch leidet, so fragt er: ›Wer hat mir unrecht getan?‹«

THICH NHAT HANH[240]

Wenn wir irgendein Geschöpf so lieben, daß wir es nicht in Beziehung zu Dir bringen, sondern *in sich* genießen wollen, bleibt unsere Liebe nicht wirklich *Liebe,* sondern wird zur ichbezogenen Begehrlichkeit, zur sinnlichen Begierde oder zu etwas Ähnlichem. Sie verliert nicht nur ihre Freiheit, sondern auch den Glanz ihres Namens. [...]

Darin besteht im Grunde jede seiner [des Menschen] Sünden: daß er auf verkehrte Weise genießt und auf verkehrte Weise gebraucht. Er liebt dann irgend etwas oder einen Menschen oder sich selbst ohne Bezug zu Dir, sondern will die Dinge, die Menschen und sich selbst an sich genießen.

Der Mensch soll sich des anderen Menschen und seiner selbst

erfreuen, aber in Dir. Dich aber, Du Leben aller Leben und Gut aller Güter, soll er in Dir und in sich genießen.

Das ist die lebendige und lichtvolle Liebe. Sie ist frei von der Verderblichkeit und macht von ihr frei. Je reiner sie ist, desto süßer ist sie in der Erfahrung; je stärker, desto beständiger in der Wirkung.

WILHELM VON SAINT-THIERRY[241]

Ein Bauer bat einen Tendai-Priester, Sutras für seine Frau zu rezitieren, die im Sterben lag. Nachdem die Rezitation beendet war, fragte der Bauer: »Glaubt Ihr, daß meine Frau hierdurch Verdienst erlangt?« »Nicht nur für deine Frau, sondern für alle Lebewesen ist das Rezitieren von Sutras [Lehrreden des Buddha] von Nutzen«, antwortete der Priester.

»Wenn du sagst, daß es für alle Lebewesen von Nutzen ist«, sagte der Bauer, »so kann es doch sein, daß meine Frau sehr schwach ist und andere sie ausnützen und den Nutzen bekommen, den sie haben soll.« Der Priester erklärte, daß es der Wunsch eines jeden Buddhisten sei, Segen zu spenden und jedem lebendigen Wesen Verdienste zu wünschen.

»Das ist eine schöne Lehre«, schloß der Bauer die Angelegenheit ab, »aber bitte, mache eine Ausnahme. Ich habe einen Nachbarn, der grob und gemein ist. Nur ihn schließe aus von allen Lebewesen.«

Zen-Geschichte[242]

Welt

Die zwiefältige Welt

Rabbi Baruch sprach einmal: »Was für eine gute und lichte Welt ist das doch, wenn man sich nicht an sie verliert, und was für eine finstere Welt ist das doch, wenn man sich an sie verliert!«

Erzählungen der Chassidim [243]

Rumi, auf den der Orden der Tanzenden Derwische zurückgeht, beschreibt die Schöpfung als Aufforderung zum Tanz, durch die alle Geschöpfe aus dem Nichts ins Sein gerufen werden.

Hallte ein Ruf im Nicht-Sein: da
sagte das Nicht-Sein: »Gewiß!
Ich setz' den Fuß in jenes Land,
froh, grün und frisch mich zu zeigen!«
Es hörte Gottes Urzeit-Ruf,
tanzend ward es und berauscht;
Nicht-Sein war es und ward zum Sein –
Herzen und Tulpen und Feigen! [244]

Der Frühling ist da! Der Frühling ist da
mit holdem Glanze der Wangen!
Es grünt und blühet nun wieder die Welt,
und Rosen ranken und prangen!
Nun lausche, was die Lilie spricht;
denn sie hat hundert Zungen!
Lies in der Steppe »Wasser-und-Lehm«
die Zeichen, die dort entsprangen.

Die Rose des Gartens die Wildrose fragt,
wie ihr's in der Fremde ergangen;
sie spricht: »Ich bin froh: Vom ersehnten Gefild
sich liebliche Düfte herschwangen!«
Jasmin fragt die Zypresse: »Sag an,
was tanzest du immer so trunken?«
Da flüstert sie ihm selig ins Ohr:
»Er duldet unser Verlangen!«
Fragt die Narzisse schelmischen Blicks
die Rose, weshalb sie so lache,
so gibt sie zur Antwort: »Ich lache so froh,
weil nah ist des Freundes Umfangen!«
Die Pinie spricht: »Der schwierige Pfad
ward leicht durch die Gnade, die machte,
daß meine Nadeln so glänzend und scharf
wie Schwerter die Freiheit errangen.« [...]
Und sieh, nun steiget der Storch auch empor
und ruft, als wärs von der Kanzel:
»Auf, auf, die ihr dienet dem mächtigen Herrn,
Sein Nahen sei festlich begangen!«[245]

Die Schöpfung oder ganze Kreation ist anders nichts als eine Offenbarung des allwesenden, ungründlichen Gottes. Alles, was er in seiner ewigen unanfänglichen Gebärung und Regiment ist, dessen ist auch die Schöpfung, aber nicht in der Allmacht und Kraft, sondern als ein Apfel auf dem Baume wächset, der ist nicht der Baum selber, sondern wächset aus der Kraft des Baumes. Also sind alle Dinge aus göttlicher Begierde entsprungen und in ein Wesen geschaffen worden, da am Anfange kein Wesen dazu vorhanden war, sondern nur dasselbe Mysterium der ewigen Gebärung, in welchem eine ewige Vollkommenheit ist gewesen.

Denn Gott hat nicht die Kreation erboren, daß er dadurch vollkommener würde, sondern zu seiner Selbst-Offenbarung, als zur großen Freude und Herrlichkeit. Nicht daß solche Freude erst mit der Kreation habe angefangen; nein, sie ist von Ewigkeit im großen Mysterio gewesen, aber nur als ein geistlich Spiel in sich selber. Die Kreation oder Schöpfung ist dasselbe Spiel aus sich selber, als ein Model (Form) oder Werkzeug des ewigen Geistes, mit welchem er spielet. Und ist eben als eine große Harmonie vielerei Lautenspiels, welche alle in eine Harmonie gerichtet ist.

Jakob Böhme[246]

Die Weisheit Gottes spielt überall auf der Erde vor dem Angesicht des Vaters. Sie spielt auch vor dem Angesicht dessen, der es gelernt hat, sich am Spiel der Weisheit zu freuen und darüber zu staunen. Ihm geht auf, daß uns die Weisheit überall Zeichen und Gleichnisse der Liebe Gottes vor Augen führt. Laßt uns das an einem Beispiel betrachten, das uns die Weisheit Gottes selbst genannt hat (vgl. Mt 23,37).

Seht, wie eine Henne an ihren Küken hängt, wie sie sie immer wieder zärtlich wärmt und ständig neu zur Welt bringt. Je stärker ihre Zuneigung ist, desto rauher wird ihre gluckende Stimme. Und welches Wunder: je rauher ihre Stimme klingt, desto mehr fühlen sich ihre Küken gerufen und liebkost. Ja, und schließlich wird sie vollends zur Verkörperung der Liebe, wenn sie nicht nur mit ihrer rauhen Stimme, sondern mit ihrem ganzen Leib ihre Liebe bekundet: wenn sie ihre Federn plustert und wie eine Wolke über ihre Küken sinkt, oder wenn sie besorgt umhereilt, emsig auf Futter hinweist und mit äußerster Wachsamkeit auf der Hut ist und die Kleinen voll Hingabe unter ihren Flügeln sammelt.

Vielleicht sagst du, das alles sei nur Spielerei. Da hast du natürlich recht. Aber das ist ein ernsthaftes Spiel. Darin spielt die Weisheit Gottes. Jeder, der dieses Spiel vor Augen hat, muß achtgeben, daß er nicht den Herrn des Spiels verkennt und am Ende zu hören bekommt: »Wir haben für euch auf der Flöte gespielt, und ihr habt nicht getanzt« (Mt 11, 17).

Laß also lieber die Weisheit Gottes des Vaters vor der Lade des Herrn spielen und tanzen und springen (vgl. 2 Sam 6, 16). Sie sendet vom höchsten Gipfel seiner Liebe ihre Strahlen aus und spiegelt sie durch die sichtbaren Geschöpfe bis in unsere Finsternis hinein. Wirklich: es gibt kein einziges vernünftiges und kein einziges unvernünftiges Geschöpf, das nicht eine Stimme, nicht eine Zunge hätte. Der allen eingeborene instinktive Drang zur Zuneigung ist für uns ein Hinweis auf das unaussprechliche Geheimnis der ewigen Liebe – vorausgesetzt, wir geben uns die Mühe, darauf zu achten. Wenn nicht, ist die Schöpfung für uns stumm, und wir sind taub.

JOHANNES VON FORD[247]

Weil sie jüngst Dein Fuß berührte,
nun die Erde bräutlich lacht;
Schwanger ward sie und hat tausend
Blüten Dir zur Welt gebracht.
Davon fiel ein Rausch gen Himmel,
dran die Sterne sich entfacht,
Daß der Mond im Rausche schaute
auf die Sternenblütenpracht.

RUMI[248]

Gott, nie lausche ich auf die Stimme eines Tieres oder das Rauschen eines Baumes, das Sprudeln von Wasser oder den Sang eines Vogels, das Brausen des Windes oder das Dröhnen des Donners, ohne zu finden, daß sie Deine Einzigkeit bezeugen und darauf hinweisen, daß es keinen gleich Dir gibt, daß Du der Herrscher bist, der nicht beherrscht werden kann, der Weise, der keine Unwissenheit kennt, der Gerechte, der nicht grausam ist, der Vertrauenswürdige, der nicht lügt!

DHU 'N NUN[249]

O edelstes Grün

O edelstes Grün,
du wurzelst in der Sonne,
strahlst auf in leuchtender Helle
in einem Kreislauf,
den der Sinne Vermögen nimmer begreift!

Du bist umfangen
in liebender Umarmung
von den Geheimnissen Gottes –:

Du schimmerst auf wie Morgenrot,
du glühst
wie der Sonne Flammen!

Du bist umfangen
in liebender Umarmung
von den Geheimnissen Gottes.

HILDEGARD VON BINGEN [250]

Wie man Gott zu jeder Zeit unergründlich loben soll

Ach teurer Herr, ging doch so manch schönes Lied aus meinem Herzen, wie je andere an lieblichem Saitenspiel boten, und so viel davon, wie Laub und Gras wächst, und die Töne alle hinaufdrängen zu dir in den Himmelshof, so daß aus meinem Herzen ein so köstliches unerhörtes Lob aufstiege, daß es deinem Herzen gefiele und dem ganzen himmlischen Hof Freude brächte! Lieber Herr, wohl bin ich nicht würdig, dich zu loben! Dennoch verlangt meine Seele, daß der Himmel dich lobe, wenn er in seiner herrlichsten Schönheit mit dem Glanz der Sonne und dem unzählbaren Heer der Sterne in seiner hohen Klarheit erstrahlt! Möchten doch auch die schönen Heiden, die in sommerlicher Wonne in mannigfaltigem Blumenschmuck in ihrer natürlichen schönen Gestalt in lustvoller Schönheit glänzen, dich preisen! Und all die lieblichen Gedanken und das sehnende Verlangen, das je ein reines liebendes Herz nach dir erfüllt, wenn es mit der hellen Sommerpracht deines hereinleuchtenden Geistes umgeben war, dein Lob singen!

Herr, denke ich allein an dein hohes Lob, so könnte mir das Herz vergehen, die Gedanken mir schwinden; die Worte fehlen mir, alle Kraft verläßt mich. Es leuchtet etwas – ich weiß nicht was – in meinem Herzen auf, was niemand in Worte fassen kann, wenn ich dich, das unfaßbare Gut, loben will. Denn gehe ich zu den schönsten Geschöpfen, den höchsten Geistern, den reinsten

Wesen, das übertriffst du doch alles unsagbar; steige ich in den tiefen Abgrund deines eigenen Gutes, Herr, da verschwindet jedes Lob infolge seiner Kleinheit. Herr, sehe ich hübsche lebende Gestalten, blicke ich anmutige Geschöpfe an, so sagen sie meinem Herzen:

»Ei, sieh, wie so recht wohlgefällig ist der, von dem wir ausgegangen sind, von dem jede Schönheit kommt.« Ich durchwandere Himmel und Erde, die Welt und den Abgrund, Wald und Heide, Berg und Tal: Sie singen mir allesamt den herrlichen Gesang deines unfaßbaren Lobes. Sehe ich dann, wie unbegreiflich schön und geordnet du alles einrichtest, Übles und Gutes, muß ich verstummen. Herr, wenn ich daran denke, daß du das lobenswerte Gut, *der* bist, den meine Seele erwählt und den meine Seele sich selber allein zu ihrem einzigen Geliebten erkoren hat, so könnte mein Herz vor Lob zerspringen. Ach Herr, nun blicke auf das innige Verlangen meines Herzens und meiner Seele und lehre mich dich loben, lehre mich, dich würdig zu loben, ehe ich von hinnen scheide, denn danach dürstet meine Seele mir. [. . .]

Lieber Herr, dich loben doch (auch) die Frösche im Graben; zwar können sie nicht singen, aber sie quaken doch.

HEINRICH SEUSE[251]

Alles ist vollkommen

Mensch, nichts ist unvollkommn: der Kies gleicht dem Rubin,
Der Frosch ist ja so schön als Engel Seraphin.

ANGELUS SILESIUS[252]

Enfant terrible

Herr Tiän von Tsi gab in seiner Halle ein großes Festmahl und saß inmitten von tausend Gästen.

Als Fisch und Geflügel hereinkamen, betrachtete er sie und sprach seufzend: »Wie gut ist doch der Himmel gegen die Menschen! Er läßt das Korn wachsen und bringt Fische hervor zu unserem Gebrauch.«

Alle Gäste stimmten ihm zu wie ein Echo.

Es war aber der zwölfjährige Sohn des Bau dabei. Der machte eine vorlaute Bemerkung und sprach: »Es ist nicht so, wie der Herr sagt. Alle Wesen auf der Welt sind unsere Mitgeschöpfe. Unter diesen Geschöpfen gibt es nicht edlere und geringere. Sie überwältigen einander nur durch Größe, Klugheit und Kraft und essen dann der Reihe nach einander auf. Es ist aber nicht so, daß sie füreinander erzeugt wären.

Was der Mensch an eßbaren Dingen unter die Hand bekommt, das ißt er auf. Aber das ist nicht ursprünglich vom Himmel für die Menschen erzeugt. Schnaken und Mücken beißen uns in die Haut, Wölfe und Tiger fressen unser Fleisch; aber darum hat doch nicht ursprünglich der Himmel den Menschen und sein Fleisch für Schnaken und Mücken, Wölfe und Tiger wachsen lassen.«

LIÄ DSÏ[253]

Das Konterfei Gottes

Ich weiß Gotts Konterfei: er hat sich abgebildt
In seinen Kreaturn, wo dus erkennen wilt.

ANGELUS SILESIUS[254]

Es war ein Führer auf dem Wege Gottes,
Der einst von Gott sich einen Gast erflehte.
Der Herr der Welt sprach heimlich in sein Herz:
»Ja. Morgen früh wird dich ein Gast besuchen!«
Am nächsten Tag begann der Mann sein Werk,
Bereitete, was sich für Gäste ziemet;
Dann blickte er nach allen Seiten hin –
Da kam ein armer Hund des Weges her.
Der Mann verjagte diesen Hund voll Zorn,
Da ja sein Herz nur seinen Gast erharrte:
Ach käme doch der Gast und zeigte sich –
Die Gottesgabe, käme sie doch rasch!
Doch auf dem Wege zeigte sich kein Mensch,
Und schließlich schlief der Hausherr traurig ein.

Da sprach zu ihm der Herr: »O du Verwirrter,
Ich hatte dir doch einen Hund geschickt!
Du triebst ihn fort, anstatt ihn zu bewirten,
Und hungrig ist er angstvoll fortgerannt!«
Der Mann erwachte und war ganz verzweifelt,
Und war durchnäßt von Tränen und von Blut;
Er rannte überall und lief herum,
Bis er den Hund in einem Winkel fand.
Er trat vor ihn und fleht' ihn jammernd an,
Bat um Verzeihung ihn, ihn zärtlich lockend.
Der Hund tat auf sein Maul und sprach: »O Wandrer,
Du wünschtest einen Gast – doch wünsch dir Einsicht,
Denn besser wäre es, Gott gäbe dir
Die wahre Einsicht, und nicht einen Gast!«

FARIDUDDIN 'ATTAR[255]

Die Pferde

Wenn Rabbi Wolf zu Wagen fuhr, erlaubte er nicht, die Pferde zu schlagen. »Nicht einmal zu schelten brauchst du sie«, belehrte er den Fuhrmann, »wenn du sie nur anzureden verstehst.«

Erzählungen der CHASSIDIM[256]

Fallstricke

Dieser Hang ist so recht im Menschen verwurzelt, einen anderen stets bessern zu wollen und sich selbst oft nicht bessern zu können. So sehr neigt der Mensch zur Verurteilung anderer: einer spricht ihm zuviel, ein anderer zuwenig, der ißt ihm zuviel, jener nicht genug, dieser weint zuviel, jener sollte mehr weinen; in allen Dingen findet sich dieses todbringende Verurteilen und begleitet ist es im Herzen und im Grund von einer tiefen Verachtung, die sich zuweilen nach außen im Benehmen und in Worten kundtut. Derart bringt man anderen dieselbe tödliche Wunde bei, die man sich selbst zugefügt, indem man ein schlimmes Urteil zu verstehen gibt; und schließlich versetzt man auch dem Nächsten, dem man eine schlechte Meinung (über den anderen mitteilt), eine tödliche Wunde, wenn er sie mit Wohlgefallen anhört.

Was weißt du (denn) vom Wesen deines Nächsten? Was von Gottes Willen mit ihm, oder auf welchem Weg Gott ihn gerufen oder geladen hat? Und seine Werke willst du nach deinem Kopf ausrichten und beherrschen, willst Gottes Willen ausschalten und mit deinem falschen Urteil verbessern? [...]

Beurteile dich selber, und laß deinen Nächsten seine Angelegenheiten mit Gott selbst ausmachen und Gott mit ihm.

Johannes Tauler[257]

Die Goldwaage

Rabbi Naftali [...] bat einen Gefährten, er möge erkunden, was ihr Lehrer von ihm halte. Ein halbes Jahr mühte der sich, den Zaddik auszuforschen, vernahm aber kein Wort von ihm über Naftali, kein gutes und kein schlimmes. Das berichtete er dem Freund und sagte: »Sieh, der Meister hat eine Goldwaage im Mund. Er sagt über keinen ein urteilendes Wort, daß er ihm nicht etwa damit unrecht täte. Hat er uns doch verboten, selbst über die zu urteilen, die als böse von Grund aus gelten. Denn wer sie kränke, kränke Gott selber!«

Erzählungen der CHASSIDIM [258]

Nicht einen am andern messen

Man sagte einmal zu Rabbi Mendel von einem bestimmten Menschen, er sei größer als ein anderer, den man ebenfalls beim Namen nannte. Rabbi Mendel erwiderte: »Bin ich ich, weil ich ich bin, und du bist du, weil du du bist, dann bin ich ich und du bist du. Bin ich hingegen ich, weil du du bist, und du bist du, weil ich ich bin, dann bin ich nicht ich und du bist nicht du.«

Erzählungen der CHASSIDIM [259]

Ein Sorgennetz aus Speichel, spinnengleich,
Web' nicht, da Kett' und Einschlag wertlos sind!
Geh, gib die Sorgen Ihm, der dir sie gab,
Auf Ihn sieh, der den Kummer dir zerstreut!
Wenn du nicht sprichst, so wird dein Wort Sein Wort;
Wenn du nicht webst, so wird der Weber Er.

RUMI [260]

Gegen die Sorgen

Rabbi Mordechai sprach: »Man darf sich nicht sorgen. Eine einzige Sorge ist dem Menschen erlaubt: darüber, daß er sich Sorgen macht.«

Erzählungen der CHASSIDIM [261]

Die Stimme des Vaters spricht im Lobgesang: »Ich bin ein ausfließender Brunnen, den niemand erschöpfen kann. Aber es kann jemand sehr leicht sein Herz selbst durch einen unnützen Gedanken verstopfen, so daß die sich immer und ewig bewegende Gottheit, die stets ohne Anstrengung wirkt, nicht in seine Seele fließen kann.«

MECHTHILD VON MAGDEBURG[262]

Sünde und Schwermut

Ein Chassid klagte dem Lubliner, daß er von bösen Lüsten geplagt werde und darüber in Schwermut gefallen sei. Der Rabbi sagte ihm: »Hüte dich über alles vor der Schwermut, denn sie ist schlimmer und verderblicher als die Sünde. Was der Böse Geist im Sinn hat, wenn er die Lüste im Menschen weckt, ist nicht, ihn in Sünde, sondern ihn durch die Sünde in Schwermut fallen zu lassen.«

Erzählungen der CHASSIDIM[263]

Der Ziehbrunnen

Dsï Gung war im Staate Tschu gewandert und nach dem Staate Dsin zurückgekehrt. Als er durch die Gegend nördlich des Han-Flusses kam, sah er einen alten Mann, der in seinem Gemüsegarten beschäftigt war. Er hatte Gräben gezogen zur Bewässerung. Er stieg selbst in den Brunnen hinunter und brachte in seinen Armen ein Gefäß voll Wasser herauf, das er ausgoß. Er mühte sich aufs äußerste ab und brachte doch wenig zustande.

Dsï Gung sprach: »Da gibt es eine Einrichtung, mit der man an einem Tag hundert Gräben bewässern kann. Mit wenig Mühe wird viel erreicht. Möchtet Ihr die nicht anwenden?«

Der Gärtner richtete sich auf, sah ihn an und sprach: »Und was wäre das?« Dsï Gung sprach: »Man nimmt einen hölzernen Hebelarm, der hinten beschwert und vorn leicht ist. Auf diese Weise kann man das Wasser schöpfen, daß es nur so sprudelt. Man nennt das einen Ziehbrunnen.«

Da stieg dem Älteren der Ärger ins Gesicht, und er sagte lachend: »Ich habe meinen Lehrer sagen hören: Wenn einer Maschinen benützt, so betreibt er all seine Geschäfte maschinenmäßig; wer sein Geschäft maschinenmäßig betreibt, der bekommt ein

Maschinenherz. Wenn einer aber ein Maschinenherz in der Brust hat, dem geht die reine Einfalt verloren. Bei wem die reine Einfalt hin ist, der wird ungewiß in den Regungen seines Geistes.«

Dschuang Dsï[264]

Das härene Hemd

Zu einem seiner Gottesfurcht und seiner strengen Bußübungen wegen bekannten Mann, Rabbi Judel, sagte einst der Maggid von Zloczow, als jener ihn besuchte: »Judel, du trägst ein härenes Hemd am Leibe. Wenn du kein Jähzorniger wärst, brauchtest du's nicht. Und da du ein Jähzorniger bist, nützt es dir nichts.«

Erzählungen der Chassidim[265]

Die Schüler waren in eine erregte Debatte vertieft, als der Meister hinzutrat. »Worüber habt ihr diskutiert?« fragte er. »Wir sprachen gerade darüber, wie sehr wir darunter leiden, von schädlichen Begierden verfolgt zu werden.« Der Meister lachte: »So weit seid ihr noch nicht. Derzeit seid ihr es noch, die die Begierden verfolgen.«

Zen-Geschichte[266]

Flickarbeit

Ein Chassid des Lubliners fastete einmal von Sabbat zu Sabbat. Am Freitag nachmittag überkam ihn ein so grausamer Durst, daß er meinte, sterben zu müssen. Da erblickte er einen Brunnen, ging hin und wollte trinken. Aber sogleich besann er sich, um einer kleinen Stunde willen, die er noch zu ertragen hätte, würde er das ganze Werk dieser Woche vernichten. Er trank nicht und entfernte sich vom Brunnen. Stolz flog ihn an, daß er die schwere Probe bestanden habe. Wie er dessen inneward, sprach er zu sich: »Besser, ich gehe hin und trinke, als daß mein Herz dem Hochmut verfällt.« Er kehrte um und trat an den Brunnen. Schon wollte er sich darüber neigen, um Wasser zu schöpfen, da merkte er, daß der

Durst von ihm gewichen war. Nach Sabbateinbruch betrat er das Haus seines Lehrers. »Flickarbeit!« rief ihm der an der Schwelle zu.

Erzählungen der CHASSIDIM [267]

Lernen, wie man still wird

Die Schüler der Tendai-Schule lernten die Meditation, bevor Zen nach Japan kam. Vier von ihnen, die enge Freunde waren, versprachen einander, sieben Tage lang Schweigen zu bewahren.

Am ersten Tag waren sie alle still. Ihre Meditation hatte glückverheißend begonnen, aber als die Nacht kam und die Öllampen trübe wurden, konnte sich ein Schüler nicht zurückhalten, einem Diener zuzurufen: »Sieh nach den Lampen!« Der zweite Schüler war überrascht, den ersten reden zu hören. »Wir sollten doch kein Wort sprechen«, sagte er.

»Ihr seid beide dumm. Warum redet ihr?« fragte der dritte.

»Ich bin der einzige, der nicht gesprochen hat«, stellte der vierte Schüler fest.

ZEN-GESCHICHTE [268]

Die widerspenstige Ehre

Einer sagte zu Rabbi Bunam: »An mir hat sich erwiesen, daß nicht wahr ist, was gesagt wird, wer vor der Ehre fliehe, dem jage sie nach, wer ihr nachjage, den fliehe sie. Denn ich bin ihr mit rechtem Fleiß davongerannt, sie aber hat keinen Schritt getan, um mich einzuholen.« »Offenbar«, erwiderte der Rabbi, »hatte sie bemerkt, daß du dich umsahst, und fand nun am Spiel keinen Reiz mehr.«

Erzählungen der CHASSIDIM [269]

Es gibt keinen schlimmeren Räuber als Tugend mit Bewußtheit und noch dazu, wenn die Bewußtheit blinzelt. Die blinzelnde Bewußtheit betrachtet sich selbst, und wer sich selbst betrachtet, ist verloren.

DSCHUANG DSÏ [270]

(Es war einmal) ein Mann, der auf einen Aprikosenbaum kletterte, die Früchte schüttelte und sie aß. Der Gartenbesitzer sah ihn und fragte: »Fürchtest du dich nicht vor Gott? Warum tust du so etwas Ungesetzliches?« Der Mann sagte: »Warum sollte ich mich fürchten? Der Baum gehört Gott, und ich bin Gottes Diener. Gottes Diener hat von Gottes Baum gegessen.« Der Besitzer sagte: »Warte und sieh, bis ich dir eine Antwort gebe!« Er rief: »Bringt einen Strick, bindet ihn an diesen Baum und prügelt ihn!« Der Mann jammerte: »Fürchtest du dich nicht vor Gott?« Der Besitzer sagte: »Warum sollte ich mich fürchten? Du bist Gottes Diener, und dies ist Gottes Stock. Ich schlage Gottes Diener mit Gottes Stock.«

RUMI[271]

Der sich selbst entfremdete Mensch zerfleischt sich, ohne es recht zu merken

Wenn du einen Menschen siehst, der seine Hände kratzt und sie bis aufs Blut zerkratzt, so hast du an ihm ein treffendes Bild für die Seele, die sich der Sünde verschreibt. Jener Genuß weicht dem Schmerz, und auf den Juckreiz folgt die Pein. Solange dieser Mensch sich gekratzt hat, wußte er das durchaus, aber er wollte es nicht wahrhaben. So zerfleischen und verwunden wir mit eigenen Händen unsere unglücklichen Seelen, und das ist um so schlimmer, als die Seele ein viel erhabeneres geistliches Geschöpf ist und entsprechend schwieriger geheilt werden kann. Wir tun das nicht aus vorsätzlichem Mutwillen, sondern weil wir im Innern stumpfen Sinnes und gefühllos sind. Ein umhergetriebener Geist spürt nicht, welchen Schaden er im Innern erleidet, denn er ist ja nie bei sich zu Hause, sondern wohnt vielleicht in seinem Bauch oder noch darunter. Mancher Menschen Geist wohnt in den Schüsseln, den Geist anderer findet man in den Geldbeuteln. »Denn«, so heißt es, »wo dein Schatz ist, da ist dein Herz« (Mt 6,21). Was Wunder also, daß die Seele gar nicht spürt, wie sie selbst verwundet wird, wenn sie sich selbst vergessen hat, ganz von sich selbst abwesend und in ein fernes Land gezogen ist (Lk 15,13)? Sollte sie zu sich selbst zurückkehren (Lk 15,17), so wird ihr aufgehen, wie grausam sie um einer erbärmlichen Jagd willen sich selbst die Eingeweide herausgerissen hat. Das konnte sie so lange nicht spüren, wie sie mit unersättlicher Gier auf Fliegen Jagd gemacht und wie eine Spinne aus ihren eigenen Eingeweiden ihre Netze dafür gesponnen hat.

BERNHARD VON CLAIRVAUX[272]

Im Werk Hildegards von Bingen bedroht die durch einen Wolf symbolisierte Maßlosigkeit sowohl die innere Harmonie des Menschen als auch die der Schöpfungsordnung. Der Maßlosigkeit antwortet die personifizierte Tugend des rechten Maßes.

Die Maßlosigkeit spricht

»Was immer ich wünschen und suchen kann, das will ich auch genießen. Ich habe gar keine Lust, mich zu enthalten. Warum sich enthalten, wo einem dies nichts einbringt? Sollte ich etwa vergessen, was ich bin, wo doch jedes Wesen auf seine Eigenart pocht? Wollte ich so leben, daß ich kaum zum Atmen käme, was wäre mein Leben dann noch wert? Was mir an Spiel und Lust entgegenkommt, das will ich auch packen. Wenn mein Herz vor Freude springt, soll ich es festbinden? Wenn meine Adern strotzen vor Lust, sollte ich da zur Ader lassen? Und wenn mir schon das Reden liegt, sollte ich mich zum Schweigen verurteilen? Wird mir doch jeder Reiz meines Leibes eine wahre Lust! Und wie ich geartet bin, so lebe ich mich auch aus. Warum sollte ich mich in etwas anderes verwandeln, als was ich nun einmal bin? Ein jedes Geschöpf wächst nach seiner Natur, und wie es ihm paßt, so handelt es auch. Und grad so halte ich's auch!«

Das Maß antwortet

Und wieder hörte ich aus der Sturmwolke eine Stimme dieser Gestalt eine Antwort geben: »O du Spionin im Hinterhalt! Alles, was in der Vernunft ehrenvoll dasteht, das kränkst du durch deine Hinterlist. Du benimmst dich wie die Jungen wilder Tiere, die noch kein Maß kennen, und handeln wie das schmutzige Vieh. Alles nämlich, was in der Ordnung Gottes steht, antwortet einander. Die Sterne funkeln vom Licht des Mondes, und der Mond leuchtet vom Feuer der Sonne. Jedes Ding dient einem Höheren, und nichts überschreitet sein Maß. Du aber nimmst weder auf Gott Rücksicht noch auf Seine Geschöpfe. Du hängst vielmehr in der Luft wie eine leere Scheide, die im Winde baumelt.

Ich aber wandle auf den Pfaden des Mondes und in den Bahnen der Sonne; ich achte auf jede Satzung Gottes, und mit allen Dingen wachse ich in ehrenvoller Gesittung. Ich zähle sie alle in Liebe voll und ganz. Denn ich bin im Palaste des Königs [Gottes] eine Fürstin und erforsche alle seine Geheimnisse. Nichts lasse ich leer davon zurück, sondern fasse alles zusammen. Ich habe das alles sehr lieb, und ich leuchte mit allem wie der Strahl der Sonne. Du aber reibst dich auf bei deiner Haltung und wirst der Würmer Fraß.«

Von der Maßlosigkeit

Die[se] Gestalt bezeichnet die Maßlosigkeit, die im Einklang mit der Schwermut steht und so ihr folgen muß. [...] Wie ein Wolf sieht die Gestalt aus, weil sie in der Heftigkeit der Hinterlist und der groben Widersprüchlichkeit ihrer Haltung ohne jedes Maß ist [...] und [sie] lauert überall umher, um alles an sich zu reißen, was sie nur packen könnte. Zu solchen Trieben befähigt, verfällt sie auf den schlimmen Pfaden ihres Eigensinns nur zu leicht allem Minderwertigen und sinnt nur auf lauter Nichtigkeiten, die sie sich aneignen will. Mit solchen Eitelkeiten stört sie jede Würde maßvoller Lebensführung und macht sie zunichte; denn nur zu gern möchte sie bei ihren Vergnügungen bleiben, wie ihre Worte weiter oben deutlich machen. Ihr wird durch das ausgewogene Maßhalten eine Antwort gegeben, und die Menschen werden ermahnt, in allen Lebensbelangen das entsprechende Maß zu beachten.

Hildegard von Bingen[273]

Übermäßige Tugend

Yang Dschu sprach: »Be I war nicht frei von Begehren; seine übermäßige Sucht nach Reinheit brachte ihn dazu, daß er sich dem Hungertod ergab. Dschan Gi (Liu Hia Hui) war nicht frei von Leidenschaft; seine übermäßige Sucht nach Keuschheit war es, die ihn dazu brachte, daß er sich der Einsamkeit ergab. Also vermögen Reinheit und Keuschheit das Gute zu verfehlen.«

LIÄ DSÏ[274]

Es ist gefährlich, einem Menschen, einer Sache etc. mehr zu geben, als man es auf natürliche Weise und ohne Anstrengung kann. Wenn man diese Grenze überschreitet, läuft man Gefahr, ihnen gegenüber Haß zu empfinden. Auch von ihnen abhängig zu werden, denn man erwartet eine Gegenleistung für das, was man zuviel gegeben hat. (So tut der Undank dem Wohltäter wirklich weh.) Der, dem man gibt, kann also zum Tyrannen werden, denn man gibt immer mehr, in der Hoffnung, endlich auch etwas dafür zu empfangen, was nie geschieht. – Man hat immer das Bedürfnis, im Austausch für das, was man gibt, etwas zu empfangen.

Man darf diese Grenze nie überschreiten, man muß an sich arbeiten, um die Grenze hinauszuschieben.

SIMONE WEIL[275]

Ein junger Mann suchte einen Zen-Meister auf: »Meister, wie lange wird es dauern, bis ich Befreiung erlangt habe?« »Vielleicht zehn Jahre«, entgegnete der Meister. »Und wenn ich mich besonders anstrenge, wie lange dauert es dann?« fragte der Schüler. »In dem Fall kann es zwanzig Jahre dauern«, erwiderte der Meister. »Ich nehme aber wirklich jede Härte auf mich. Ich will so schnell wie möglich ans Ziel gelangen«, beteuerte der Mann. »Dann«, erwiderte der Meister, »kann es bis zu vierzig Jahren dauern.«

Zen-Geschichte[276]

»Er hat gekränkt mich und bekriegt,
Er hat beraubt mich und besiegt«,
Wer solcherlei Gedanken hegt,
In dem die Feindschaft nie sich legt.

»Er hat gekränkt mich und bekriegt,
Er hat beraubt mich und besiegt«,
Wer solches Denken von sich weist,
In dem erlischt des Hasses Geist.

Denn niemals hört im Weltenlauf
Die Feindschaft je durch Feindschaft auf.
Durch Liebe nur erlischt der Haß,
Ein ewiges Gesetz ist das.

DHAMMAPADA[277]

Wir tragen in uns leidenschaftsbeladene Bilder der Dinge, die uns beeindruckt haben. Wer diese Bilder besiegt, der verachtet auch die Dinge, die sie vorstellen. Denn der Kampf gegen Erinnerungsbilder ist schwerer als der Kampf gegen Dinge, wie das Sündigen in Gedanken leichter ist als das Sündigen in Taten.

MAXIMOS der Bekenner[278]

Denken

Das Denken, flatterhaft, unbändig, obstinat,
Gleichwie der Schmied den Pfeil, macht es der Weise grad.

Dem auf das trockne Land geworfnen Fische gleich,
So quält das Denken sich, zu fliehn aus Maras [des Teufels] Reich.

Das Denken schweift gern ab, man halt es schwer zurück,
Es zähmen, das ist gut; gezähmt bringt Denken Glück.

Das Denken schweift gern ab, entschwindet unserm Blick;
Der Weise hütet es; bewacht bringt Denken Glück.

Gedanken, ungreifbar, die selten stille standen,
Wer diese wohl beherrscht, löst sich aus Maras Banden.

Im Denken ohne Halt, der Lehre nicht beflissen,
Wer im Vertrauen schwankt, kommt nie zu weisem Wissen.

Im Denken nicht verwirrt und frei von Lustverlangen,
jenseits von Gut und Schlecht so ist die Furcht vergangen.

Der Leib zerbricht wie Ton; zur Festung Denken mache!
Mit Weisheitsschwert erschlag' den Mar und halte Wache!

Wie bald wird dieser Leib tot liegen auf der Erd',
Bewußtlos wie aus Holz, verworfen, ohne Wert!

Viel Schlimm'res, als ein Feind dem Feind je angetan,
Tut dem das Denken an, der's nicht beherrschen kann.

So Gutes können nicht die Eltern je dir schenken,
Auch die Verwandten nicht, wie gut beherrschtes Denken.

DHAMMAPADA[279]

Man glaubt, das Denken sei unverbindlich, aber nichts außer dem Denken schlägt uns in Bande, und wer in Gedanken zügellos ist, ist jeder Zügellosigkeit fähig.

SIMONE WEIL[280]

Arme Sünder

Hildegard von Bingen an eine sich strengster Bußübungen unterziehende Nonne:
In einer wahren Schau sah und hörte ich folgende Worte: O Tochter Gottes, die du aus Liebe zu Gott mich armseliges Gebilde »Mutter« nennst, lerne Maßhaltung! Sie ist für Himmlisches und Irdisches die Mutter aller Tugenden. Denn durch sie wird die Seele geleitet und ebenso der Leib in rechter Zucht ernährt. [...] Wie durch unangebrachten Sturzregen die Frucht der Erde Schaden leidet und wie in ungepflügter Erde nicht gute Frucht, sondern unnütze Kräuter aufsprießen, so wird auch der Mensch, der sich mehr Mühsal auferlegt, als sein Körper aushalten kann – da in ihm das Wirken der heiligen Diskretion geschwächt ist –, durch maßlos auferlegte Mühsal und Enthaltsamkeit seiner Seele keinen Nutzen bringen.

Wenn daher der pechschwarze Vogel, der Teufel, spürt, daß der Mensch durch Fasten, Beten und Enthaltsamkeit von seinen unerlaubten Begierden und Sünden ablassen will, rollt er sich zusammen wie eine Natter in ihrer Höhle und flüstert ihm zu: »Deine Sünden können nur getilgt werden, wenn du deinen Leib durch Trauer, Tränen und Anstrengungen ohne Maß derart niedertrittst, daß er ganz verdorrt.« Ein solcher Mensch lebt dann ohne Hoffnung und ohne Freude, nicht selten schwindet ihm das Lebensgefühl, und er wird von einer schweren Krankheit ergriffen. Durch diese teuflische Hinterlist des Verdienstes der Heiligkeit beraubt, läßt er unvollendet liegen, was er ohne Maßhaltung begonnen hat. Und so werden die letzten Dinge ärger sein als die ersten. [...]

O glückliche Seele, die du in großer Tapferkeit – wie der Hirsch zur Wasserquelle – schnell zum lebendigen Gott geeilt bist, merke auf diese Worte, damit der starke König dich in dieser Tapferkeit erhalte und glücklich zur ewigen Seligkeit führe!

HILDEGARD VON BINGEN[281]

»Wer ein Übel, das er getan hat« – sagte [der Gerer Rabbi] – »immerzu beredet und besinnt, hört nicht auf, das Gemeine, das er getan hat, zu denken, und was man denkt, darin liegt man, mit der Seele liegt man ganz und gar darin, was man denkt – so liegt er doch in der Gemeinheit: der wird gewiß nicht umkehren können, denn sein Geist wird grob und sein Herz wird stockig werden, und es mag auch noch die Schwermut über ihn kommen. Was willst du? Rühr' her den Kot, rühr' hin den Kot, bleibt's doch immer Kot. [...] Darum heißt es: ›Weiche vom Bösen und tue das Gute‹ – wende dich von dem Bösen ganz weg, sinne ihm nicht nach und tue das Gute. Unrechtes hast du getan? Tue Rechtes ihm entgegen.«

MARTIN BUBER[282]

Gott ist ein Gott der Gegenwart. Wie er dich findet, so nimmt und empfängt er dich, nicht als das, was du gewesen, sondern als das, was du jetzt bist.

MEISTER ECKEHART[283]

Das Sündenregister

Der Raw von Kolbischow weilte einst in Mesritsch und sah, wie ein alter Mann zum Maggid kam und ihn bat, ihm eine Sündenbuße aufzuerlegen. »Geh heim«, sagte der Maggid, »schreib alle deine Sünden auf ein Blatt und bringe es mir.« Als der Mann es ihm brachte, warf er nur einen Blick darauf, dann sagte er: »Geh nun wieder heim, es ist gut.« Späterer aber sah der Raw, wie Rabbi Bär das Blatt las und bei jeder Zeile laut auflachte. [...] Jahrelang konnte er die Erinnerung nicht überwinden, bis er einmal diesen Spruch des Baalschemtow anführen hörte: »Es ist bekannt, daß niemand eine Sünde begeht, es sei denn der Geist der Narrheit ist in ihn gefahren. Was tut aber der Weise, wenn ein Narr zu ihm kommt? Er lacht über all seine Narrheiten, und wie er lacht, kommt der Hauch der Mildigkeit über die Welt, die Strenge schmilzt, und was lastete, wird leicht.« Der Raw besann sich. »Nun verstehe ich das Lachen des heiligen Maggids«, sprach er in seiner Seele.

Erzählungen der CHASSIDIM[284]

Erfüllung des Gesetzes

Die Schüler fragten den Zloczower Maggid: »Es heißt im Talmud, unser Vater Abraham habe das ganze Gesetz erfüllt. Wie ist dies möglich, da es ihm noch nicht gegeben war?«

»Es tut nichts not«, sprach er, »als Gott zu lieben. Willst du etwas tun und merkst, es möchte deine Liebe mindern, wisse, es ist Sünde; willst du etwas tun und merkst, daraus wird sich deine Liebe mehren, wisse, dein Wille ist in Gottes Willen geschickt. So hielt es Abraham.«

Erzählungen der CHASSIDIM [285]

Alle seine Sünden als einfachen Ausdruck des menschlichen Elends betrachten, des Elends, das allen Menschen, Christus eingeschlossen, gemeinsam ist. Nur das erlaubt einem, sie ohne Schleier anzusehen. Auf andere Weise hat man nicht die Kraft dazu, man muß lügen. Umgekehrt kann man niemanden verachten, wenn man sie so betrachtet.

SIMONE WEIL [286]

In dir ist, was du willst

Der Himmel ist in dir und auch der Höllen Qual:
Was du erkiest und willst, das hast du überall.

ANGELUS SILESIUS [287]

Allmacht des Geistes

Manche Christen und Brahma-Gläubige sehen das Wesen der Religion im Gefühl der *Sünde.* Sie beten: »O Herr, sei mir Sünder gnädig!« – Die so denken, übersehen die Macht der Gedanken. Wer sich ständig als Sünder bejaht, bleibt es sein Leben lang.

Würde er hingegen erkennen und bekennen: »Ich bin ein Kind Gottes und darum frei!«, dann wird er frei und erfährt sich als Erben des Reiches Gottes. Denn alles geht vom Geiste aus.

Jeder Mensch verfügt über eine fast grenzenlose schöpferische Verwirklichungskraft. Er gleicht dem Mann in der Fabel, der unter einem Wunschbaum saß und sich wünschte, ein König zu sein. Sogleich war er ein König. Dann wünschte er, ein reizendes Mädchen zu besitzen – und alsbald saß das Mädchen an seiner Seite. Darauf dachte er bei sich selbst: wenn ein Tiger käme und ihn zerrisse – und wehe: im gleichen Augenblick befand er sich im Rachen eines Tigers ...

Gott gleicht dem Wunschbaum: wer in seiner Gegenwart denkt, daß er, obwohl Gottes Kind, verlassen, sündig und arm sei, der ist und bleibt es. Glaubt er hingegen fest, daß Gott sein Sehnen stillt, dann erlangt er alles durch Ihn.

RAMAKRISHNA [288]

Gott kann nicht zürnen

Gott zürnet nie mit uns, wir dichtens ihm nur an;
Unmöglich ist es ihm, daß er je zürnen kann.

ANGELUS SILESIUS [289]

Von zweierlei Reue

Es gibt zweierlei Reue: die eine ist zeitlich oder sinnlich, die andere ist göttlich und übernatürlich. Die zeitliche zieht sich immerfort hinab in größeres Leid und versetzt den Menschen in solchen Jammer, als ob er gleich jetzt verzweifeln müsse, und dabei beharrt die Reue im Leid und kommt nicht weiter; daraus wird nichts.

Die göttliche Reue aber ist ganz anders. Sobald der Mensch ein Mißfallen empfindet, sogleich erhebt er sich zu Gott und versetzt sich in einen unerschütterlichen Willen zu ewiger Abkehr von allen Sünden. Und darin erhebt er sich zu großem Vertrauen auf Gott und gewinnt eine große Sicherheit. Und daraus kommt eine geistige Freude, die die Seele aus allem Leid und Jammer erhebt und sie fest an Gott bindet. Denn je gebrechlicher sich der Mensch findet und je mehr er gefehlt hat, desto mehr Ursache hat er, sich mit ungeteilter Liebe an Gott zu binden, bei dem es keine Sünde und Gebresten gibt. Die beste Stufe drum, auf die man treten kann, wenn man in voller Andacht zu Gott gehen will, ist: ohne Sünde zu sein kraft der göttlichen Reue.

Und je schwerer man (selbst) die Sünde anschlägt, um so bereiter ist Gott, die Sünde zu vergeben, zur Seele zu kommen und die Sünde zu vertreiben; ist doch ein jeder am meisten beflissen, das abzutun, was ihm am meisten zuwider ist. Und je größer und je schwerer die Sünden sind, um so unermeßlich lieber vergibt sie Gott und um so schneller, weil sie ihm zuwider sind. Und wenn dann die göttliche Reue sich zu Gott erhebt, sind alle Sünden bälder verschwunden im Abgrund Gottes, als ich mein Auge zutun könnte, und sie werden dann so völlig zunichte, als seien sie nie geschehen, dafern es nur eine vollkommene Reue wird.

MEISTER ECKEHART[290]

Der Mensch soll sich in keiner Weise je als fern von Gott ansehen, weder wegen eines Gebrestens noch wegen einer Schwäche, noch wegen irgend etwas sonst. Und wenn dich auch je deine großen Vergehen so weit abtreiben mögen, daß du *dich* nicht als *Gott* nahe ansehen könntest, so solltest du doch *Gott* als *dir* nahe annehmen. Denn darin liegt ein großes Übel, daß der Mensch sich Gott in die Ferne rückt; denn, ob der Mensch nun in der Ferne oder in der Nähe wandele: *Gott* geht nimmer in die Ferne, er bleibt beständig in der Nähe; und kann er nicht drinnen bleiben, so entfernt er sich doch nicht weiter als bis vor die Tür.

MEISTER ECKEHART[291]

Es heißt: Jesus lachte viel, und Johannes weinte viel. Und sie waren Vettern. Johannes sagte zu Jesus: »Du bist wohl ganz sicher gegen die feinen Tricks Gottes, daß du so lachst?« Jesus antwortete: »Du übersiehst wohl ganz die subtilen und wundervollen Gnaden Gottes, daß du so viel weinst?« Einer von Gottes Heiligen war anwesend. Er fragte Gott, welcher der beiden den höheren Rang habe. Gott antwortete: »Derjenige, der besser von Mir denkt.«

RUMI[292]

Götzen

Man kann nur zwischen Gott und dem Götzendienst wählen. Es gibt keine andere Möglichkeit. Denn die Fähigkeit der Verehrung ist in uns, und sie ist irgendwohin gerichtet, in dieser oder in der anderen Welt.

SIMONE WEIL[293]

Götzenopfer

Man fragte Rabbi Bunam: »Was ist mit ›Götzenopfer‹ gemeint? Es ist doch ganz undenkbar, daß ein Mensch einem Götzen Opfer darbringt!« Er sagte: »So will ich euch ein Beispiel geben. Wenn ein frommer und gerechter Mann mit andern bei Tisch sitzt und würde gern noch etwas mehr essen, aber seines Ansehns bei den Leuten wegen verzichtet er darauf, das ist Götzenopfer.«

Erzählungen der CHASSIDIM[294]

Die Kinder weinen um die Tocken [Puppen]

Du lachst, daß das Kind um seine Tocken weint?
Um die du dich betrübst, sag, obs nicht Tocken seind?

ANGELUS SILESIUS[295]

Monotonie des Bösen: nichts Neues, hier ist alles *gleichwertig*. Nichts Wirkliches, hier ist alles imaginär.
Dieser Monotonie wegen spielt die Quantität eine so große Rolle.

Viele Frauen (Don Juan) oder viele Männer. Zur falschen Unendlichkeit verurteilt. Das ist die Hölle selbst.

SIMONE WEIL[296]

Im Menschen liegt eine Liebesleidenschaft, ein Schmerz, ein Suchen, Kratzen, Drängen, so daß er, selbst wenn ihm hunderttausend Welten gehörten, noch immer nicht Ruhe und Rast fände, solange er sein Ziel nicht erreicht hat. Diese Geschöpfe lernen jedes einzelne Handwerk, jede Kunst und jeden Beruf, sie studieren Astronomie und Medizin und anderes und ruhen nicht; denn das, was ihr Ziel ist, haben sie noch nicht erreicht. Schließlich nennt man den Geliebten »Herzensruhe«, weil das Herz Ruhe in ihm findet. Wie sollte es dann Ruhe und Rast in jemand anders finden?

Alle diese Begierden und Ziele sind wie eine Leiter, und da die Stufen einer Leiter nicht ein Platz zum Verweilen, sondern zum Weitergehen sind, – wohl dem, der möglichst schnell wach und gewahr wird! Dann wird der lange Weg ihm kurz, und er vergeudet sein Leben nicht auf den Stufen der Leiter.

RUMI[297]

Der Götzendienst entsteht daraus, daß man, nach einem absoluten Gut dürstend, nicht die übernatürliche Aufmerksamkeit besitzt und nicht die Geduld hat, diese wachsen zu lassen.

SIMONE WEIL[298]

Die Spieler

Ein Chassid verklagte einst vor Rabbi Wolf einige Leute, daß sie ihre Nächte beim Kartenspiel zu Tagen machten. »Das ist gut« sagte der Zaddik. »Wie alle Menschen, wollen auch sie Gott dienen und wissen nicht wie. Aber nun lernen sie sich wach halten und bei einem Werk ausharren. Wenn sie darin die Vollendung erlangen, brauchen sie nur noch umzukehren – und was für Gottesdiener werden sie dann geben!»

Erzählungen der CHASSIDIM[299]

Alle Wesen haben von ihrem Schöpfer eine eigene Bewegung und Beschaffenheit empfangen, und so auch der Geist. Die Bewegung des Geistes aber besitzt eine Stetigkeit, die weder Ende noch Grenze kennt. Es ist gegen seine Verfassung und Beschaffenheit, wenn seine Bewegung angehalten oder beendet wird; dies aber geschieht, wenn er sich in Begrenztem und Beschränktem bewegt. Denn es ist unmöglich, daß etwas Ende und Grenze besitzt und die darauf gerichtete Bewegung des Geistes unendlich fortdauert. Die unaufhörliche Bewegung des Geistes bedarf also eines Unendlichen und Unbegrenzten, auf das sie sich entsprechend seiner Verfassung und Beschaffenheit jederzeit ausrichtet. Nichts aber ist wahrhaft unendlich und unbegrenzt als Gott allein, der naturhaft und wesensmäßig Einer ist. So muß der Geist zu Gott, diesem Einen, wahrhaft Unendlichen, hinstreben, hinschauen, voranschreiten; denn das entspricht seinem Wesen.

KALLISTOS KATAPHYGIOTES[300]

Der Mensch sucht seine Erfüllung auf Umwegen, die ihn niemals ans Ziel bringen können

Du magst noch so viele Dinge [...] haben, stets wirst du das Verlangen spüren, auch noch die Dinge zu bekommen, die du noch nicht hast, und du wirst ständig voller Unruhe nach dem gieren, was dir noch fehlt.

So kommt es, daß der Geist unstet bei den vielfältigen und trügerischen Ergötzlichkeiten der Welt umherschweift und sich vergebens plagt. Statt satt zu werden, wird er müde. Was immer er in seinem Hunger verschlingt, kommt ihm spärlich vor im Vergleich zu dem, was er noch alles schlucken möchte. Seine Sorge und Gier um das, was er nicht hat, ist nicht geringer als seine Mühe, mit Freude das als Besitz zu bewahren, was er hat.

Wer könnte denn *alles* erlangen? Schon das wenige, das jemand mit viel Mühe erlangt hat, besitzt er mit viel Sorge. Ständig lebt er im ungewissen über den Zeitpunkt, an dem er es unter Schmerzen wieder verliert. Nur eines ist ihm gewiß: daß er es irgendwann bestimmt verlieren wird. So rennt der verkehrte Wille geradewegs auf das zu, was er für das beste hält, stürmt zu dem hin, wovon er ausgefüllt werden möchte. In Wirklichkeit ist er der Spielball der Nichtigkeit und wird auf Umwege gelotst, und die Bosheit betrügt sich selbst.

BERNHARD VON CLAIRVAUX[301]

Nur die Ausrichtung auf Gott kann den Geist wirklich ernähren

Das Geld aber befriedigt den Hunger des Geistes so wenig wie der Wind den Hunger des Leibes. Würdest du einen hungrigen Menschen sehen, der mit aufgerissenem Mund und weiten Bakken nach Luft schnappt, um auf diese Weise seinen Hunger zu stillen, so würdest du ihn doch sicher für verrückt halten? Aber ist es nicht mindestens genauso verrückt, wenn du glaubst, du könntest deinen vernünftigen Geist mit irgendwelchen materiellen Dingen nicht nur aufblähen, sondern tatsächlich sättigen? Denn was haben die leibhaftigen Dinge mit dem Geist zu tun? Weder kann unser Leib mit geistlichen Dingen noch kann unser Geist mit leiblichen Dingen gesättigt werden. Deshalb »preise, meine Seele, den Herrn, der mit Gütern dein Verlangen erfüllt« (Ps 103,1 u. 5); er erfüllt es mit Gütern, er ermutigt es zum Guten, er hält es im Guten; er kommt zuvor, er hält aufrecht, er erfüllt. Er bewirkt dein Verlangen; er selbst ist, was du verlangst.

BERNHARD VON CLAIRVAUX[302]

Sogar die Materialisten siedeln außerhalb von sich selber ein Gut an, das sie weit überschreitet und ihnen von außen hilft, auf das sich ihr Denken in einer Regung von Verlangen und Gebet richtet. Für Napoleon sein Stern. Für die Marxisten die Geschichte. Nur siedeln sie es in dieser Welt an [...]

Kein Mensch entgeht der Notwendigkeit, sich außerhalb von sich selbst ein Gut vorzustellen, auf das sich das Denken in einer Regung des Verlangens, des Flehens und der Hoffnung richtet. Folgerichtig gibt es nur die Wahl zwischen der Verehrung des wahren Gottes und dem Götzendienst. Jeder Atheist

ist Götzenanbeter – außer, er verehrt den wahren Gott unter seiner unpersönlichen Seite. Die meisten Frommen sind Götzenanbeter.

SIMONE WEIL[303]

Wenn man den Menschen sagen würde: was das fleischliche Verlangen so mächtig in euch macht, ist nicht das Fleischliche an ihm. Es liegt daran, daß ihr euer Wesentliches darauf übertragt, das Bedürfnis nach Einheit, das Bedürfnis nach Gott. – Sie würden es nicht glauben. [...]

Um die christliche Wahrheit faßbar zu machen, muß man zeigen, daß sie sogar in den niedrigsten Leidenschaften, in degradierter Form, implizit mit eingeschlossen ist. Das, worüber wir zu euch sprechen, ist genau das, was ihr mit eurer ganzen Seele, in diesem Augenblick, in eurem gegenwärtigen Zustand begehrt. Aber ihr gebt ihm einen falschen Namen. Übernehmt nicht den Namen, den wir euch anbieten. Hört nur auf, es überhaupt zu benennen. Harrt in diesem inneren Schweigen aus. Und eines Tages werdet ihr eine Stimme in euch hören, die euch den wahren Namen sagen wird.

SIMONE WEIL[304]

Verblendung

Das Mißverhältnis zwischen Einbildungskraft und Tatsache aushalten. Sich nicht immer wieder ein anderes imaginäres System aufbauen, das einer neuen Tatsache entspricht. »Ich leide« ist besser als: »Diese Landschaft ist häßlich.« [...]

Die Sünde in mir sagt »ich« in bezug auf das Gute. Ich gebe, ich schreibe ein schönes Gedicht ... Aber das Böse in mir verlagere ich nach draußen und mache es zu etwas Absolutem. Nicht: ich bin wütend, sondern: das ist empörend.

SIMONE WEIL[305]

Wir erzeugen die Wirklichkeit der Welt aus unserer Verhaftung. Es ist die Wirklichkeit des Ich, die wir in die Dinge hineinverlegen. Es ist keineswegs die äußere Wirklichkeit. Diese läßt sich nur durch gänzliche Ablösung erfahren. Bleibt auch nur ein einziger Faden, so sind wir immer noch Verhaftete.

SIMONE WEIL[306]

Joshus Zen

Joshu begann mit dem Studium des Zen, als er sechzehn Jahre alt war, und setzte es bis zu seinem achtzigsten Lebensjahr, in welchem er Zen verwirklichte, fort.

Er lehrte vom achtzigsten Lebensjahr, bis er das Alter von hundertzwanzig Jahren erreicht hatte.

Einst fragte ihn ein Schüler: »Wenn ich nichts in meinem Geist habe, was soll ich dann tun?«

Joshu antwortete: »Wirf es hinaus.«

»Aber wenn ich gar nichts habe, wie kann ich es dann hinauswerfen?« fuhr der Frager fort.

»Nun«, sagte Joshu, »dann trage es hinaus.«

Zen-Geschichte [307]

Eure Parteilichkeit für euch selbst ist die Wurzel all eurer Täuschungen. Es gibt keine Täuschungen, wenn ihr nicht diese Vorliebe für euch selbst hegt. Wenn die Menschen, die neben euch sitzen, zu streiten anfangen, mag es euch, da ihr selbst nicht beteiligt seid, leichtfallen zu entscheiden, wer von den Streitenden recht hat und wer unrecht. Ihr seid Außenstehende, könnt also kühlen Kopf bewahren. Was aber, wenn ihr selbst beteiligt seid? Dann ergreift ihr Partei für euch selbst und stellt euch dem anderen entgegen.

Meister Bankei [308]

Verhält es sich mit dem Bösen nicht ähnlich wie mit der Täuschung? Ist man das Opfer einer Täuschung, so wird sie nicht als Täuschung empfunden, sondern als Wirklichkeit. Ebenso vielleicht das Böse. Ist man im Bösen, so wird es nicht als Böses empfunden, sondern als Notwendigkeit oder gar als Pflicht.

Simone Weil [309]

Der Sünder ist verblendet

Der Sünder siehet nichts: je mehr er lauft und rennt
In seiner Eigenheit, je mehr er sich verblendt.

Angelus Silesius [310]

Wenn das Schiff am festen Strande
hinfährt auf dem Wogenpfad,
Glauben die im Schiffe manchmal,
was da fährt, sei das Gestad'.

So auch wir, die unser Schicksal
im Vergehen nur besteht,
Glauben doch auf unsrer Reise:
Wir bestehn; die Welt vergeht.

RUMI[311]

Der Brunnenfrosch

Kennt ihr nicht die Geschichte vom Frosch im alten Brunnenloch, der einst zu einer Schildkröte des Ostmeeres sprach: »Wie groß ist doch meine Freude! Ich kann emporspringen auf den Rand des Brunnens. Will ich wieder hinunter, so kann ich auf den zerbrochenen Ziegelstücken der Brunnenwand ausruhen. Ich begebe mich ins Wasser, ziehe meine Beine an mich, halte mein Kinn steif und wühle im Schlamm; so kann ich tauchen, bis meine Füße und Zehen ganz bedeckt sind. Wenn ich um mich blicke, so sehe ich, daß von all den Muscheln, Krabben und Kaulquappen in ihren Fähigkeiten mir keine gleichkommt. Auf diese Weise das Wasser eines ganzen Loches zur Verfügung zu haben und all das Behagen des alten Brunnens nach Belieben auszukosten: das gehört zum Höchsten. Wollt Ihr nicht, mein Herr, zuweilen kommen und Euch die Sache besehen?« – Als aber die Schildkröte des Ostmeeres ihren linken Fuß noch nicht im Wasser hatte, da war der rechte schon steckengeblieben. Darauf zog sie sich vorsichtig zurück und erzählte ihm vom Meer, das weit über tausend Meilen groß und weit über tausend Klafter tief sei. Als zu Zeiten des Herrschers Yü neun Jahre unter zehn Wassernot geherrscht, da sei das Wasser des Meeres nicht größer geworden; als zu Zeiten des Herrschers Tang von acht Jahren je sieben große Dürre gewesen, da sei es nicht von seinen Ufern zurückgewichen. Alle äußeren Einflüsse, ob sie lang oder kurz wirkten, ob sie groß oder klein seien, brächten keine Veränderung hervor: das sei die Freude des Ostmeeres. – Als der Frosch vom alten Brunnen das hörte, erschrak er sehr und verlor vor Überraschung fast das Bewußtsein.

DSCHUANG DSÏ[312]

Das Ameis-Gemüte

Die Erde scheint dir breit, ein Klümplein groß mein Christ,
Ein Maulwurfshauf ein Berg, weil du ein Ameis bist.

ANGELUS SILESIUS[313]

Verfrühte Rührung

Ein Mann aus Yän war in Yän zur Welt gekommen, aber in Tschu aufgewachsen. Als er alt geworden, kehrte er in sein Heimatland zurück. Er kam durch das Land Dsin. Da log ihn ein Mitreisender an, deutete auf die Stadt und sprach: »Das ist die Hauptstadt des Landes Yän.« Da errötete jener Mann und verzog die Mienen. Er deutete auf die Altäre und sprach: »Das sind die Altäre deiner Heimat.« Da seufzte er tief. Er deutete auf eine Hütte und sprach: »Das ist die Behausung deiner Ahnen.« Da schluchzte er und schneuzte sich. Er deutete auf die Gräber und sprach: »Hier ist die Ruhestätte deiner Ahnen.« Da weinte jener Mann fassungslos. Der Mitreisende lachte laut und sprach: »Ha, ha, ha, ich habe eben nur Spaß gemacht. Das ist das Land Dsin.« Jener Mann ward sehr beschämt. Und als er dann ins Land Yän kam und wirklich die Hauptstadt und die Altäre seiner Heimat sah und wirklich die Behausung und die Ruhestätte seiner Ahnen sah, da waren seine gerührten Gefühle sehr zusammengeschmolzen.

LIÄ DSÏ[314]

Ein Segen

Als Rabbi Mordechai einst bei der Beschneidung des Sohns seines Freundes, des Rabbi Ascher von Stolyn, Gevatter stand und man hernach ihm den Knaben brachte, daß er ihn segne, sprach er zu ihm: »Du sollst Gott nicht narren und sollst dich nicht narren und sollst die Leute nicht narren.«

Erzählungen der CHASSIDIM[315]

Die Verwechslung

Rabbi Jizchak von Worki erzählte: »Als ich einmal mit meinem heiligen Lehrer, Rabbi David von Lelow, unterwegs war und wir in einer fernen Stadt verweilten, fiel plötzlich auf der Gasse eine Frau über ihn her und schlug auf ihn ein. Sie glaubte in ihm ihren Mann zu erkennen, der sie vor vielen Jahren verlassen hatte. Als nach wenigen Augenblicken der Irrtum sich klärte, brach sie in ein fassungsloses Weinen aus. ›Sei ruhig‹, sagte Rabbi David zu ihr, ›du hast doch nicht mich, sondern deinen Mann geschlagen.‹ Und fügte leiser hinzu: ›Wie oft schlägt man auf einen ein, weil man ihn für einen anderen hält, als er ist!‹«

Erzählungen der CHASSIDIM[316]

Der Schein klebt am Menschen, und nur der Schmerz kann die beiden voneinander losreißen.

SIMONE WEIL[317]

Glauben – Zweifel

Religiöser Glaube und Aberglaube sind ganz verschieden. Der eine entspringt aus *Furcht* und ist eine Art falsche Wissenschaft. Der andre ist ein Vertrauen.

LUDWIG WITTGENSTEIN[318]

»Ich glaube«

Rabbi Noach hörte einst von seiner Kammer aus, wie im dranstoßenden Lehrhaus einer seiner Treuen die Glaubenssätze zu sprechen begann, dann aber, sogleich nach den Worten »Ich glaube in vollkommenem Glauben« abbrach und sich zuflüsterte: »Das versteh' ich nicht», und nochmals: »Das versteh' ich nicht.« Der Zaddik trat aus der Kammer ins Lehrhaus. »Was ist es, das du nicht verstehst?« fragte er. »Ich verstehe nicht, was das für ein Ding ist« antwortete der Mann. »Ich sage: Ich glaube. Glaube ich wirklich, wie geht es dann zu, daß ich sündige? Glaube ich aber nicht wirklich, warum sage ich dann eine Lüge her?« »Es heißt«, sagte Rabbi Noach zu ihm, »der Spruch ›Ich glaube‹ sei ein Gebet. ›Ich möge glauben‹, das bedeutet er.« Da glühte der Chassid auf. »So ist es recht«, schrie er, »so ist es recht! Möge ich glauben, Herr der Welt! Möge ich glauben!«

Erzählungen der CHASSIDIM[319]

Der Glaube ist die Erfahrung, daß die Vernunfteinsicht durch die Liebe erleuchtet wird. Diese Erkenntnis des Vorrangs der Liebe aber soll die Vernunft mit ihren eigenen Mitteln erwerben, das heißt: durch Feststellung und Beweisführung. Sie soll sich nicht unterwerfen, sie wisse denn warum, und zwar auf eine vollkommen bestimmte und klare Weise. Andernfalls ist ihre Unterwerfung ein Irrtum und dasjenige, dem sie sich unterwirft, welchen Namen man ihm auch anhefte, etwas anderes als die übernatürliche Liebe.

SIMONE WEIL[320]

Christus liebt es, daß man ihm die Wahrheit vorzieht, denn ehe er Christus ist, ist er die Wahrheit. Wendet man sich von ihm ab, um der Wahrheit nachzugehen, so wird man keine weite Strecke wandern, ohne in seine Arme zu stürzen.

SIMONE WEIL[321]

Hört man eine Musik von Bach oder einen gregorianischen Choral, so schweigen alle Fähigkeiten der Seele und recken sich aus, dieses vollkommene Schöne zu erfassen, jedoch auf ihre Weise. Unter anderem auch die Vernunfteinsicht: sie findet hier nichts zu bejahen oder zu verneinen, aber sie wird gespeist. Soll nicht auch der Glaube eine Zustimmung von dieser Art sein?

Man erniedrigt die Mysterien des Glaubens, wenn man sie zu Gegenständen der Bejahung oder Verneinung macht, während sie ein Gegenstand der Beschauung sein sollten.

SIMONE WEIL[322]

Der Weg zur Einsicht geht nicht durch den Glauben. Erst durch die Einsicht, die wir gewinnen, wenn wir dem fliehenden Licht des Innersten folgen, vermögen wir zu erfassen, was Glaube ist. Wie viele wurden nicht durch das leere Gerede vom Glauben als einem Für-wahr-Halten in das Dunkel getrieben!

DAG HAMMARSKJÖLD[323]

Wer sein Leben in seinen Glauben an Gott setzt, kann seinen Glauben verlieren. Aber wer sein Leben in Gott selbst setzt, der wird ihn niemals verlieren.

SIMONE WEIL[324]

Auf eins nur kommt es an: daß ich mein Ohr für die Situation, wie sie sich mir dartut, als für die Erscheinung des Wortes an mich öffne bis auf den Grund, wo das Hören ins Sein verfließt, und vernehme, was zu vernehmen ist, und auf das Vernommene antworte. Wer mir eine Antwort so einsagt, daß er mich am Vernehmen hindert, ist der Hinderer, er sei sonst, wer er sei.

MARTIN BUBER[325]

Der Zweifel ist für den Verstand eine Tugend, und deshalb gibt es einen Zweifel, der nicht unvereinbar ist mit dem Glauben; und der Glaube ist nicht das Gläubigsein.

SIMONE WEIL[326]

Bei der Arbeit am Zen ist das Wichtigste, I ching (das Gefühl des Zweifels) hervorzurufen. Was ist dieses Zweifels-Gefühl? Zum Beispiel: Woher kam ich, wo war ich vor meiner Geburt, und wohin werde ich nach meinem Tod gehen? Da man diese beide Fragen nicht zu beantworten vermag, entwickelt sich ein starkes Gefühl des »Zweifels« in unserem Geist. Steckt diesen »Klumpen Zweifel« unter Eure Stirn (und haltet ihn dort) ständig fest, bis es soweit ist, daß Ihr ihn weder verjagen noch zum Schweigen bringen könnt, selbst wenn Ihr es wolltet. Dann werdet Ihr plötzlich entdecken, daß Ihr den Klumpen zerquetscht habt, daß er in Stücke gebrochen ist. Die alten Meister sagen:

Je größer der Zweifel, desto größer das Erwachen;
Je kleiner der Zweifel, desto kleiner das Erwachen.
Kein Zweifel, kein Erwachen.«

MEISTER PO SHAN[327]

Steht vor dem Menschen der große Zweifel, so ist nach den vier Himmelsrichtungen leeres, weites Land, ohne Geburt und ohne Tod, wie eine zehntausendmeilige Eisfläche, wie wenn einer in einer Smaragdvase säße, draußen lichte Kühle, draußen weiße Lauterkeit. Wie von Sinnen vergißt er beim Hocken aufzustehen und beim Stehen hinzuhocken. In der Brust weilt auch nicht ein Punkt von Leidenschaft und Vorstellung, nur das eine Wort »Nichts«, als ob einer im weiten Himmelsgewölbe stünde. Da ist weder Furcht noch Erkenntnis. Wenn einer so voranschreitet ohne zurückzuweichen, ist es plötzlich wie beim Zerschlagen einer Eisdecke oder beim Einstürzen eines Krystallturmes. Wie sie seit vierzig Jahren nicht gesehen noch gehört worden ist, so groß ist die Freude.

HAKUIN[328]

Keiji Nishitani erläutert die zen-buddhistische Bedeutung des Zweifels, der sich zum Nichts hin, d.h. zur Erfahrung der letzten Wahrheit, öffnet.

Dieses Gewahrsein seiner selbst reicht tiefer als das Selbstbewußtsein. Subjekiv auf dem Nichts stehen (wo es in Wahrheit keine Standfläche gibt), heißt für das Selbst, auf noch ursprünglichere Weise es selbst zu werden. Wenn dies geschieht, wird das Sein des Selbst, zusammen mit dem Sein alles anderen, »genichtet«. Wiewohl wir sagen »genichtet«, ist damit selbstverständlich nicht gemeint, daß wir zunichte werden, daß wir nicht mehr »sind«. Wir wollen damit sagen, daß das Nichts aus dem Grund all dessen, was überhaupt ist, auftaucht, daß der Bereich des Bewußtseins, der Bereich der Trennung von »innen« und »außen«, »existentiell« durchschritten wird und daß sich vom Grund von »innen« und »außen« her das leere Nichts *(nihil)* auftut.

Dieses Sich-Auftun des leeren Nichts bedeutet ein ursprüngliches subjektives Gewahrwerden. Eine derartige Vergegenwärtigung des Nichts ist nicht einfach ein bewußtseinsmäßig »subjektives« noch ein besonderes »psychisches« Phänomen; es ist vielmehr eine reale Manifestation dessen, was tatsächlich dem Selbst und allem anderen in der Welt insgeheim zugrunde liegt und was auf dem Feld des Bewußtseins immer verdeckt bleibt. Und wenn dieses *nihil* vergegenwärtigt wird, wird das, was als äußere und als innere Wirklichkeit gilt, sozusagen unwirklich. (Sie werden nicht vernichtet, sondern »genichtet«.) Das heißt: Das Sein des Selbst und das aller Dinge werden ein einziges »Fragezeichen«, ein einziges Problem. [...] Ein solcher Zweifel aber unterscheidet sich zutiefst vom Zweifel als einem Bewußtseinsphänomen, dem üblichen Zweifel, in dem »wir« an etwas, an einem bestimmten *objektiven* Sachverhalt zweifeln. In diesem Zweifel, von dem hier die Rede ist, wird uns das Nichts, das im Grund des Selbst und in dem aller Dinge als etwas Wirkliches verborgen ist, realiter gegenwärtig; und unser Sein, zusammen mit dem Sein aller Dinge, wird zu *einem* einzigen Zweifel.

KEIJI NISHITANI[329]

Im Meere der Lauterkeit bin ich geschwunden,
geschmolzen wie Salz.
Zerronnen sind Glaube und Zweifel
an Lehren, ob wahr oder falsch.
Da stieg aus der Tiefe des Herzens
ein Stern mir, ein leuchtender auf,
Vor dessen Gefunkel versanken
die Sieben Rotunden des Alls.

RUMI[330]

Gottesbilder

Ergreife den Saum Seiner Gnade,
 weil Er dir im Nu entflieht,
Doch spann ihn nicht straff gleich dem Pfeile,
 weil Er dir vom Bogen entflieht!
Sieh, was für Formen Er annimmt
 und was für Spiele Er kennt:
Er zeigt sich dir in Gestalten,
 indes Er der Seele entflieht.
Du suchst Ihn in Seinem Himmel
 da glänzet Er mondgleich im Meer,
Du stürzt dich voll Sehnsucht ins Wasser,
 indes Er zum Himmel entflieht.
Du suchst Ihn da, wo kein Ort ist,
 da weist Er dir Seinen Ort;
Du suchst Ihn darauf am Orte,
 zum Ortlosen Er gleich entflieht.
Wie Pfeile fliegen vom Bogen;
 wie Vögel des Denkens auch –
So wisse sicher: vom Zweifel
 der Absolute entflieht!
»Ich fliehe von diesem und jenem
 aus Überdruß nicht, nein, aus Furcht,
Daß einmal von diesem und jenem
 der Hauch Meiner Schönheit entflieht.
Dem Winde gleich bin Ich flüchtig,
 die Rose lieb' Ich wie er,
Doch sieh, wie aus Furcht vor dem Winter
 die Rose dem Garten entflieht!«
Und ebenso flieht auch Sein Name,
 sobald du ihn aussprechen willst,

Damit du nicht eilest, zu sagen:
»Seht her, solch einer entflieht!«
So flieht Er, und willst du ihn malen,
mit Linien begrenzen die Form,
So fliegt dir das Bild von der Tafel,
das Zeichen vom Herzen entflieht.

RUMI[331]

Gott ergreift man nicht

Gott ist ein lauter Nichts, ihn rührt kein Nun noch Hier:
Je mehr du nach ihm greifst, je mehr entwird er dir.

ANGELUS SILESIUS[332]

Im Werk Heinrich Seuses erscheint Christus in Anlehnung an die alttestamentarische Gestalt der Weisheit in weiblicher Allegorie. Als junger Mönch hatte er sich in sie verliebt und den Entschluß gefaßt: »Wahrlich so muß es recht sein! Sie muß mein Lieb und ich ihr Diener werden!«

Und er dachte: Ach, Gott, könnte ich mein Lieb nur einmal sehen und das Wort an sie richten. Ach, wie mag es doch aussehen, das so viel erfreuliche Eigenschaften in sich birgt? Ist es Gott oder Mensch, Frau oder Mann, Erleuchtung oder Wissenschaft oder was sonst? Und soweit er sich aus den erklärenden Auslegungen der Schrift mit seinen inneren Augen ein Bild von ihr machen konnte, erschien sie ihm in folgender Weise: Sie schwebte hoch über ihm auf einem Wolkenthron, strahlte wie der Morgenstern, glänzte wie die blinkende Sonne; ihre Krone war Ewigkeit, ihr Gewand Seligkeit, ihr Wort Lieblichkeit, ihre Umarmung alles Verlangens Stillung. Sie war fern und doch nahe, hoch und niedrig, gegenwärtig und doch verborgen. Sie ließ mit sich umgehen, doch ergreifen konnte sie niemand. Sie überragte die höchste Höhe des Himmels und berührte Gottes tiefsten Abgrund; sie dehnte sich kraftvoll von Ende zu Ende und ordnete alles in Güte. Glaubte er, ein schönes Edelfräulein vor sich zu sehen, geschwind erblickte er einen stolzen Junker; ihr Gebaren war jetzt das einer weisen Meisterin, dann das eines schönen Liebs. Gar gütig neigte sie sich zu ihm hernieder, grüßte ihn gar freundlich und sprach liebreich zu ihm: »Mein Kind, gib mir dein Herz!« Er beugte sich hernieder bis auf ihre Füße und dankte ihr demutsvoll. Dies ward ihm damals zuteil, und mehr konnte ihm nicht werden.

HEINRICH SEUSE[333]

Die ewige Weisheit: Hör, meine Tochter [die Seele Seuses], schau, leihe mir dein Ohr, kehr dich entschlossen zu dir selbst, vergiß dich und alle Dinge. Ich bin in mir selbst das unfaßbare Gut, das stets war und immer ist, das nie ausgesprochen worden ist und es nie sein wird. Ein Herz vermag mich wohl innerlich zu empfinden, aber keine Zunge kann mich in Worte fassen oder (mein Wesen) aussprechen. Und doch, wenn ich mich, das übernatürliche, unwandelbare Gut, einem jeglichen Geschöpfe in *der* Weise hingebe, wie es seiner Kraft, mich zu empfinden, entspricht, so umhülle ich den Sonnenglanz in ein Tuch und gebe von mir und meiner innigen Liebe in leiblichen Worten solchermaßen geistigen Sinn: Ich stelle mich sanft vor den Blick deines Inneren. Schmücke und kleide du mich nun geistigerweise, ziere mich nach deinem Wunsche, gib mir alles zu eigen, was zu besonderer Zuneigung und Liebe und voller Lust des Herzens dich bewegen kann, sieh, das ist alles, was du und irgendein Mensch erdenken können an Gestalt, Zier und Gnade; in mir ist es aber noch köstlicher, als jemand aussprechen kann. Und in solcherlei Worten kann ich mich dir zu erkennen geben. [...]

Ja, schau her, meine Liebe ist so traut, meine Umarmung so liebevoll, mein Kuß der lauteren liebenden Seele so anmutig, daß alle Herzen sich verlangend nach mir sehnen sollten. Zart bin ich, schmiege mich an und bin einer lauteren Seele allzeit gegenwärtig. In Verborgenheit wohne ich ihr bei Tisch und beim Gebet, auf Wegen und Stegen bei. Ich wende mich hin und her. Nichts mißfällt an mir; in mir ist all das, was nach Herzenswunsch wohlgefällt, nach dem Verlangen der Seele.

HEINRICH SEUSE[334]

Gott wird wie wir

Gott gibt dir wie du nimmst, du selbst schenkst aus und ein!
Er wird dir wie du willst, wie nach dem Faß der Wein.

ANGELUS SILESIUS[335]

Gewiß wird es gut sein, sich der Vorstellung körperlicher Gegenstände [bildhafte Betrachtungen Gottes] zu entschlagen, [...] aber meines Erachtens darf dies erst dann geschehen, wenn die Seele (im Gebete) schon weit vorangeschritten ist; denn es ist klar, daß man bis dahin den Schöpfer durch die Geschöpfe suchen müsse. Übrigens hängt alles von der Gnade ab, die der Herr einer jeden Seele verleiht; in diese aber mische man sich nicht ein. [...]

(S)o sind wir keine Engel, sondern haben einen Leib. Es ist Torheit, uns selbst zu Engeln machen zu wollen, während wir noch auf Erden, und noch dazu so tief in sie versunken sind, wie ich es war. Der gewöhnlichen Ordnung gemäß muß unser Denken einen Stützpunkt haben, obwohl manchmal die Seele auch aus sich selbst hinausgeht oder oftmals so von Gott erfüllt ist, daß sie keines Geschöpfes bedarf, um sich zu sammeln. Letzteres ist jedoch nicht für gewöhnlich der Fall. Wir müssen den Geschäften obliegen, es bestürmen uns Verfolgungen und Leiden, es treten [seelische] Trockenheiten ein – lauter Umstände, in denen wir eine so vollkommene Ruhe nicht genießen können. Da ist nun Christus ein sehr guter Freund für uns; denn wir sehen ihn als Menschen, wir sehen ihn in Schwachheiten und Leiden, wir haben ihn also zum Genossen.

TERESA VON AVILA[336]

Der Schüler: Wenn ich das Göttliche unter einem bestimmten göttlichen Namen und unter einer bestimmten Gottesgestalt verehre, rührt mich oft der Zweifel an, ob ich nicht Unrecht daran tue, als wollte ich dem Grenzenlosen Grenzen ziehen und dem Gestaltlosen Gestalt geben. Zugleich fühle ich, daß ich meiner Andacht zum Göttlichen jenseits aller Gestalt untreu werde.

Der Meister: Was ließe sich dagegen sagen, daß du das Göttliche unter einem seiner Namen und in einer seiner Gestalten verehrst, solange du selbst auf einen Namen hörst? Verehre das Göttliche, verehre es gestalthaft oder gestaltlos, bis du begreifst, daß du selber es bist!

RAMANA MAHARSHI[337]

Für das Überbewußtsein ist der Ozean der Gottheit gestaltlos. Für das gläubige Ich hingegen gefriert das Wasser dieses Ozeans an einigen Stellen, verdichtet sich zu Eis und offenbart sich dem Frommen alsdann in einer persönlichen Form oder göttlichen Gestalt.

Steigt aber die Sonne der Erkenntnis empor, dann schmilzt das Eis im warmen Licht der göttlichen Weisheit – und dann wird Gott nicht mehr als Person bewußt noch in irgendeiner Form geschaut. Und dann ist auch keiner mehr da, der sagen kann, was Gott ist. Denn der Gotterwachte und Gott sind ineinander aufgegangen und völlig *eins* geworden.

RAMAKRISHNA[338]

Du selbst mußt Sonne sein

Ich selbst muß Sonne sein: ich muß mit meinen Strahlen
Das farbenlose Meer der ganzen Gottheit malen.

ANGELUS SILESIUS[339]

Man kann nicht von Gott sagen, daß er dies oder das sei, böse oder gut, daß er in sich selber Unterschied habe; denn er ist in sich selber naturlos, sowohl affekt- und kreaturlos. Er hat keine Neiglichkeit zu etwas, denn es ist nichts vor ihm, dazu er sich könnte neigen, weder Böses noch Gutes. Er ist in sich selber der Ungrund, ohne einigen Willen gegen die Natur und Kreatur als ein ewig Nichts … Er ist das Nichts und das Alles, und ist ein einiger Wille, in dem die Welt und die ganze Kreation lieget. In ihm ist alles gleich ewig ohne Anfang, in gleichem Gewichte, Maß und Ziel. Er ist weder Licht noch Finsternis, weder Liebe noch Zorn, sondern das ewige Eine. Darum saget Mose: Der Herr ist ein einiger Gott (5 Mose 6,4).

JAKOB BÖHME[340]

Gott Nichts und Alles

Gott ist ein Geist, ein Feur, ein Wesen und ein Licht
Und ist doch wiederum auch dieses alles nicht.

ANGELUS SILESIUS[341]

(Wichtig ist) ein reines, schlichtes Entsinken in das reine, einfache, unbekannte, ungenannte Gut, das Gott ist, in einer sich selbst verleugnenden Weise, und in alles, was sich ihm enthüllen mag. So sprach der heilige Dionysius: alles solle sich an sein Nichts halten; nichts wissen, nichts erkennen, nichts (hienieden) wollen, es sei denn in sich selbst verleugnender Weise, nichts suchen, nichts für sich wollen als alles in einer (in Gott) entsinkenden Weise. Denn Gott ist nichts von alldem, was du von ihm aussagen kannst: er ist jenseits aller (menschlichen Vorstellung von) Form, Wesen oder Gut. Er ist nichts von dem, was du von ihm erkennen oder aussagen kannst; er ist über alldem, was ein (menschliches) Verständnis begreifen kann, nicht hoch noch tief, weder so noch so, sondern weit über jeden (menschlichen) festumrissenen Begriff.

In diesem unbekannten Gott suche deine Ruhestätte, und blicke nicht aus nach Empfindung noch Erleuchtung.

JOHANNES TAULER[342]

Solche Kreaturen [die Gott erfahren haben] wissen nicht mehr von Gott zu sprechen. Denn so wenig sie zu sagen wüßten, wo Gott ist, wissen sie auch nicht zu sagen, wer Gott ist. Wer es auch wäre, der von Gott spräche, wann immer er wollte und wo er wollte, der soll nicht zweifeln, sondern wissen ohne Zweifel, spricht diese Seele, daß er noch niemals etwas vom wahren Kern der göttlichen Liebe verspürt hat: der versetzt die Seele unvermerkt, inmitten aller, in Entrückung. Denn dieser wahre Kern der vollendeten göttlichen Liebe besteht ohne kreatürlichen Stoff und wird vom Schöpfer an das Geschöpf gegeben. Und dies ist die Gewohnheit solcher Seelen, viel zu erfassen und ganz zu vergessen, wegen der Subtilität des Geliebten.

MARGARETA PORETE[343]

Je mehr Erkenntnis, je weniger Verständnis

Je mehr du Gott erkennst, je mehr wirst du bekennen,
Daß du je weniger ihn, was er *ist,* kannst nennen.

ANGELUS SILESIUS[344]

Gott – über alles erhaben

Noch weiter emporsteigend, sagen wir: Er ist weder Seele noch Geist. Er hat weder Vorstellungen noch Meinungen noch Begriffe noch Denken. Er ist auch nicht Begriff oder Denken. Er kann auch nicht ausgesagt oder gedacht werden.

Er ist auch keine Zahl, keine Ordnung, keine Größe, keine Kleinheit. Er hat keine Gleichheit oder Ungleichheit. Er steht nicht fest und wird auch nicht bewegt und ist doch auch nicht in Ruhe.

Und er hat keine Kraft und ist keine Kraft und ist auch kein Licht. Und er lebt nicht und ist auch nicht das Leben. Und er ist nicht das Sein und nicht die Ewigkeit und nicht die Zeit.

Er kann auch mit Gedanken nicht erfaßt werden. Und er ist nicht das Wissen und auch nicht die Wahrheit, und auch nicht Königsherrschaft und auch nicht Weisheit, und auch nicht »eins« und auch nicht Einheit, und auch nicht Gottheit und auch nicht Gutheit. Und auch nicht Geist, so daß wir ihn erkennen könnten. Und auch nicht Sohnschaft und auch nicht Vaterschaft. Und auch nicht irgend etwas anderes, was uns oder einem seienden Wesen erkennbar wäre. Und er ist auch keins von den nicht-seienden Dingen und auch nicht eins von den seienden Dingen. Und das Seiende erkennt ihn auch nicht, und er ist nicht das Seiende. Und er erkennt auch das Seiende nicht, und das Seiende ist nicht er. Und er ist auch nicht Begriff und auch nicht Name und auch nicht Erkenntnis.

Er ist auch nicht Finsternis und auch nicht Licht. Er ist auch nicht Trugbild und auch nicht Wahrheit. Überhaupt gibt es über ihn weder Position noch Negation. Sondern wir machen weder positive noch negative Aussagen über ihn, da wir uns Positionen oder Negationen nur von dem machen können, was nach ihm kommt.

Denn er ist über jede Position erhaben, weil er die vollkommene und einzige Ursache von allem ist. Und er ist über jede Negation erhaben, weil er ganz und gar jenseits von allem und über allem und jedem ist.

DIONYSIUS AREOPAGITA[345]

Gott hat alle Namen und keinen

Man kann den höchsten Gott mit allen Namen nennen,
Man kann ihm wiederum nicht einen zuerkennen.

ANGELUS SILESIUS[346]

Gottferne

Du kommst und gehst. Die Türen fallen
Viel sanfter zu, fast ohne Wehn.
Du bist der leiseste von Allen,
die durch die leisen Häuser gehn.

RAINER MARIA RILKE [347]

Erhebe dein Herz zu Gott mit einer demütigen Regung der Liebe; meine Gott selbst und keine Seiner Eigenschaften. Empfinde einen Widerwillen davor, an irgend etwas außer an Ihn zu denken, auf daß nichts in deinem Verstande und in deinem Willen wirke als allein Er selbst. [...] Gib also nicht auf, sondern gib dir so lange Mühe damit, bis du Verlangen danach empfindest. Denn zu Beginn deiner Übung bemerkst du nichts als eine Finsternis, sozusagen eine Wolke des Nichtwissens, genau weißt du nicht, was das ist, außer daß du in deinem Willen ein von allem entblößtes Verlangen nach Gott spürst. Du magst dich bemühen wie du willst, dennoch bleiben diese Dunkelheit und diese Wolke zwischen dir und deinem Gott und hindern dich, Ihn mit dem Lichte deiner geistigen Verstandeskraft in deiner Vernunft deutlich zu erkennen oder in seliger Liebe in deinem Herzen zu spüren. Mache dich deshalb bereit, in dieser Dunkelheit so lange wie möglich zu verweilen und immerfort nach dem, den du liebst, zu rufen; denn wenn du Ihn je fühlen oder sehen können wirst, sofern dies hienieden möglich ist, so kann dies doch immer nur in jener Wolke und Dunkelheit geschehen. Wenn du dich indes eifrig in diesem Werk bemühst, so wie ich es dir rate, glaube ich wohl, daß Gott in seiner Gnade dir diese erwähnte Schau gewährt

Wolke des Nichtwissens [348]

Gesang der Seele

Es war in dunkler Nacht,
Ich brannt' von Liebeswehen,
O Glück, das selig macht! –
Entwich ich ungesehen
Und ließ mein Haus in Ruhe stehen.

Gehüllt in dunkle Nacht,
Vermummt mußt ich entsteigen.
O Glück, das selig macht! –
In heimlich, dunklem Schweigen
Lag still das Haus, das mir zu eigen.

In jener Nacht voll Glück,
Da sich kein Aug' mir wandte,
Der Augen blöder Blick
Kein weisend Licht erkannte,
Als das, so mir im Herzen brannte.

Mit ihm fand sich'rer ich
Als in des Mittags Schimmer
Ihn, der geharrt auf mich,
Den ich geliebt schon immer.
Ein ander Gut traf ich dort nimmer.

Du warst mir Führer, Nacht;
Nacht, süßer als der Morgen,
Hast Herz zu Herz gebracht,
Hast uns in Lieb geborgen
Mich im Geliebten, ihn in mir verborgen. [...]

JOHANNES VOM KREUZ[349]

Wer ausgeht, Dein Antlitz zu schauen, ist so lange noch weit von ihm entfernt, solange er irgendeinen Begriff hat. Denn jede Begriffsvorstellung eines Gesichtes ist geringer als Dein Gesicht [...] Unverhüllt aber wird es nicht gesehen, solange wir nicht über alle

Gesichter hinaus in ein geheimnisvolles und verborgenes Schweigen eintreten, in dem nichts mehr ist vom Wissen und von der Begriffsvorstellung eines Antlitzes. Solange der Suchende nicht in dieses Dunkel, diesen Nebel und diese Finsternis oder Unwissenheit eingeht, indem er alles Wissen und jede Begriffsvorstellung überschreitet, vermag er Dein Antlitz nicht anders denn nur verhüllt zu finden. Das Dunkel selbst jedoch enthüllt, daß es hier ein Angesicht gibt, das über allen Verhüllungen steht. [...]

Wer aber jedes Licht überschreiten muß, tritt notwendigerweise in etwas ein, das kein sichtbares Licht mehr in sich birgt. Und das bedeutet daher, um es so zu sagen, Finsternis dem Auge. Und wenn es sich in jener Finsternis befindet, welche Dunkel ist, und weiß, daß es in der Dunkelheit ist, dann weiß es auch, daß es sich dem Angesicht der Sonne nähert. Jene Dunkelheit im Auge entsteht nämlich aus dem alles überstrahlenden Licht der Sonne. Je tiefer es also die Dunkelheit erkennt, in um so größerer Wahrheit erreicht es in der Dunkelheit das unsichtbare Licht. So und nicht anders, Herr, kann man zu dem unerreichbaren Licht, der Schönheit und dem Glanz Deines Antlitzes in Enthüllung gelangen.

NIKOLAUS VON KUES[350]

Weh uns, wir sind verlassen, die Stund' ist vorgerückt,
Auf einem Meer, da nirgends ein Ufer wird erblickt.
Nur Schiff und Nacht und Wolken, so fahren wir dahin
Auf Gottes Meer, von Seiner Gnade und Huld beglückt!

RUMI[351]

Nun könntest du sagen: Ach, Herr, wenn es denn notwendig so sein muß, daß man aller Dinge entäußert und verödet sei, äußerlich wie innerlich, die Kräfte wie ihr Wirken, – wenn das alles weg muß, dann ist es ein schwerer Stand, wenn Gott den Menschen so stehen läßt ohne seinen Halt, wie der Prophet sagt: »Weh mir! Mein Elend ist mir verlängert« (Ps 119,5) – wenn Gott mein Verlassensein so verlängert, *ohne daß er* mir leuchtet noch zuspricht noch in mir wirkt, wie Ihr's hier lehrt und zu verstehen gebt.

Wenn der Mensch in *solcher* Weise in einem reinen Nichts steht, ist es dann nicht besser, daß er etwas tue, was ihm die Finsternis und das Verlassensein vertreibe, – daß ein solcher Mensch etwa bete oder lese oder Predigt höre oder andere Werke verrichte, die doch Tugenden sind, um sich damit zu behelfen? – Nein! Wisse fürwahr: Ganz still zu stehen und so lange wie möglich, *das* ist dein Allerbestes. Ohne Schaden kannst du dich von da nicht irgendwelchen Dingen zuwenden, das ist gewiß. Du möchtest gern zu *einem* Teil durch *dich* und zum *andern* Teil durch *ihn* bereitet werden, was doch nicht sein *kann.* Du kannst nimmer so schnell an das Bereiten denken oder nach ihm begehren, daß Gott nicht schon vorher da wäre, auf daß *er* dich bereite. [...]

Im Buch der Geheimnisse steht geschrieben, daß unser Herr dem Volke entbot: »Ich stehe vor der Tür, klopfend und wartend, ob jemand mich einläßt; mit dem will ich ein Abendmahl halten« (Geh Offenb 3, 20). Du brauchst ihn weder hier noch dort zu suchen, er ist nicht weiter als vor der Tür des Herzens; dort steht er und harrt und wartet, wen er bereit finde, daß er ihm auftue und ihn einlasse. Du brauchst ihn nicht von weither zu rufen; er kann es kaum erwarten, daß du (ihm) auftust. Ihn drängt es tausendmal heftiger nach dir als dich nach ihm: das Auftun und das Eingehen, das ist nichts als *ein* Zeitpunkt.

MEISTER ECKEHART[352]

Eia, mein Herr, wie still Du nun schweigst.
Ich danke Dir, daß Du Dich so lange nicht zeigst.
Du sollst dafür immer und ewig gepriesen sein,
Daß Dein Wille geschehe und nicht der Wille mein.

MECHTHILD VON MAGDEBURG[353]

Aus einem Bericht, den die bereits von ihrer tödlichen Krankheit gezeichnete Therese von Lisieux im Alter von vierundzwanzig Jahren an ihre Priorin schrieb:

Ich erfreute mich damals eines so lebendigen, so klaren *Glaubens,* daß der Gedanke an den Himmel mein ganzes Glück ausmachte, ich konnte mir nicht vorstellen, daß es Gottlose gäbe, die keinen

Glauben haben. Ich meinte, sie sprächen gegen ihre bessere Erkenntnis, wenn sie die Existenz des Himmels leugneten, des schönen Himmels, wo Gott selbst ihr ewiger Lohn sein möchte. In den so fröhlichen Tagen der Osterzeit ließ Jesus mich fühlen, daß es tatsächlich Seelen gibt, die den Glauben nicht haben, die durch den Mißbrauch der Gnaden diesen kostbaren Schatz verlieren, Quell der einzig reinen und wahren Freude. Er ließ zu, daß dichteste Finsternisse in meine Seele eindrangen und der mir so süße Gedanke an den Himmel bloß noch ein Anlaß zu Kampf und Qual war ... Diese Prüfung sollte nicht nur ein paar Tage, ein paar Wochen dauern, sie sollte erst zu der vom Lieben Gott bestimmten Stunde erlöschen und ... diese Stunde ist noch nicht gekommen ... Gerne wollte ich ausdrücken, was ich fühle, aber ach! Es erscheint mir unmöglich. Man muß durch diesen dunklen Tunnel gewandert sein, um zu wissen, wie finster er ist. [...]

Ich sagte, die Gewißheit, einst von dem traurigen und finsteren Land [der Welt] weit wegzuziehen, war mir von Kindheit an geschenkt worden; nicht nur glaubte ich es auf das hin, was ich weisere Menschen als ich sagen hörte, sondern auch im Innersten meines Herzens verspürte ich die Sehnsucht nach einer schöneren Gegend [dem Paradies]. [...] Doch plötzlich verdichten sich die Nebel um mich her, sie dringen in meine Seele ein und umhüllen sie derart, daß ich in ihr das liebliche Bild meiner Heimat nicht mehr wiederzufinden vermag, alles ist entschwunden! Suche ich Ruhe für mein durch all die Finsternis ringsum ermattetes Herz in der Erinnerung an das lichtvolle Land, nach dem ich mich sehne, so verdoppelt sich meine Qual; die Stimme der Sünder annehmend, scheint die Finsternis mich zu verhöhnen und mir zuzurufen: »Du träumst von Licht, von einer mit lieblichsten Wohlgerüchen durchströmten Heimat, du träumst von dem *ewigen* Besitz des Schöpfers all dieser Wunderwerke, du wähnst eines Tages, den Nebeln, die dich umfangen, zu entrinnen! Nur zu, nur zu, freu dich über den Tod, der dir geben wird nicht, was du erhoffst, sondern eine noch tiefere Nacht, die Nacht des Nichts.« [...]

Doch ich will nicht weiter darüber schreiben, ich fürchtete sonst zu lästern ... ja, ich habe Angst, schon zuviel gesagt zu haben ... [...] Meine vielgeliebte Mutter, vielleicht scheine ich Ihnen meine Prüfungen zu übertreiben; in der Tat, wenn Sie nach den Gefühlen urteilen, die ich in den kleinen heuer verfaßten Gedichten ausdrücke, so muß ich Ihnen als eine mit Tröstungen erfüllte Seele vorkommen, für die der Schleier des Glaubens beinahe schon zerriß, und dennoch ... es ist kein Schleier mehr für mich, es ist eine bis zum Himmel ragende Mauer, die das gestirnte Firmament verdeckt ... Wenn ich das Glück des Himmels, den ewigen Besitz Gottes besinge, so empfinde ich dabei keinerlei Freude, denn ich besinge einfach, was ICH GLAUBEN WILL. Manchmal freilich erhellt ein kleiner Sonnenstrahl meine Finsternis, dann hört die Prüfung für *einen Augenblick* auf, aber nachträglich läßt die Erinnerung an den Lichtstrahl, statt mir Freude zu bereiten, meine Finsternis nur noch dichter werden.

O meine Mutter, niemals habe ich so tief empfunden, wie milde und barmherzig der Herr ist; er hat mir diese Prüfung erst geschickt, als ich die Kraft besaß, sie auszuhalten; früher, glaube ich, hätte sie mich wohl zutiefst entmutigt ... Jetzt nimmt sie alles hinweg, was meinem Verlangen nach dem Himmel noch an natürlicher Befriedigung anhaften könnte ... Geliebte Mutter, es kommt mir vor, jetzt hindere mich nichts mehr daran, fortzufliegen, denn ich habe keinen großen Wunsch mehr außer dem einen: zu lieben, bis ich vor Liebe sterbe ...

Meine geliebte Mutter, ich bin ganz bestürzt beim Anblick dessen, was ich Ihnen gestern geschrieben habe, welches Gekritzel! ... Meine Hand zitterte dermaßen, daß es mir unmöglich war fortzufahren ...

THERESE VON LISIEUX[354]

Während dieser Abwesenheit [Gottes] gibt es nichts, das man lieben könnte. [...] Die Seele muß fortfahren, ins Leere hinein zu lieben oder zumindest lieben zu wollen, sei es auch nur mit dem winzigsten Teil ihrer selbst.

SIMONE WEIL[355]

Es gibt zwei Arten von Atheismus, deren eine eine Läuterung unseres Begriffes von Gott ist.

SIMONE WEIL[356]

Es gibt nur einen Beweis für Gottes Güte: daß wir ihn lieben. Die Liebe, die wir für ihn empfinden, ist die einzige Wohltat, die unserer Dankbarkeit würdig ist, und deshalb schließt diese Liebe in sich selbst den Beweis ihrer Rechtmäßigkeit ein. Wenn sie keinen anderen Antrieb als sich selbst hat, kann nichts sie erschüttern; denn selbst in dem Punkt »Warum hast du mich verlassen?« schwindet die Liebe nicht, sondern nimmt die Form der Abwesenheit anstelle der Form der Berührung an. Sie erreicht so den äußersten Punkt der Reinheit.

SIMONE WEIL[357]

Du schenkst den Wunsch erst, betend uns zu neigen;
Dir ist zuletzt auch die Erfüllung eigen.
Du bist das Ende, Du bist der Beginn –
Wir sind ein schweigendes, ein Nichts darin!

RUMI[358]

Gebet Bernhards

Niemand kann dich suchen, der dich nicht schon gefunden hat.

Gut bist du, Herr, zur Seele, die dich sucht (Klgl 3,25). Und wie erst zu der, die dich findet?

Das Wundervolle aber ist, daß dich niemand suchen kann, der dich nicht schon vorher gefunden hat. Du läßt dich suchen, um gefunden zu werden, und du läßt dich finden, um gesucht zu werden. Du läßt dich suchen, und du läßt dich finden; aber zuvorkommen läßt du dir nicht. Wir mögen zwar sprechen: »Am Morgen komme mein Gebet dir zuvor« (Ps 88,14), aber zweifellos ist jedes Gebet kümmerlich, dem nicht deine Eingebung zuvorkommt.

BERNHARD VON CLAIRVAUX[359]

Solange du die Dinge nicht suchst,
findest du sie nicht,
Solang du jenen Freund nicht findest,
suchst du ihn nicht.

Die Suche des Menschen besteht darin, etwas zu suchen, was man noch nicht gefunden hat. Tag und Nacht ist er damit beschäftigt, das zu suchen. Aber etwas, das gefunden ist und wo das Ziel erreicht ist und man sucht es noch – das ist seltsam! Ein solches Suchen hat in der Einbildungskraft des Menschen keinen Raum, und der Mensch kann es sich nicht vorstellen. Denn sein Suchen geht nach etwas, das er noch nicht gefunden hat. Das andere ist Gottes Suche. Denn Gott der Erhabene hat alle Dinge gefunden, und alles ist in Seiner Macht vorhanden – »*Sei! Und es wird*« (Sura 36/82) – *Der Findende, der Ruhmvolle.* Finder ist jener, der alle Dinge gefunden hat. Trotzdem aber ist Gott der Erhabene ein Sucher. *Er ist der Sucher, der Überwinder.* Der Sinn des zitierten Verses ist: O Mensch, solange du bei einer Suche bist, die in der Zeit geschaffen und eine menschliche Eigenschaft ist, bleibst du dem Ziel fern. Wenn deine Suche in Gottes Suche entwird und Gottes Suche deine Suche überformt, dann wirst du zum Sucher durch Gottes Suche.

Rumi[360]

Die beste Stütze des Glaubens ist die Gewähr, daß unser Vater, wenn wir ihn um Brot bitten, uns keine Steine gibt. Jedesmal, wenn ein menschliches Wesen, selbst außerhalb jedes expliziten religiösen Glaubens, eine Anstrengung der Aufmerksamkeit leistet, mit dem einzigen Verlangen, dadurch tüchtiger zu werden zur Erfassung der Wahrheit, erwirbt es diese vermehrte Tüchtigkeit, auch wenn seine Anstrengung keine sichtbaren Früchte gezeitigt hat. Ein Märchen der Eskimo erklärt den Ursprung des Lichtes folgendermaßen: »Der Rabe, der in der ewigen Nacht keine Nahrung finden konnte, begehrte nach dem Licht, und es ward hell über der Erde.« Ist das Begehren echt, begehrt man wirklich das Licht, so bringt das Begehren nach dem Licht das Licht hervor. Das Begehren ist echt, wenn man die Aufmerksamkeit anstrengt. Und man begehrt wirklich das Licht, wenn jeder andere Beweggrund fehlt. Selbst wenn die Anstrengung der Aufmerksamkeit über Jahre hindurch scheinbar fruchtlos bleiben sollte, so wird eines Tages doch ein dem Grad dieser Anstrengung genau entsprechendes Licht die Seele überfluten. Jede Anstrengung fügt ein Körnchen Gold zu einem Schatz, den nichts auf der Welt uns rauben kann.

SIMONE WEIL[361]

»O Gott!« rief einer viele Nächte lang,
Und süß ward ihm sein Mund von diesem Klang.
»Viel rufst du wohl«, sprach Satan voller Spott.
»Wo bleibt die Antwort ›Hier bin ich!‹ von Gott?
Nein, keine Antwort kommt vom Thron herab!
Wie lange schreist du noch ›O Gott!‹? Laß' ab!«
Als er betrübt, gesenkten Hauptes, schwieg,
Sah er im Traum, wie Chidr niederstieg
Und sprach: »Warum nennst du Ihn denn nicht mehr?
Was du ersehnt – bereust du es so sehr?«
Er sprach: »Nie kommt die Antwort: ›Ich bin hier!‹
So fürchte ich, Er weist die Türe mir!«
»Dein Ruf ›O Gott!‹ ist Mein Ruf: ›Ich bin hier!‹
Dein Schmerz und Flehn ist Botschaft doch von Mir,
Und all dein Streben, um Mich zu erreichen –
Daß ich zu Mir dich ziehe, ist's ein Zeichen!
Dein Liebesschmerz ist Meine Huld für dich –
Im Ruf ›O Gott!‹ sind hundert ›Hier bin ich!‹«

RUMI[362] [Chidr ist im Islam ein Prophet und Heiliger, der den Frommen in Not beisteht.]

Leere – Fülle – Nichts

Nichts ist der beste Trost

Nichts ist der beste Trost: entzieht Gott seinen Schein,
So muß das bloße Nichts dein Trost im Untrost sein.

ANGELUS SILESIUS [363]

Das irdische Verlangen, die Bindung, ist eine Richtung, eine Orientierung in gerader Linie. Das ganze Wesen wird nach vorne geworfen, in gerader Linie auf einen besonderen Gegenstand hin, der Schatz für den Geizigen, eine Frau für den Liebenden. Das Kind ist nicht so; es ist offen; es ist ausgerichtet, und es ist nicht auf etwas ausgerichtet. Ausgerichtet ins Leere.

SIMONE WEIL [364]

In allem, über jedes Besondere, was es auch sein mag, hinaus, entleerten Willens sein, die Leere wollen. Denn für uns ist es eine Leere, jenes Gut, das wir weder uns vorstellen noch seinem Wesen nach bestimmen können. Aber diese Leere ist voller als jegliche Fülle.

Gelangt man dorthin, so ist man gerettet, denn Gott wird diese Leere erfüllen. Dabei handelt es sich keineswegs um einen intellektuellen Prozeß, so wie man ihn heutzutage auffaßt. Die Intelligenz hat nichts zu finden, sie hat den Schutt fortzuräumen.

SIMONE WEIL [365]

Yen Hui sprach: »Darf ich fragen, was das Fasten des Herzens ist?«

Kung Dsï sprach: »Dein Ziel sei Einheit! Du hörst nicht mit den

Ohren, sondern hörst mit dem Verstand; du hörst nicht mit dem Verstand, sondern hörst mit der Seele. Das äußere Hören darf nicht weiter eindringen als bis zum Ohr; der Verstand darf kein Sonderdasein führen wollen, so wird die Seele leer und vermag die Welt in sich aufzunehmen. Und der *Sinn* ist's, der diese Leere füllt. Dieses Leersein ist Fasten des Herzens.«

DSCHUANG DSÏ[366]

Hier gehen auf gewisse Art Leib und Seele unter in diesem Meer; sie büßen ihre natürlichen Werke und Tätigkeiten ein, verlieren, was sie in natürlicher Weise nach ihren eigenen Kräften getan haben. Und beim Versinken in dieses grundlose Meer bleiben ihnen weder ihre natürliche Weise zu denken noch deutliche Begriffe. Dann tut der Mensch ganz so, wie Sankt Petrus tat; er fiel vor unserem Herrn nieder und sprach das »unsinnige« Wort: »Geh weg von mir, Herr, denn ich bin ein Sünder.« Dem Menschen ist da Wort und Begriff entfallen. Das ist das eine; das andere ist, daß der Mensch hierbei in sein grundloses Nichts fällt, er wird so klein, so gar nichts, daß er all dem entfällt, was er je und je von Gott empfing, und das gänzlich wieder Gott zurückgibt, dem es (ja) auch gehört, als wenn er es nie erhalten hätte; und er wird mit all dem so nichts und bloß, ebenso wie das, was nichts ist und nie irgend etwas empfing. Da versinkt das geschaffene Nichts in das ungeschaffene Nichts: aber das ist etwas, was man weder verstehen noch in Worten auszusprechen vermag. Hier wird das Wort des Propheten wahr: »Abyssus abyssum invocat – Ein Abgrund ruft den anderen in sich hinein.« Der geschaffene Abgrund ruft den ungeschaffenen in sich hinein, und beide werden eins: ein lauteres göttliches Wesen, und da hat sich der Geist [des Menschen] im Geist Gottes verloren, ist untergetaucht, gleichsam ertrunken in dem Meer ohne Grund. Und doch ist hier ein solcher Mensch besser daran, als man verstehen oder begreifen kann. Er wird dann so wesentlich, so bereit zur Hingabe, so tugendhaft und gütig und so liebevoll in seinem Verhalten, gegenüber allen Menschen freundlich und umgänglich, (doch so, daß) man keinerlei Gebrechen an ihm sehen noch finden kann. Solche Menschen sind vertrauensvoll gegenüber allen anderen

und barmherzig, auch nicht strenge oder hart, sondern milde; man kann gar nicht glauben, daß sie jemals von Gott sollten geschieden werden können. Daß uns allen solches zuteil werde, dazu helfe uns Gott.
AMEN.

Johannes Tauler[367]

Wir fliehen die innere Leere, weil Gott sich in sie einschleichen könnte.

Simone Weil[368]

»Paulus stand auf von der Erde, und mit offenen Augen sah er nichts.« (Apg 9,8) Ich kann nicht sehen, was Eins ist. Er sah nichts: das war Gott. Gott ist ein Nichts, und Gott ist ein Etwas. Was etwas ist, das ist auch nichts. Was Gott ist, das ist er ganz. Daher sagt der erleuchtete Dionysius, wo immer er von Gott schreibt: Er ist (ein) Über-Sein, er ist (ein) Über-Leben, er ist (ein) Über-Licht. Er legt ihm weder dies noch das bei, und er deutet (damit) an, daß er (irgend etwas), ich weiß nicht was, sei, das gar weit darüber hinaus liege. Siehst du irgend etwas oder fällt irgend etwas in dein Erkennen, so ist das Gott nicht; eben deshalb nicht, weil er weder dies noch das ist. Wer sagt, Gott sei hier oder dort, dem glaubet nicht. Das Licht, das Gott ist, das leuchtet in der Finsternis (Joh 1, 5). Gott ist ein wahres Licht: wer das sehen soll, der muß blind sein und muß Gott von allem Etwas fernhalten. Ein Meister sagt: Wer von Gott in irgendwelchem Gleichnis redet, der redet auf unlautere Weise von ihm. Wer aber mit nichts von Gott redet, der redet zutreffend von ihm. Wenn die Seele in das Eine kommt und darin eintritt in eine lautere Verwerfung ihrer selbst, so findet sie dort Gott als in einem Nichts. Es deuchte (einmal) einem Menschen wie in einem Traume – es war ein Wachtraum –, er würde schwanger vom Nichts wie eine Frau mit einem Kinde, und in diesem Nichts ward Gott geboren; der war die Frucht des Nichts. Gott ward geboren in dem Nichts. Daher spricht er: »Er stand auf von der Erde, und mit offenen Augen sah er nichts.« Er sah Gott, wo alle Kreaturen nichts sind. Er sah alle Kreaturen als ein Nichts, denn er (= Gott) hat aller Kreaturen Sein in sich.

Das Licht, das Gott ist, das hat keinerlei Beimischung; es fällt keinerlei Beimischung hinein. Es war ein Zeichen dafür, daß er das wahre Licht sah, das da Nichts ist. Mit dem Lichte meint er nichts anderes, als daß er mit offenen Augen nichts sah. Damit daß er nichts sah, sah er das göttliche Nichts. Sankt Augustinus spricht: Als er nichts sah, da sah er Gott.

MEISTER ECKEHART[369]

Die Gottheit ist ein Nichts

Die zarte Gottheit ist ein Nichts und Übernichts:
Wer nichts in allem sieht, Mensch, glaube, dieser sichts!

ANGELUS SILESIUS[370]

Der 1975 verstorbene Philosoph Wilhelm Weischedel kurz vor seinem Tod:[371]

Im dunklen Bechergrund
Erscheint das Nichts des Lichts
Der Gottheit dunkler Schein
Ist so: Das Licht des Nichts

MANDORLA

In der Mandel – was steht in der Mandel?
Das Nichts.
Es steht das Nichts in der Mandel.
Da steht es und steht.

Im Nichts – wer steht da? Der König.
Da steht der König, der König.
Da steht er und steht.

Judenlocke, wirst nicht grau.

Und dein Aug – wohin steht dein Auge?
Dein Aug steht der Mandel entgegen.
Dein Aug, dem Nichts stehts entgegen.
Es steht zum König.
So steht es und steht.

> Menschenlocke, wirst nicht grau.
> Leere Mandel, königsblau.

Paul Celan[372]

Zweideutigkeit des Nichts

Wir wissen nicht, was es (das Nichts) ist. Wer es erfährt und erfahrend sozusagen sieht: Wir alle werden nicht mehr sein, der kann diese Erfahrung entweder als Erfahrung eines bloßen nichtigen Nichts verstehen oder als die Erfahrung einer absoluten Verbergung. Im ersteren Fall wird er sagen: Hier ist überhaupt nichts. Im zweiten Fall aber: Hier sehe ich nichts. Was hier waltet, ist mir ganz entzogen und verborgen. Vom Gehalt der Erfahrung des Nichts oder von seiner Phänomenalität her wird sich diese Zweideutigkeit nicht entscheiden. Wir wissen es nicht und erfahren es zunächst auch nicht: ob etwas Verborgenes dahintersteckt oder nicht. Diese unentscheidbare Zweideutigkeit gehört wesentlich für uns zur Erfahrung des Nichts.

Man kann dies an einem einfachen Modell deutlich machen. Wer in einen vollständig verdunkelten Raum eintritt, wird sagen: Ich sehe nichts. Er wird dies als Ausdruck seiner positiven Erfahrung sagen. Denn er sieht ja, daß hier nichts zu sehen ist. Er würde dies niemals sagen, wenn er überhaupt nichts sähe, z. B. im tiefen Schlaf. Hierin liegt das Positive der Erfahrung. Das Nichts erscheint als gesehenes Nichts. Es wird aber sofort klar, daß das Gesehene zweideutig ist. Unsere Versuchsperson kann von dem her, was sie hier sieht, also vom Nichts her, nicht entscheiden, ob sie in einen überhaupt leeren Raum eingetreten ist oder aber in einen Raum, der zwar nicht leer ist, in dem sich aber ihrer Erfahrung vollständig entzieht, was darin sein mag. Beide Möglichkeiten ergeben dasselbe Phänomen und haben darum denselben sprachlichen Ausdruck. Ich sehe nichts ... es gibt von dem Punkt aus, auf dem jetzt unsere Überlegung steht, keine Möglichkeit, das nichtige Nichts und das Nichts der absoluten Verbergung zu unterscheiden.

BERNHARD WELTE[373]

Keiji Nishitani beschreibt aus zen-buddhistischer Perspektive jenes allem Sein zugrundeliegende Nichts, das in etwa dem Nichts vergleichbar ist, aus dem nach christlicher Vorstellung die göttliche Schöpfung erfolgte.

Angesichts des Todes zum Beispiel, wenn unser Sein als solches sich scharf vor dem Hintergrund des Nichts (nihil) abzeichnet und Fragen auftauchen, wie: »Wozu habe ich überhaupt gelebt?« – »Woher komme ich, und wohin gehe ich?«, dann gähnt eine Leere, die sich durch nichts in der Welt füllen läßt. Ein Abgrund tut sich im Grunde unserer Existenz auf. Angesichts dieses Abgrunds taugen die Dinge nichts mehr, die bisher die Inhalte unseres Lebens ausgemacht haben.

Dieser Abgrund liegt indessen eigentlich immer schon unserer Existenz zugrunde. Der Tod zum Beispiel ist nicht etwas, dem wir vielleicht in ferner Zukunft begegnen. Auf Schritt und Tritt begegnet unser Leben dem Tod; immer schon steht es mit einem Fuß im Reich des Todes. Stets am Rande eines Abgrunds kann es in einem Nu zunichte werden. Unser Dasein ist eigentlich zusammen mit Nichts-Sein entstandenes Sein. Ins Nichts entschwindend, wieder zu sich kommend, vibriert es über leerem Nichts. Das heißt, unsere Existenz ist eine flüchtige Existenz. Dieses Nichts macht den Sinn des Lebens sinnlos. Daß wir uns also selbst zu einer Frage werden und nach dem Wozu unserer Existenz fragen, zeigt an, daß das Nichts vom Grund unseres Seins her aufgetaucht ist und daß wir von daher dazu getrieben werden, daß sich unser Dasein für uns selber in ein Fragezeichen verwandelt. Das Auftauchen dieses Nichts ist nichts anderes als die Vertiefung des Gewahrwerdens unseres eigenen Seins – welches gewöhnlich keine solche Tiefe erreicht. Gewöhnlich bewegen wir uns unaufhörlich vorwärts, den Blick auf das eine oder andere gerichtet. [...]

Wenn jener Horizont sich jedoch aufgetan hat, hält etwas auf dem Grund jenes Beschäftigtseins im rastlos sich vorwärts bewegenden Leben fragend inne und zögert. Vom Grund solcher Beschäftigungen, die ja normalerweise sinnvoll sind, taucht die Sinnlosigkeit auf. Dann läßt die nihilistische Grundstimmung [...] das unaufhaltsam weiterdrängende Leben einen Schritt zurücktreten und bewirkt, wie es im Zen heißt, daß man »sein Licht auf das scheinen läßt, was unter den Füßen ist«. [...] Wenn der Horizont des Nichts sich vom Grund unseres Lebens her auftut, so ist dies die Gelegenheit zur radikalen Umkehr in unserem Leben.

KEIJI NISHITANI[374]

Der Wesen zahllose Menge entwickelt sich,
doch jedes wendet sich zurück zu seiner Wurzel.
Zurückgewandt sein zur Wurzel: das ist Stille.
Stille: das ist Rückkehr zur Bestimmung.
Rückkehr zur Bestimmung: das ist Ewigkeit.
Die Ewigkeit erkennen: das ist Weisheit.

LAOTSE[375]

Es sagte jemand zu Meister Liä Dsï: »Wie kann der Meister die Leere so hochschätzen!« Liä Dsï sprach: »Die Leere braucht keine Hochschätzung. Es kommt nicht auf den Namen an. Nichts kommt der Stille, nichts der Leere gleich. Durch Stille, durch Leere findet man die Heimat.«

LIÄ DSÏ[376]

Das Turmhaus Wolkenschau

Wie oft noch wird sich dies erneuen,
    daß Abend düstert, Morgen blaut?
Ich habe lange schon mein Leben
    der großen Leerheit anvertraut.
Ich trat hervor, hab's nie gewollt;
    schön wär es, heimzukehren.
Die Wolken weiß: so gleich dem Menschen,
    der nach den Wolken schaut.

SU TUNG-P'O[377]

Die Pforte

Öffnet uns die Pforte, und wir werden die Gärten sehen
Ihr kühles Wasser trinken, auf dem der Mond seine Spur hinterließ.
Die lange Straße brennt, feindlich gesinnt den Fremden.
Wir irren in Unwissenheit und finden keinen Ort.

Wir wollen Blumen sehen. Hier lastet Durst auf uns.
Im Warten und im Leiden stehen wir vor der Pforte.
Wenn es sein muß, erbrechen wir diese Pforte mit unseren Schlägen.
Wir drücken und schieben, aber die Schranke ist zu fest.

Uns bleibt nur Sehnen, Warten und vergebliches Schauen.
Wir schauen auf die Pforte; sie ist verschlossen, unüberwindlich.
Wir heften unsern Blick auf sie; wir weinen unter der Qual;
Wir sehen sie ständig; das Gewicht der Zeit lastet auf uns.

Die Pforte ist vor uns; was nützt uns das Wünschen?
Besser die Hoffnung aufgeben und gehen.
Wir werden niemals eintreten. Wir sind es müde, sie zu sehen.
Als sie sich auftat, ließ die Pforte so große Stille hindurch,

daß kein Garten erschien und auch keine Blume;
Nur der unendliche Raum aus Leere und Licht
War mit einem Mal vollkommen da, erfüllte das Herz,
Und wusch die Augen, fast erblindet unter dem Staub.

Simone Weil[378]

Toleranz

Jede [Religion] ist ein unterschiedlicher Abglanz einer einzigen, in menschliche Worte unübersetzbaren Wahrheit. Man kann diese durch einen einzigen Abglanz hindurch ahnen. Besser noch ahnt man sie durch mehrere.

SIMONE WEIL[379]

Im Lande Ghor war eine große Stadt,
Darin es nichts als blinde Leute hat.
Ein Fürst kam mit dem Heer zu diesem Ort
Und schlug sein Zelt auf in der Steppe dort.
Er hatte einen Elefanten, mächtig,
Voll Stolz und Majestät, gar groß und prächtig.
Die Leute, die das Schreckliche vernommen,
Sie wollten gerne sehn, was da gekommen,
Und ein paar Blinde aus der Blinden Mitte,
Zum Elefanten lenkten sie die Schritte;
Die Form und die Gestalt des Elefanten
Zu sehen: wie die Leute eilends rannten!
Und sie berührten ihn (sie sah'n ihn nicht,
Da ihre Augen ohne Augenlicht!),
Und jeder, der ein Glied von ihm berührte,
Erfuhr nur das, was seine Hand verspürte,
Und jeder machte sich ein falsches Bild
Und band sein Herz an Phantasiegebild.
Als sie zur Stadt zurückgekehrt im Lauf,
Da führten sie sich gar großmäulig auf,
Da alle nach der Form des Tieres fragten
Und lauschten gut auf das, was jene sagten:
Der eine griff des Elefanten Ohr

Und redete dem, der ihn fragte, vor:
»Welch eine Form das Riesen-Untier hatte –
Ganz breit und schwer und weit, wie eine Matte!«
Und der den Rüssel griff mit seiner Hand,
Sprach: »Dieses ward mir ganz genau bekannt:
Er ist so lang wie eine Regenrinnen,
Ganz fürchterlich, und auch ganz hohl von innen!«
Und wer berührte von dem Elefanten
Mit seiner Hand die Füße des Giganten,
Der sprach: »So stark und fest ist seine Form
Wie einer kegelförm'gen Säule Norm!«
Denn jeder hatte nur ein Teil berührt –
So waren in die Irre sie geführt,
Befangen in unnützer Phantasie,
Im Sack gefang'ne Idioten sie!
    Denn den Geschöpfen ist Gott nicht bekannt –
    Zu Ihm hat keine Wege der Verstand!

SANA 'I[380]

Mangelndes Vertrauen in der totalitären Orthodoxie der Kirche. Wer immer Gott um Brot bittet, wird keine Steine bekommen. Wenn sich dem, der nach der Wahrheit verlangt, eine Irrlehre zeigt, dann ist dies für ihn ein Schritt auf dem Weg zur Wahrheit, und wenn er weitergeht, wird er sie als eine Irrlehre erkennen. Wer nicht nach der Wahrheit verlangt, irrt sich, aber er irrt sich auch, wenn er das Glaubensbekenntnis aufsagt.

SIMONE WEIL[381]

Mein Herz ward fähig, jede Form zu tragen:
Gazellenweide, Kloster wohlgelehrt,
Ein Götzentempel, Kaaba eines Pilgers,
Der Tora Tafeln, der Koran geehrt:
Ich folg' der Religion der Liebe, wo auch
Ihr Reittier zieht, hab' ich mich hingekehrt!

IBN 'ARABI[382]

Religion

Die hin zur Kaaba pilgern gehn,
wenn nun an ihrem Ziel sie stehn,
In einem Tale ohne Saat
ein altes Haus von Stein sie sehn.
Sie gingen hin, um Gott zu schaun,
und nun ums Haus im Kreis sich drehn.
Wenn sie so lange sich gedreht,
so hören sie die Stimme wehn:
Was, Toren, ruft ihr an den Stein?
Wer wird vom Steine Brot erflehn?
Wenn ihr den Tempel Gottes sucht:
in euren Herzen tragt ihr den!
Wohl dem, der bei sich selbst kehrt ein,
statt pilgernd Wüsten durchzugehn!
Friedrich Rückert: Nachdichtung aus dem Werk Rumis [383]

Jedesmal, wenn ein Mensch mit einem reinen Herzen Osiris, Dionysos, Krishna, Buddha, das Tao usw. anrief, gab der Sohn Gottes ihm Antwort durch die Aussendung des Heiligen Geistes. Und der Geist hat sein Werk an dieser Seele getan, nicht durch eine Aufforderung, ihrer religiösen Überlieferung zu entsagen, sondern dadurch, daß er ihr innerhalb dieser Überlieferung das Licht gab.

Simone Weil [384]

Die traditionelle religiöse Toleranz im Hinduismus erklärt sich daraus, daß alle Götter als Personifizierungen des abstrakt-unpersönlichen Brahma(n), d. h. des ewigen Absoluten und der höchsten nicht-dualen Wirklichkeit, verstanden werden können.

So wie ein und dasselbe Wasser von verschiedenen Menschen je nach ihrer Sprache als »Wasser«, »vâri«, »pâni«, »aqua« bezeichnet wird, so wird auch das eine absolute Wesen von dem einen als Gott, vom andern als Allah, Hari oder Brahma bezeichnet.

In einem Töpferladen gibt es Gefäße von verschiedener Gestalt und Form: Krüge, Tiegel, Schüsseln, Teller usw., aber alle sind aus demselben Ton gemacht. So ist Gott auch einer, wird aber in verschiedenen Zeiten und Ländern unter verschiedenen Namen und in verschiedenen Aspekten verehrt.

Am Hofe des Mahârâja von Bardvan entstand ein Streit darüber, wer größer sei, Shiva oder Vishnu. Einige sagten, Shiva sei größer, andere, Vishnu. Als der Streit hitzig wurde, bemerkte ein Pandit (Gelehrter): »Meine Herren, ich habe weder Shiva noch Vishnu gesehen, wie kann ich also sagen, wer der größere von ihnen ist?« Deshalb versucht nicht, eine Gottheit mit der andern zu vergleichen. Wenn ihr eine von ihnen seht, werdet ihr erkennen, daß sie alle Manifestationen desselben Brahma(n) sind.

An einem heiligen Badeplatz gibt es zahlreiche Treppen (Ghâts), die zum Wasser herabführen. So gibt es auch viele Ghâts zum Wasser des Ewigen. Jede Religion der Erde ist ein solcher Ghât. Gehe mit Ernst und reinem Herzen auf dem einen Ghât, dann wirst du das Wasser des ewigen Heils erreichen. Aber sage nicht, deine Religion sei besser als die andern. [...]

Wenn einer durstig ist, verzichtet er nicht auf Wasser, nur weil es trübe ist, noch gräbt er einen Brunnen, um klares Wasser zu finden. So wird der, der nach Geistigem dürstet, nicht seine (ererbte) Religion aufgeben und eine neue Religion stiften. Ein wirklich durstiger Mensch hat keine Zeit für derartige Überlegungen.

Seid Christen an Barmherzigkeit, Mohammedaner in der strikten Befolgung der gottesdienstlichen Verrichtungen und Hindus in eurer Mildtätigkeit gegen alle Lebewesen.

RAMAKRISHNA[385]

So viele irren auf der Suche nach einem Führer und nach höherer Weisheit von einem Lehrer und einem Ort zum anderen. Sie gleichen dem Manne, der einen Brunnen zu graben begann:

Als er in eine Tiefe von zwanzig Ellen gekommen war und kein Wasser fand, ließ er von der Arbeit ab und versuchte es an einer anderen Stelle. Hier grub er tiefer, fand aber auch dort kein Wasser. Darum wählte er eine dritte Stelle, die ihm günstiger erschien, und grub noch tiefer, jedoch wiederum ohne Erfolg. Schließlich gab er enttäuscht jeden Versuch auf und meinte, es gäbe kein Wasser ...

Die Gesamttiefe der drei Brunnenlöcher betrug fast hundert

Ellen. Hätte der Mann die Geduld gehabt, auch nur die Hälfte der ganzen Arbeit dem ersten Brunnen zu widmen, statt ständig den Ort zu wechseln, hätte er bei seiner Suche nach Wasser Erfolg gehabt.

RAMAKRISHNA[386]

Das Beste

Die eig'ne Meinung hält man für die beste
Und preist sie an als höchste in der Welt;
Die Meinung andrer nennt man minderwertig.
So wird man mit dem Streiten niemals fertig.

Was man bei sich als rühmenswert erachtet
Beim Sehen, Hören, Handeln oder Denken,
Nur das allein will man zur Geltung bringen;
Für minderwertig hält man alles andre.

Auch dieses nennen Edle eine Fessel,
Daß man der andern Meinung niedrig schätzt.
Mit Kulthandlungen, die man sieht und hört,
Soll sich ein Bhikkhu [Mönch] darum nicht befassen.

Auch keine Theorie soll er sich bilden,
Sei's über Weisheit oder Pflichtenlehre;
Er stelle sich nicht selbst als Muster hin
Und schätze nicht danach die andern ab!

Wenn er sich selber aufgibt, frei von Haften,
Braucht er sogar die rechte Lehre nimmer,
Geschweige, daß er einer falschen zustimmt.
Von Dogmen spricht er überhaupt nicht mehr.

Wer kein Verlangen hegt nach neuem Leben
In dieser oder einer andern Welt,
Für den gibt's keine Glaubenssätze mehr;
Er hat sie untersucht und überwunden.

Für das Geseh'ne und Gehörte hat er
Sich keine Theorie zurechtgemacht;
Und einen Weisen, der kein Dogma annimmt,
Was sollte den noch an die Welt hier binden?

Geschäftig sind sie nicht, vergöttern nichts
Und haben keine Dogmen angenommen;
Es gelten keine Regeln für den Weisen;
Er ist am Ziel und kehrt nicht mehr zurück.

SUTTANIPĀTA[387]

Für die Großen des mytischen Weges war ihr Meister Gott

Er, der tausend farbige Welten gemalt hat,
Wie sollte er je meine und deine Farbe kaufen, du Armer!
Diese Farben sind alle nur Einbildung oder Wahn.
Doch er ist ohne Farbe. Seine Farbe muß man haben.

Anzünden und verbrennen will ich diese Konfession und Lehre,
Darbieten die Liebe zu dir statt der Konfession.
Wie lange noch soll ich die Liebe verborgen halten in meinem Herzen?
Ziel meines Weges bist du, nicht Religion ist es und nicht Lehre.

HAMADĪNĪ[388]

Gütesiegel

Ihr seid aufdringliche Frager und bedrängt mich um eine Antwort, die ich nicht versprochen habe. Wie die Braut [im Hohenlied] fragt ihr: »Habt ihr den gesehen, den meine Seele liebt?« (Hld 3,3)

Aber die Braut fragt bescheidener; eher *sucht* sie, als daß sie drängt. Sie weiß, daß nicht für alle und nicht zu jeder Zeit ein Wort über dieses Sehen zur Verfügung steht. Denn wer könnte ihn beschauen, wenn er sein Angesicht verbirgt? Ihr aber bedrängt mich. Ich soll euch das Gesetz verraten, nach dem man den Geliebten schauen kann, und ich soll euch die Spielregel für das Suchen und das Schauen anvertrauen. Was denn? Wollt ihr, daß ich Gottes Freigebigkeit in eine Regel zwänge? Diese Schau ist nicht Ergebnis des Fleißes, sondern der Gnade; der Offenbarung, nicht des Suchens.

GILBERT VON HOYLAND [389]

Nicht durch die Art, wie ein Mensch von Gott spricht, sondern durch die Art, wie er von irdischen Dingen spricht, kann man am besten erkennen, ob seine Seele im Feuer der Liebe zu Gott gewesen ist. Hier ist keine Verkleidung möglich. Es gibt falsche Nachahmungen der Liebe zu Gott, aber nicht der Verwandlung, die er in der Seele bewirkt, denn man hat keinerlei Vorstellung von dieser Verwandlung, wenn man nicht selber durch sie hindurchgegangen ist.

SIMONE WEIL [390]

Hier aber verlangt der Herr nur zwei Dinge von uns: Liebe zu Seiner Majestät und zum Nächsten. Darum haben wir zu ringen. Bewahren wir sie ohne Fehl, so tun wir seinen Willen und sind dadurch eins mit ihm. Doch wie weit sind wir – wie gesagt –

davon entfernt, dieses zweifache Gebot so zu halten, wie wir es einem solch großen Gotte schuldig sind! [...]

Das sicherste Merkmal dafür, daß wir diese zwei Gebote halten, ist meines Erachtens die treue Wahrung der Liebe zum Nächsten. Denn ob wir Gott lieben, kann man nicht wissen (obwohl es deutliche Anzeichen gibt, die es erkennen lassen); aber ob wir unseren Nächsten lieben, das merkt man. Und ihr dürft mir glauben: Je mehr ihr hierin Fortschritte macht, um so tiefer ist eure Liebe zu Gott.

TERESA VON AVILA [391]

Zum Schluß, meine Schwestern, noch den Rat: Bauen wir keine Türme ohne Fundament; denn der Herr sieht nicht so sehr auf die Größe der Werke wie auf die Liebe, mit der sie getan werden. Tun wir, was wir können, so wird seine Majestät es uns schenken, daß wir jeden Tag mehr vermögen. [...]

Möge es seiner Majestät gefallen, meine Schwestern und Töchter, daß wir alle uns dort sehen, wo wir ihn ewig loben. Und mir möge Gott die Gnade schenken, daß ich ein wenig von dem verwirkliche, was ich euch anrate.

TERESA VON AVILA [392]

Beschämung

Einer, dem der Rabbi von Lublin mit der Geißel des Wortes über alle heimlichen Schwächen der Seele fuhr, unterbrach ihn aufbegehrend. »Ihr beschämt mich!« »Beschäme ich dich?« sprach der Zaddik. »Beschäme ich dich, so muß ich um Vergebung bitten.«

Erzählungen der CHASSIDIM [393]

Keine Herzensgüte

Es war in China eine alte Frau, die mehr als zwanzig Jahre lang für einen Mönch gesorgt hatte. Sie hatte ihm eine kleine Hütte gebaut und ihn mit Nahrung versehen, während er meditierte.

Schließlich wollte sie wissen, welche Fortschritte er in all dieser Zeit gemacht hatte.

Um das herauszufinden, erbat sie die Hilfe eines Mädchens, das sehr begehrlich war. »Geh und umarme ihn«, sagte sie zu ihr, »und dann frage ihn plötzlich: ›Was nun?‹«

Das Mädchen ging zu dem Mönch, liebkoste ihn, ohne viel Umstände zu machen, und fragte, was sie nun tun sollten.

»Ein alter Baum wächst auf einem kalten Fels im Winter«, antwortete der Mönch etwas poetisch. »Weit und breit keine Wärme.« Das Mädchen kam zurück und berichtete, was er gesagt hatte.

»Wenn ich bedenke, daß ich diesen Kerl zwanzig Jahre lang gefüttert habe!« rief die alte Frau ärgerlich. »Er zeigte keine Rücksicht auf deine Nöte, keine Neigung, deine Lage zu erklären. Er hätte deine Leidenschaft ja nicht erwidern müssen, aber er hätte zumindest etwas Mitleid bezeigen können.«

Sie begab sich umgehend zu der Hütte des Mönchs und brannte sie nieder.

Zen-Geschichte [394]

Das Gebrechen

Einer kam zum Kozker und brachte sein Leidwesen vor: »Die Leute nennen mich einen Frömmler. Was ist das für ein Gebrechen, das sie mir zuschreiben? Warum ein Frömmler und nicht ein Frommer?«

»Der Frömmler«, erwiderte der Rabbi, »macht aus der Hauptsache der Frömmigkeit eine Nebensache und aus ihrer Nebensache die Hauptsache.«

Erzählungen der CHASSIDIM [395]

Viele seltsame Verhaltensweisen zeigen sich bei jenen, die sich mit diesem falschen Werk oder jedem anderen dieser Art täuschen, im Vergleich zu Gottes wahren Jüngern, die sich in leiblicher und geistiger Hinsicht stets richtig verhalten. Das genaue Gegenteil ist bei diesen anderen der Fall. Könnte man ihnen nämlich zuschauen, wie sie jetzt dasitzen, falls sie nicht gerade schlafen, dann würde man sehen, wie sie mit aufgeschlagenen Augenlidern wie wahnsinnig starren und mit lachender Fratze schauen, als ob sie den Teufel erblickten. […] Manche verdrehen die Augen, als wären sie (durch eine Hirnkrankheit) schwindlig gewordene Schafe und als müßten sie sehr bald sterben. Andere wieder lassen den Kopf zur Seite hängen, als hätten sie einen Wurm im Ohr. Manche piepsen, wenn sie sprechen sollten, als ob sie keine Kraft in ihrem Leib hätten. Und dies ist das typische Verhalten eines Heuchlers. Manche schreien und jammern aus vollem Hals, so eilfertig wollen sie sagen, was sie denken. Und dies ist das typische Verhalten der Schwärmer und solcher, die stets mit Anmaßung und vorwitzigem Verstand Irrtümern nachhängen. […]

Ich behaupte, wenn dieses unschickliche und unmäßige Gebaren einen Menschen so sehr in Beschlag nimmt, daß er durchaus nicht darauf verzichten kann, dann ist dies ein Zeichen des Stolzes, des geistigen Aberwitzes […] und der Ausdruck ungezügelter Lust an der eigenen Zurschaustellung.

Wolke des Nichtwissens [396]

EIN LAIE: Man sagt, Ihr könntet die Gedanken anderer lesen. Ist das so?

BANKEI: In meiner Schule ist kein Platz für absonderliche Dinge dieser Art. […] Aufgrund dessen, was ich den Menschen sage, die mit ihren Anliegen zu mir kommen, meinen viele, ich könne Gedanken lesen. Ich kann es nicht. Ich bin nicht anders als irgendeiner von euch. Wenn ihr im Buddha-Geist zu Hause seid, dem Quell aller übernatürlichen Kräfte des Buddha, so ist alles bereinigt und in vollkommenem Einklang, ohne daß man auf solche Kräfte zurückgreifen müßte. Ich habe es also nicht nötig, mich mit derlei Nebensächlichkeiten abzugeben. Für sein Wirken braucht der ungeborene Dharma [kosmisches Gesetz] nichts weiter als ein direktes persönliches Eingehen auf euch und euer Leben.

MEISTER BANKEI [397]

Wir handeln im Glauben – und es geschehen Wunder. So werden wir versucht, das Wunder zum Glaubensgrund zu machen. Und bezahlen unsere Schwäche mit dem Verlust der Glaubenszuversicht. Glaube ist, er schafft und trägt. Er wird nicht hergeleitet, nicht geschaffen, nicht getragen von irgend etwas anderem als seiner eigenen Wirklichkeit.

DAG HAMMARSKJÖLD[398]

Alle Leidenschaften können Wunder vollbringen. Ein Spieler ist fähig zu wachen und zu fasten, beinahe wie ein Heiliger, er hat Vorwarnungen usw.

Es ist sehr gefährlich, Gott zu lieben, wie ein Spieler das Spiel liebt.

SIMONE WEIL[399]

Die anderen, das sind solche geistlichen Leute, die in großem Ansehen stehen und einen gar großen Namen besitzen und weit über diese äußere Finsternis, so dünket sie, hinausgekommen sind; in ihrem [Seelen-]Grund aber sind sie Pharisäer und voll Eigenliebe und Eigenwillens und so recht ihres Strebens eigener Gegenstand. Diese sind sehr schlecht von außen von den Gottesfreunden zu unterscheiden, weil sie wohl zuweilen mehr Zeit auf äußere Übungen verwenden als die wahren Freunde Gottes, auf Beten, Fasten, Strengheit der Lebensführung; so sind sie von außen nicht leicht zu erkennen; doch der Geist Gottes und der Mensch, in dem der Geist Gottes ist, beurteilt sie richtig. Aber ein äußerer Unterschied trennt sie von den wahren Gottesfreunden: sie sind voll des Urteils über andere Leute und die Freunde Gottes; sich selbst aber beurteilen sie nicht; die wahren Gottesfreunde aber sprechen über niemanden das Urteil außer über sich selbst. Jene suchen in allen Dingen das Ihre; sie denken nur an sich; in allem, bei Gott und bei den Geschöpfen, suchen sie das Ihre. Diese pharisäische Art, auf die sie abzielen, die sie suchen, ist so tief und gründlich in ihrer Natur gefestigt, daß alle Winkel (der Seele) des Menschen voll davon sind; und ebenso leicht könnte man eiserne Berge durchbrechen als dies auf natürlichem Weg überwinden.

[...] Aber leider ist die ganze Welt voll jener Art, und solch großer Schaden ist fern und nahe daraus entstanden, daß den wahren Gottesfreunden das Herz im Leib verdorren und erkalten könnte.

JOHANNES TAULER[400]

Der Mensch ergreife eine gute Weise und bleibe immer dabei und bringe in sie alle guten Weisen ein und erachte sie als von Gott empfangen und beginne nicht heute eines und morgen ein anderes und sei ohne alle Sorge, daß er darin je irgend etwas versäume. Denn mit Gott kann man nichts versäumen; so wenig Gott etwas versäumen kann, so wenig kann man mit Gott etwas versäumen. Darum nimm Eines von Gott, und dahinein ziehe alles Gute.

Erweist sich's aber, daß es sich nicht vertragen will, so daß eines das andere nicht zuläßt, so sei dir dies ein gewisses Zeichen, daß es nicht von Gott herrührt. Ein Gutes ist nicht wider das andere, denn wie unser Herr sagte: »Ein jeglich Reich, das in sich selbst geteilt ist, das muß vergehen« (Lk 11, 17), und wie er ebenfalls sagte: »Wer nicht mit mir ist, der ist wider mich, und wer nicht mir mir sammelt, der zerstreut.« (Lk 11 23) So sei's dir ein gewisses Zeichen: Wenn ein Gutes ein anderes oder gar ein geringeres Gutes nicht zuläßt oder (gar) zerstört, daß es nicht von Gott herrührt. Es sollte (etwas) einbringen und nicht zerstören.

MEISTER ECKEHART[401]

Der Dienst des falschen Gottes [...] läutert das Böse, indem er das Grauen davor beseitigt. Wer ihm dient, dem scheint nichts mehr böse, außer den Verfehlungen im Dienste. Der Dienst des wahren Gottes aber läßt das Grauen vor dem Bösen bestehen, ja, er steigert noch seine Heftigkeit.

SIMONE WEIL[402]

Stille – Schweigen

Gott lobt man in der Stille

Meinst du, o armer Mensch, daß deines Munds Geschrei
Der rechte Lobgesang der stillen Gottheit sei.

ANGELUS SILESIUS[403]

Zu: Ich habe Ruhe gesucht in allen Dingen (Jes Sirach 24,11)

Zum ersten sollen wir wahrnehmen und erkennen, wie das göttliche Antlitz *göttlicher Natur* aller Seelen Verlangen nach sich von Sinnen und toll macht, um sie sich zu sich hin zu ziehen. Denn Gott schmeckt die göttliche Natur, das heißt die Ruhe, so wohl, und sie ist ihm so wohlgefällig, daß er sie aus sich herausgestellt hat, um aller Kreaturen natürliches Begehren zu reizen und an sich zu ziehen. Nicht nur sucht der Schöpfer seine eigene Ruhe damit, daß er sie aus sich herausgestellt und allen Kreaturen angebildet hat, sondern er sucht zugleich alle Kreaturen mit sich wieder in ihren ersten Ursprung, das ist in die Ruhe, zurückzuziehen. Zudem liebt auch Gott sich selbst in allen Kreaturen. Ebenso aber, wie er die Liebe zu sich selbst in allen Kreaturen sucht, so auch sucht er (in ihnen) seine eigene Ruhe. [. . .]

[So auch] sucht die Seele Ruhe in allen ihren Kräften und Bewegungen, der Mensch wisse es oder wisse es nicht. Der Mensch schlägt nimmer das Auge auf noch zu, ohne daß er damit Ruhe sucht; entweder will er etwas von sich werfen, das ihn behindert, oder er will etwas an sich ziehen, worin er ruht. Um dieser beiden Dinge willen tut der Mensch all seine Werke. [. . .]

Der Mensch kann Gott nichts Lieberes bieten als Ruhe. Des Wachens, Fastens, Betens und aller Kasteiungen achtet und bedarf

Gott nicht im Gegensatz zur Ruhe. Gott bedarf nichts weiter, als daß man ihm ein ruhiges Herz schenke: dann wirkt er solche heimliche und göttliche Werke in der Seele, daß keine Kreatur dabei zu dienen oder (auch nur) zuzusehen vermag. [...]

Daß wir die göttliche Gleichheit göttlicher Ruhe so suchen und bei Gott finden mögen, dazu helfe uns Gott. Amen

MEISTER ECKEHART[404]

Jede Bewegung irgendeines Geschaffenen, auch die des Geistes, strebt nach Ruhe und Stille, dem zwangsläufigen Endziel der Geschöpfe. Der Geist aber, der doch etwas Geschaffenes ist, kann durch seine Bewegung keinen Frieden zwischen Geschöpflichem finden. Wenn alles Geschaffene durch seinen Anfang auch ein Ende haben muß, wird notwendig dem Geist die ewige Bewegung entschwinden, die nach ihrem Grund trachtet. Er kann nicht zur Ruhe kommen, zu seinem Ziel finden oder diese ewige Bewegung in sich tragen, solange ihn Endliches und Begrenztes umgibt. Denn solches ist weit entfernt von seiner eigentlichen Natur, die sich in der beständigen Bewegung äußert. Daher kann er nicht Ruhe finden, solange er im Geschaffenen verbleibt. Wo also kann er das ihm Eigentümliche verwirklichen, durch Bewegung zur Ruhe kommen, den Frieden finden, in Gewißheit die Stille erfahren, wenn er nicht ins Unbegrenzte und Ungeschaffene eintritt, in Gott selbst, das übernatürliche Eine? So soll der Geist durch Bewegung zu diesem Einen, Grenzenlosen gelangen, dort die ihm gemäße Stille finden und im geistlichen Frieden verharren. Das ist die durch den Heiligen Geist empfangene Ruhe und Stetigkeit, die unbegrenzte Grenze aller Dinge. In diesem Einen verbleibt dem Geist die Bewegung, denn er ist zum Unendlichen und Unbeschränkten gelangt, zum Form- und Gestaltlosen, zum gänzlich Einfaltigen, zu dem Einen, von dem wir gesprochen haben, Gott.

KALLISTOS KATAPHYGIOTES[405]

Der Schüler: Was ist Stille *(mauna)?* Ist sie in sich voll bewegender Kraft, oder ist sie reine Ruhe und Trägheit?

Der Meister: Sie ist kein Zustand der Trägheit, bar aller Tätigkeit. Jede Betätigung, jeder Vorgang, die außen in der Alltagswelt erfahren werden, sind stoßweise von einzelnen Stücken oder Strecken des Gemüts getragen. Aber die innere Ruhe, in der das Selbst bei sich verharrt *(âtma-vyavahâra)*, oder der Umgang mit dem Selbst, ist eine ununterbrochene Tätigkeit des Gemüts in seiner Gesamtheit. Die Mâyâ, der Schein von Welt und Ich, ist auf keine andere Weise zu vernichtigen als durch diesen einwärtsgewandten Umgang mit dem Selbst, der Tätigkeit im höchsten Sinne ist.

Der Schüler: Was ist Mâyâ?

Der Meister: Mâyâ oder die Gewalt des Scheins bewirkt, daß uns das nicht vorhanden und unwirklich erscheint, was allgegenwärtig und alldurchdringend ist: ganz vollkommen und Licht in sich selbst und in Wahrheit das Selbst, Kern unseres Wesens.

RAMANA MAHARSHI[406]

Ich lieb die Täler, tief und abgelegen,
und auch die Berge. Oft steig ich hinan
die steilen Hänge auf verschlungenen Wegen.
Und seh ich, wie die Bäume wachsend weiten
ihr Laubkleid, wenn die Sommerwinde wehn –
den Quell, aus Felsen sprudelnd, sich verbreiten
zum Bach – das große Werden und Entstehn –,
wie neid ich dann den Dingen ihre Fülle
und der Natur ihr zeitenloses Sein –
und fühl, mein Leben naht der großen Stille,
und eine große Stille hüllt mich ein …

TAO YUANMING[407]

Der Jünger sprach zum Meister:
Wie mag ich kommen zu dem übersinnlichen Leben, daß ich Gott sehe und höre reden?
Der Meister sprach:
Wenn du dich magst einen Augenblick in das schwingen, da keine Kreatur wohnet, so hörest du, was Gott redet.

Der Jünger sprach:
Ist das nahe oder ferne?
Der Meister sprach:
Es ist in dir, und so du magst eine Stunde schweigen von allem deinen Wollen und Sinnen, so wirst du unaussprechliche Worte Gottes hören.
Der Jünger sprach:
Womit soll ich hören und sehen, so er über Natur und Kreatur ist?
Der Meister sprach:
Wenn du stille schweigest, so bist du das, was Gott vor Natur und Kreatur war, daraus er deine Natur und Kreatur schaffete. So hörest und siehest du es mit dem, damit Gott in dir sah und hörete, ehe dein eigen Wollen, Sehen und Hören anfing.

JAKOB BÖHME[408]

Wenn es nur einmal so ganz stille wäre.
Wenn das Zufällige und Ungefähre
verstummte und das nachbarliche Lachen.
Wenn das Geräusch, das meine Sinne machen,
mich nicht so sehr verhinderte am Wachen -:

Dann könnte ich in einem tausendfachen
Gedanken bis an deinen Rand dich denken
und dich besitzen (nur ein Lächeln lang),
um dich an alles Leben zu verschenken
wie einen Dank.

RAINER MARIA RILKE[409]

Nun kommt der Heilige Geist oft in den Menschen, mahnt und treibt ihn an in seinem inneren Grund oder auch durch die Lehrmeister, so als ob er spräche: »Lieber Mensch, wolltest du dich mir überlassen und mir allein voll und ganz folgen, so wollte ich dich auf den rechten Weg bringen; ich könnte in dir wirken und dich selber wirken.«

Ach, es ist wahrlich ein Jammer, daß nur wenige diesem weisen, guten Rat folgen oder ihn auch nur anhören wollen; vielmehr bleibt jeder bei seinem eigenen Vorhaben, seiner eigenen, gewohnten Art und Weise, bei seinen blinden, sinnlichen Werken und seiner Selbstzufriedenheit; das hindert die liebevolle Einwirkung des Heiligen Geistes, daß (der Mensch) dessen Sprache weder hört noch versteht und seinem gütlichen Wirken weder Stätte noch Raum gewährt. Warum (wohl)? Man muß es aussprechen, daß, um das Wort (des Heiligen Geistes) zu vernehmen, man nichts Besseres tun kann, als sich zu besänftigen, zuzuhören, zu schweigen. Soll Gott sprechen, so müssen alle Dinge schweigen. Soll Gott in eigentlicher und edler Weise wirken, so muß ihm eine Stätte, ein Platz eingeräumt werden, und man muß ihn gewähren lassen. Denn zweierlei Werk verträgt sich nicht miteinander. [...]

Wäre der Mensch so beglückt und weise, daß er sich (diesem Ruf) überließe und dem Geist Gottes folgte, seinen Weisungen, seinen Mahnungen, seinem Antrieb sich fügte, das wäre ein köstliches Ding! Aber leider tut das der arme Mensch nicht und bleibt bei seinen äußeren Vorhaben, bei seinen äußeren, sinnlich faßbaren Weisen (der Heiligung), die er sich nach eigenem Gutdünken zurechtgelegt hat.

Versteht das nun nicht so, als ob man gute Vorsätze und Gewohnheiten guter innerlicher Übung nicht haben solle. Aber man soll nicht an ihnen hängen, sondern in ihnen auf den allerliebsten Willen Gottes warten, auf sein Wirken in aller Gelassenheit, und Gottes Tätigkeit nicht zunichte machen in vermessener Selbstgefälligkeit.

Johannes Tauler[410]

Mit Schweigen hört man

Das Wort schallt mehr in dir als in des andern Munde:
So du ihm schweigen kannst, so hörst du es zur Stunde.

Angelus Silesius[411]

Die ganz klare, einfaltige und einförmige Beschauung des Geistes in Gott, die auf jenes eine, göttliche Dunkel und das aus ihm strahlende ewige, unendliche Licht gerichtet ist, bedarf nicht nur des Schweigens des Mundes, sondern auch des Geistes. Schweigt der Mund, so kann im Innern der Geist durchaus tätig sein, mit wechselnden Gedanken und Erwägungen beschäftigt. Dann aber ist er noch weit entfernt vom Aufstieg zum gestaltlosen Dunkel der göttlichen Einheit. Denn das Schauen des Geistes und sein Wirken, das Denken gleichsam ein inneres Sprechen, sind zweierlei. Der Geist, der sich mit Geschöpflichem, Zusammengesetztem oder Mannigfaltigem beschäftigt, beschaut anfangs, danach aber wendet er sich, nun selbst aufgespalten, dem Denken zu. Häufig erwachsen ihm aus einem einzigen Gegenstand zahlreiche Überlegungen. In jenem einen, einfaltigen, innersten, göttlichen Dunkel aber öffnet er den beschauenden Blick, erleuchtet von der Einfaltigkeit des göttlichen Glanzes. Er ist kaum noch zu denken bereit; denn jene Einfaltigkeit entzieht sich der Veränderung und Zersplitterung des Geistes, und jenes Dunkel kann nicht durch Worte gedanklich umschrieben oder mündlich ausgedrückt werden. Wer zu dem herrlichsten Einen, dem göttlichen Dunkel geistlich aufgestiegen ist, schweigt daher natürlich mit Mund und Geist.

KALLISTOS KATAPHYGIOTES[412]

Die Hauptwirkung des Unglücks besteht darin, die Seele zu dem Schrei: »warum?« zu zwingen, wie Christus ihn selber tat. [...] Es gibt keinerlei Antwort. Fände man eine tröstliche Antwort, hätte man sie zuvor für sich selbst erdichtet. [...] Meinte das Wort »Warum« die Suche nach einer Ursache, erschiene die Antwort leicht. Aber es meint die Suche nach einem Zweck. Das ganze Universum ist leer von Zweckmäßigkeit. Die Seele, die aus ihrem Zerrissensein von Unglück ohne Unterlaß nach diesem Zweck schreit, rührt an diese Leere. Gibt sie es nicht auf zu lieben, gelangt sie eines Tages dahin, nicht eine Antwort auf ihre hinausgeschrieene Frage, denn die gibt es nicht, aber das Schweigen selbst als ein unendlich Bedeutungsvolles als eine Antwort, als das Wort Gottes selbst, zu hören.

SIMONE WEIL[413]

Mitgefühl

Wer der Sonne und Gotte gleicht

Wer alln sein Gut mitteilt, alln nutzt und alle liebt,
Ist wie der Sonne Licht und Gott, der alln sich giebt.

Angelus Silesius[414]

Das Mitleid ist natürlich für den Menschen, wenn das Hindernis des Gefühls des Ich abgeschafft ist. Übernatürlich ist nicht das Mitleid, sondern diese Abschaffung.

Simone Weil[415]

Wie kann also das Herz der Tiere von dem der Menschen so gar verschieden sein? Ihre Gestalt und Sprache sind von denen der Menschen verschieden, und wir wissen nicht das Geheimnis, mit ihnen umzugehen. [...] Die Denkart der Tiere ist von Natur gleichartig mit der des Menschen. Sie alle streben nach Erhaltung des Lebens und borgen doch nicht diese ihre Denkart vom Menschen. Männchen und Weibchen paaren sich. Die Mütter und die Jungen lieben einander. Sie meiden die Ebene und suchen Schutz auf steilen Felsen. Sie kehren sich ab von der Kälte und kommen zur Wärme. Sie wohnen in Herden und wandern in Zügen. Die Kleinen halten sich innen, die Starken halten sich außen. Sie führen einander zur Tränke, und wenn es zu fressen gibt, rufen sie die Herde. [...] Alle Geschlechter von Fleisch und Blut sind in der Denkart des Herzens nicht gar weit verschieden.

Liä Dsï[416]

Die Freude der Fische

Dschuang Dsï ging einst mit Hui Dsï spazieren am Ufer eines Flusses.

Dschuang Dsï sprach: »Wie lustig die Forellen aus dem Wasser herausspringen! Das ist die Freude der Fische.«

Hui Dsï sprach: »Ihr seid kein Fisch, wie wollt Ihr denn die Freude der Fische kennen?«

Dschuang Dsï sprach: »Ihr seid nicht ich, wie könnt Ihr da wissen, daß ich die Freude der Fische nicht kenne?«

Hui Dsï sprach: »Ich bin nicht Ihr, so kann ich Euch allerdings nicht erkennen. Nun seid Ihr aber sicher kein Fisch, und so ist es klar, daß Ihr nicht die Freude der Fische kennt.«

Dschuang Dsï sprach: »Bitte laßt uns zum Ausgangspunkt zurückkehren! Ihr habt gesagt: Wie könnt Ihr denn die Freude der Fische erkennen? Dabei wußtet Ihr ganz gut, daß ich sie kenne, und fragtet mich dennoch. Ich erkenne die Freude der Fische aus meiner Freude beim Wandern am Fluß.«

DSCHUANG DSÏ [417]

Im Reisiggewirr
der Fischreuse – gezwungen,
    ihr Leben zu fristen:
die Weißfische kindlichen Herzens,
                    wie wir!
Was läßt sich daran schon ändern?

ISSA [418]

Nun ist Lust doch zunächst nur als »meine« Lust, Unlust nur als »meine« Unlust da und gegenwärtig, Freude nur, insofern sie mich beglückt, Leid nur, insofern es mich quält. Aber gerade um dieser Ichbezogenheit willen werden die Gefühle dem Erleuchteten verdächtig. Solange solche Gefühle in der Ichbezogenheit stehen- und steckenbleiben, sind sie oberflächliche Erscheinungen, die mit dem Grunde seiner Existenz nichts zu tun haben. Erst dann rühren sie ihn an und bewegen ihn in den letzten Tiefen seines Daseins, wenn er sie in einer unbeschreiblich einleuchtenden Weise des Verstehens als Ausdruck der Lust und Qual überhaupt, nicht als seines persönlichen Daseins, zu fühlen imstande ist. Dann weiß er, daß nicht »er« es ist, der sich freut oder leidet in der Weise eines höchst individuellen und verhängnisvoll subjektiven Geschehnisses, das in der Welt nicht zählt, sondern daß vielmehr die Welt, das umfassende Sein des Seienden es ist, das in ihm und durch ihn hindurch sich freut oder leidet. Was damit gemeint ist, wird man so lange mißverstehen als man glaubt, dieses Seinsgefühl komme als Ergebnis einer denkenden Interpretation zustande, als sei also die Reflexion seine Wurzel. Davon kann keine Rede sein. [...] Das wortlose Gefühl jedoch, wenn es keine oberflächliche Rührung, sondern der Tiefe des menschlichen Herzens entsprungen ist, dringt über alle Schranken hinweg ins Innere auch der stummen Geschöpfe und ergreift ihr verborgenes Wesen, so daß der Mensch, jäh betroffen von dem, was sich ihm eröffnet, der grenzenlosen Verwandtschaft alles Lebendigen ansichtig wird, die sein Verstand nicht einsieht und sein Ichbewußtsein nicht wahrhaben will.

EUGEN HERRIGEL[419]

Wir sind so weich, daß wir heute glauben, das Mitleid sei etwas Einfaches und die Härte etwas Schwieriges und Verdienstvolles.

SIMONE WEIL[420]

Gewalttat

Da alle Schläge scheu'n und vor dem Tode beben,
Bedenk': dir selbst geht's so! Drum schone andrer Leben!

Da alle Schläge scheu'n und sind des Lebens froh,
Verkürz' ihr Leben nicht! Bedenk': auch dir geht's so!

Wer andre Wesen quält, die auch nach Wohlsein streben,
So wie er selbst, der hat kein Glück im nächsten Leben.

Wer andre Wesen schont, die auch nach Wohlsein streben,
So wie er selbst, der findet Glück im nächsten Leben.

DHAMMAPADA [421]

Der Weise hat alles gemein

Der Weise, was er hat, hat alls mit alln gemein:
Wie da? Er schätzet alls, sich selbst auch nicht für sein.

ANGELUS SILESIUS [422]

Die Lebewesen groß und klein,
Ihr Leib sei grob, ihr Leib sei fein,
Sie sei'n beweglich oder nicht,
Ob sichtbar oder außer Sicht,
Von dieser oder jener Art,
In Zukunft oder Gegenwart:
Es werde allen höchstes Heil
Und ihres Herzens Glück zuteil!

Die Mutter schützt den eig'nen Sohn,
Auch wenn ihr Todesqualen drohn.
Solch einer wahren Liebe Geist
Zeigt allem, was lebendig heißt!

Ein Wohlwollen, das unbeschränkt,
Entfaltet still in euch versenkt,
Von Haß und aller Feindschaft frei,
Nach welcher Seite es auch sei.

SUTTANIPĀTA [423]

Eine zarte kleine Taube bemerkte eines Tages ein Bergfeuer, das viele Quadratmeter Wald verbrannte. Die Taube suchte auf irgendeine Weise die schreckliche Feuersbrunst auszulöschen, aber ein so kleiner zarter Vogel konnte nichts tun. Sie wußte sehr wohl, daß sie nicht zu helfen vermochte und konnte doch nicht tatenlos bleiben.

In unbezähmbarem Mitleid begann sie zwischen dem brennenden Berg und einem weit entlegenen Teich hin- und herzufliegen, jedesmal mit einigen wenigen Tropfen Wasser in ihren Flügeln.

Zen-Geschichte [424]

Im Werk Hildegards von Bingen rechtfertigt sich die in personifzierter Form auftretende Herzenshärte. Die Tugend der Barmherzigkeit hält die Gegenrede.

Die Herzenshärte spricht:

»Warum sollte ich mich um etwas bemühen oder gar kümmern? So was werde ich schön bleibenlassen. Ich kann mich für niemanden stärker einsetzen, als es auch mir nützlich sein kann. [...] Würde ich nämlich immer nur solches Mitleid in mir hegen, daß ich rein gar nicht mehr zur Ruhe käme, was würde dann von mir selber noch übrigbleiben? Was für ein Leben müßte ich führen, wenn ich auf alle Stimmen der Freude oder Trauer antworten wollte! Ich weiß nur von meiner eigenen Existenz; möge auch jeder andere wissen, wer er ist!«

Die Barmherzigkeit antwortet:

»O du versteinertes Wesen, was behauptest du denn da? Die Kräuter bieten einander den Duft ihrer Blüten; ein Stein strahlt seinen Glanz auf die andern, und jedwede Kreatur hat einen Urtrieb nach liebender Umarmung. [...] Ich bin in Luft und Tau und in aller grünenden Frische ein überaus liebliches Heilkraut. Übervoll ist mein Herz, jedwedem Hilfe zu schenken. Ich war schon zugegen, als das »Es werde!« erscholl, aus dem alle Welt hervorging. [...] Mit liebendem Auge berücksichtige ich alle Lebensnöte und fühle mich allen verbunden. Den Gebrochenen helfe ich auf und führe sie zur Gesundung. Eine Salbe bin ich für jeden Schmerz.«

Hildegard von Bingen [425]

Das Elend der Armen soll dir zu Bewußtsein kommen, das Weinen der Waisen, die Verlassenheit der Witwen, die Niedergeschlagenheit der Traurigen, die Entbehrungen der Pilger, die Gefahren der Seereisenden, die Gelübde der Jungfrauen, die Anfechtungen der Mönche, die Verantwortung der Prälaten, die Strapazen der Soldaten.

Allen öffne dein liebendes Herz; für sie vergieß deine Tränen, für sie trage deine Bitten vor Gott.

Dieses Almosen ist Gott besonders teuer, Christus besonders angenehm, deiner Berufung besonders angemessen und denen, für die du es darbringst, besonders fruchtbar. Es stört nicht die Ruhe des Herzens, sondern bewahrt sie.

AELRED VON RIEVAULX[426]

Die Segenshand

Dann lehnte sich die Seele an die Brust ihres sie liebenden Herrn und lobte ihn aus allen ihren Kräften, Sinnen und Regungen: in ihm selbst und durch ihn selbst. Und je mehr sie, ihm anhängend, ihn lobte, desto mehr schwand sie in sich selbst zusammen und ward zu nichts. Wie schmelzendes Wachs im Feuer, so schmolz sie in sich selbst und ging über in Gott, ihm selig geeint und verkettet durch das Band unlöslicher Einung. Von da aus wünschte sie, daß alle im Himmel und auf Erden der Gnade Gottes teilhaft würden. Und so ergriff sie die Hand des Herrn und machte mit ihr ein so großes Kreuzzeichen, daß Himmel und Erde davon erfüllt schienen. Aus ihm ward die Freude der Himmlischen vermehrt, den Schuldigen Vergebung zuteil, den Trauernden Tröstung, den Gerechten wurde Stärke und Ausdauer gegeben.

MECHTHILD VON HACKEBORN[427]

Zum Schluß

Freund, es ist auch genug! Im Fall du mehr willst lesen,
So geh und werde selbst die Schrift und selbst das Wesen.

ANGELUS SILESIUS[428]

Redaktionshinweis: Eckige Klammern und kursive Textpassagen bezeichnen Anmerkungen der Herausgeberin.

Verzeichnis der wichtigsten Personen und Werke

'ABD AL-QĀDIR AL-ǦĪLĪ (gest. 561/1166): Sufi-Scheich und Prediger.

AELRED VON RIEVAULX (um 1109–1166): Englischer Zisterzienserabt.

ANGELUS SILESIUS oder JOHANNES SCHEFFLER (1624–1677): Aus lutherischer Familie in Breslau. 1653 Konversion zum Katholizismus, in der Gegenreformation aktiv.

ANSĀRI, 'ABDALLĀH-I (gest. 1089): Lehrer und Schriftsteller des Sufismus aus Harāt.

ARNIM, BETTINE VON (1785–1859): Dichterin.

'ATTAR, FARIDUDDIN (gest. 1220?): Lebte als Drogist in Nischapur. Persischer Dichter und Mystiker.

AUDEN, WYSTAN HUGH (1907–1973): Englischer Schriftsteller.

BANKEI EITAKU (1622–1693): Japanischer Zen-Meister der Rinzai-Schule.

BALDUIN VON FORD (um 1140–1191): Englischer Zisterzienserabt; ab 1184 Erzbischof von Canterbury.

BUBER, MARTIN (1878–1965): Jüdischer Religionsphilosoph, der die Zeugnisse des Chassidismus (Mystik des osteuropäischen Judentums, ab etwa Mitte 18. Jh.) sammelte.

BERNHARD VON CLAIRVAUX (1090–1153): Französischer Zisterzienserabt, der die Ausbreitung seines Ordens mit Nachdruck betrieb. Mystiker und Kirchenpolitiker von machtvollem Einfluß auf seine Epoche.

BÖHME, JAKOB (1575–1624): Gelernter Schuster in Görlitz. Autodidaktische Studien. Trotz eines durch den orthodoxen lutherischen Pfarrer erwirkten Schreibverbotes, Niederschrift seiner Werke.

BUNAN, SHIDO (1602–1676): Japanischer Zen-Meister der Rinzai-Schule.

CELAN, PAUL (Paul Antschel, 1920–1970): Geboren in der Ukraine, Sohn deutschsprachiger jüdischer Eltern; Lyriker.

CH'ENG HAO (11. Jh.): Chinesischer Dichter.

DARA SHIKOH (1615–1659): Ältester Sohn des Mogulherrschers Schah Dschahan (Erbauer des Tadsch Mahal) und Verfasser zahlreicher Werke in der sufischen Tradition. Als Ketzer hingerichtet.

DHAMMAPADA (Pfad der Lehre): Teil der fünften Sammlung (Khuddakanikāya) des zweiten Korbes (Kompendium) der in Pāli (ind. Dialekt) überlieferten Lehre Buddhas.

DHU'N NUN (gest. 859): Islamischer Mystiker aus Oberägypten.

DIONYSIUS AREOPAGITA; auch: Pseudodionysius Areopagita (2. Hälfte 5. Jh.):

Unbekannter Philosoph, der fälschlich als Schüler des Paulus galt. Seine Schriften genossen im Mittelalter hohes Ansehen.

DOGEN (1200–1253): Bedeutender japanischer Zen-Meister, der die Sōtō-Schule des Zen von China nach Japan brachte.

DSCHUANG DSÏ (Chuang-tzu, Tschuang-tse; 2. Hälfte 4. Jh. v. Chr.): Chinesischer Philosoph und Poet, Kritiker des Konfuzianismus und Vertreter des frühen philosophischen Taoismus.

DÜRCKHEIM, KARLFRIED GRAF (1896–1988): Entwickelte eine existentialpsychologische Lehre, die christlich-mystische und zen-buddhistische Elemente einschließt.

FRANZ VON SALES (1567–1622): Französischer Ordensstifter und Verfasser theologisch-mystischer Schriften.

GILBERT VON HOYLAND (gest. 1172): Zisterzienser, Abt des englischen Klosters Swineshead.

GRYPHIUS, ANDREAS (1616–1664): Dramatiker und Lyriker des Barock.

HAMADĪNĪ (gest. 1131): Persischer Sufi, Liebesmystiker. Wurde in seiner Heimatstadt Hamadan als Ketzer hingerichtet.

HAKUIN (1686–1769): Bedeutender japanischer Zen-Meister der Rinzai-Schule.

HAMMARSKJÖLD, DAG (1905–1961): Generalsekretär der Vereinten Nationen. Mystische Schriften im Nachlaß.

HERRIGEL, EUGEN (1884–1955): Philosoph. Professor in Deutschland und Japan. Autor bedeutender Zen-Schriften.

HESSE, HERMANN (1877–1962): Deutscher Dichter, 1946 Nobelpreis für Literatur.

HILDEGARD VON BINGEN (1098–1179): Benediktinerin. Verfaßte mehrere Schriften, die ihr in Visionen offenbart wurden.

HIROHATA, JOWA (geb. 1889): Meister des Ikebana (Kunst des Blumenstellens) in Kyoto.

HUONG HAI (1627–1715): Vietnamesischer Meditationsmeister in zen-buddhistischer Tradition.

IBN 'ARABI, MUHYINDDIN (gest. 1240): Spanisch-arabischer Sufi-Mystiker und Gelehrter.

ISSA (Kobayashi Yatarô), 1763–1827: Japanischer Dichter.

JOHANNES VON FORD (1140–1214): Ab 1191 Abt des englischen Zisterzienserklosters Ford.

JOHANNES VOM KREUZ (Juan de la Cruz, 1542–1591): Spanischer Mystiker und Dichter. Karmeliter, Reformator des Karmeliterordens.

JULIANA VON NORWICH (um 1343–nach 1416): Inklusin in einer Zelle neben der St.-Julian-Kirche in Norwich, deren Werk im Kern in der Niederschrift ihrer Visionen besteht.

KASCHNITZ, MARIE LUISE (1901–1974): Schriftstellerin, Verfasserin von Romanen, Erzählungen, Essays und Gedichten.

Kataphygiotes, Kallistos (wohl 14.–15. Jh.): Wahrscheinlich ein in Zurückgezogenheit lebender byzantinischer Mönch.

Khawāja Mī Dard (gest. 1785): Islamischer Mystiker und Poet in Delhi.

Krishnamurti, Jiddu (1895–1986): In Madanpalle, Indien, geborener Brahmanensohn. Philosoph und Gelehrter, der zahlreiche Reisen unternahm. Sein Werk besteht vor allem aus Reden und aufgezeichneten Gesprächen.

Laotse, (Laozi, d.h. »Alter Meister«, 4./3. Jh. v. Chr.?): Chinesischer Philosoph, Begründer des philosophischen Taoismus.

Liä Dsi (Meister Liä): Taoistischer Philosoph, dem traditionell ›Das wahre Buch vom quellenden Urgrund‹ zugeschrieben wird, das allerdings erst später (etwa um 350) entstanden ist.

Margareta Porete (gest. 1310): Vagierende (umherziehende und predigende) Begine, d.h. Angehörige einer nicht den klassischen Orden zugehörenden religiösen Frauengemeinschaft. Beginen galten vielfach als der Ketzerei verdächtig. M. starb in Paris auf dem Scheiterhaufen.

Maximos der Bekenner (um 580–662): Aus vornehmer Familie in Konstantinopel. Sekretär des Kaisers Herakleios, ab 614 Mönch. 655 als Ketzer verbannt, 662 verstümmelt und erneut verbannt, 680 rehabilitiert.

Mechthild von Magdeburg (um 1208–1282 od. 1297): Begine und Autorin des ersten großen Werkes der deutschen (d.h. in der Volkssprache verfaßten) Mystik. 1270 mußte sie sich wegen Anfeindungen in den Schutz des Zisterzienserinnenklosters Helfta zurückziehen.

Mechthild von Hackeborn (1241/42–1299): Nonne des Zisterzienserinnenklosters in Helfta.

Meister Eck(e)hart (um 1260–1328): Gelehrter des Dominikanerordens. Er starb auf dem Weg nach (oder in) Avignon, dem damaligen Sitz des Papstes, wohin er sich wegen eines gegen ihn eingeleiteten Inquisitionsverfahrens begeben hatte. 1329 Verurteilung verschiedener Sätze aus seinem Werk als ketzerisch.

Nikolaus von Kues (1401–1464): Philosoph und Theologe, seit 1448 Kardinal, 1450 Bischof von Brixen. Beeinflußt von Meister Eckehart.

Nishitani, Keiji (1900–1990): Japanischer Philosoph der Schule von Kyoto. Sein Werk ist von der abendländischen Religionsphilosophie und insbesondere vom Zen-Buddhismus beeinflußt.

Pascal, Blaise (1623–1662): Französischer Mathematiker, Physiker und Religionsphilosoph.

Po Shan (1575–1630): Chinesischer Zen Meister.

Rabi 'a al- 'Adawiyya (gest. 801): Islamische Mystikerin aus Basra, von der einige Gedichte überliefert sind.

Ramakrishna (1836–1886): Hinduistischer Heiliger und Reformer. Brahmane und Verehrer der Göttin Kali, der die Gleichberechtigung der Religionen lehrte.

RAMANA MAHAR(I)SHI (1879–1950): Bedeutender hinduistischer Heiliger, dessen Lehre vor allem in aufgezeichneten Gesprächen erhalten ist.

RILKE, RAINER MARIA (1875–1926): Österreichischer Schriftsteller und Lyriker.

RÜCKERT, FRIEDRICH (1788–1866): Orientalist und Dichter, Übersetzer der persisch-arabischen Dichtung.

RUMI, MAULANA DSCHALALUDDIN (1207–1273): Geboren in Balch (heute Afghanistan), gest. in Konya (heute Türkei). Bedeutendster Dichter der persisch-islamischen Mystik. Sein Sohn Sultan Walad organisierte in Konya den Orden der »Tanzenden Derwische«.

RŪZIBIHĀN (gest 1209): Verfasser mehrerer poetischer sufischer Werke in persischer Sprache.

SANA'I, ABU'L-MADSCHD MADSCHDUD (gest. 1131): Persischer Hofdichter in Ghazna (Afghanistan), Mystiker.

SEUSE, HEINRICH (um 1295–1366): Dominikaner in Konstanz. Schüler Meister Eckeharts.

STAREZ, SILUAN (1866–1938): Mönch vom Berg Athos.

STEIN, EDITH (1891–1942 in Auschwitz ermordet): Philosophin. Tochter eines jüdischen Kaufmanns, konvertierte 1922 zum Katholizismus, ab 1933 Karmelitin.

SU TUNG-P'O (1037–1101): Chinesischer Dichter.

SUTTANIPĀTA (Suttenbruchstrücke): Teil der fünften Sammlung (Khuddakanikāya) des zweiten Korbes der Lehre Buddhas.

TAGORE, RABINDRANATH (1861–1941): Indischer Dichter und Philosoph, erhielt 1913 den Nobelpreis für Literatur.

TAO YUANMING, (365?–427): Chinesischer Dichter.

TAULER, JOHANNES (um 1300–1361): Geboren in Straßburg, Dominikaner, Schüler Meister Eckeharts.

TERSTEEGEN, GERHARD (1697–1769): Kaufmannslehre in Mühlheim/Ruhr. Dichter und evangelischer Mystiker.

TERESA (Theresia) VON AVILA (von Jesu); 1515–1582: Spanische Karmelitin, Ordensreformatorin und Verfasserin mystischer Schriften.

THERESE VON LISIEUX (1872–1897): Französische Karmelitin. Verfasserin von Gedichten, Briefen und ihren Lebenserinnerungen.

THICH NHAT HANH (geb. 1926 in Vietnam): Buddhistischer Mönch, Zen-Meister und Friedensaktivist.

UDĀNA (Aussprüche Buddhas): Teil der fünften Sammlung (Khuddakanikāya) des zweiten Korbes der Lehre Buddhas.

WALSER, ROBERT (1878–1956): Schweizer Schriftsteller.

WEIL, SIMONE (1909–1943): Französische Philosophin und Mystikerin. Die geborene Jüdin verstand sich als Christin, entschied sich jedoch aufgrund ihrer Kritik an der Kirche als Institution gegen eine Konversion zum Katholizismus.

WELTE, BERNHARD (1906–1983): Religionsphilosoph. Vertreter eines katholischen Existentialismus.

WILHELM VON SAINT-THIERRY (1070/75–1148): Zuerst Benediktiner, dann Zisterzienser. Enger Freund Bernhards von Clairvaux.

WITTGENSTEIN, LUDWIG (1889–1951): Österreichischer Philosoph. Vertreter einer kritischen Sprachphilosophie.

WOLKE DES NICHTWISSENS (um 1350/80): Von einem anonymen Engländer verfaßte Schrift über die Kontemplation.

Anmerkungen

I Tao Te King, S. 18.
II Die Mystik der Weltreligionen, S. 24.
III Die Mystik der Weltreligionen, S. 56.
IV Die chassidische Botschaft. In: Martin Buber. Werke III. München, Heidelberg 1963, S. 804.
V Predigten und Traktate, S. 309.

1 Über die Religion, S. 77 ff.
2 Buber: Die Erzählungen, S. 361.
3 Das Herz von Buddhas Lehre, S. 30.
4 Cherubinischer Wandersmann, S. 41.
5 Das wahre Buch vom südlichen Blütenland, S. 254.
6 Cherubinischer Wandersmann, S. 52.
7 Über die Religion, S. 93.
8 Fragen und Antworten, S. 73 f.
9 Cherubinischer Wandersmann, S. 287.
10 Predigten, Bd. 2, S. 555 f.
11 Gotteserfahrung und Weg in die Welt, S. 74 f.
12 Cherubinischer Wandersmann, S. 346.
13 In: Chang Chung-yuan: Tao, Zen und schöpferische Kraft, S. 150.
14 Predigten, Bd. 2, S. 560.
15 Gotteserfahrung und Weg in die Welt, S. 77 f.
16 Das fließende Licht der Gottheit, S. 298.
17 Cherubinischer Wandersmann, S. 201.
18 Das wahre Buch vom südlichen Blütenland, S. 245 f.
19 Tao Te King, S. 35.
20 Predigten, Bd. 1, S. 40 f.
21 Predigten, Bd. 2, S. 336 f.
22 Cherubinischer Wandersmann, S. 192.
23 In: Gramlich: Islamische Mystik, S. 145.
24 Cherubinischer Wandersmann, S. 204.
25 Leben – Gleichnis – Wort, S. 13 f.
26 In: Gramlich: Islamische Mystik, S. 118.
27 Cherubinischer Wandersmann, S. 200.
28 In: Zimmer: Der Weg zum Selbst, S. 129.
29 Predigten, Bd. 2, S. 384 ff.
30 Die Morgenröte bricht an, S. 42.
31 Cherubinischer Wandersmann, S. 134.

[32] In: Reps: Ohne Worte – ohne Schweigen, S. 72 f.
[33] Gotteserfahrung und Weg in die Welt, S. 101.
[34] Gotteserfahrung und Weg in die Welt, S. 168 f.
[35] Kreuzeswissenschaft, S. 140 f.
[36] Vermischte Bemerkungen, S. 140.
[37] Goethes Briefwechsel mit einem Kinde, S. 396.
[38] Buber: Die Erzählungen, S. 232.
[39] In: Schmidt: Brücken der Einheit von Ost und West, S. 24 ff.
[40] Cherubinischer Wandersmann, S. 333.
[41] Vorchristliche Schau, S. 123.
[42] Schwerkraft und Gnade, S. 58.
[43] Das wahre Buch vom südlichen Blütenland, S. 131.
[44] In: Zimmer: Der Weg zum Selbst, S. 178.
[45] In: Zimmer: Der Weg zum Selbst, S. 199 f.
[46] Gitanjali (Sangesopfer), S. 29.
[47] Deutsche Predigten und Traktate, S. 323 ff.
[48] Zeichen am Weg, S. 78 f.
[49] Udāna, II, 1. In: Sprüche und Lieder, S. 56.
[50] Zeichen am Weg, S. 133.
[51] Das wahre Buch vom südlichen Blütenland, S. 176.
[52] In: Ausgewählte Werke, Bd. 2, S. 20 f.
[53] Cherubinischer Wandersmann, S. 450.
[54] Buber: Die Erzählungen, S. 543.
[55] Schwerkraft und Gnade, S. 168.
[56] In: Dahme: Byzantinische Mystik, Bd. 1, S. 111.
[57] In: Dahme: Byzantinische Mystik, Bd. 2, S. 89.
[58] Cherubinischer Wandersmann, S. 343.
[59] Cherubinischer Wandersmann, S. 445.
[60] In: Gramlich: Islamische Mystik, S. 96.
[61] Cherubinischer Wandersmann, S. 290.
[62] Leben – Gleichnis – Wort, S. 28.
[63] In: Gramlich: Islamische Mystik, S. 131.
[64] Eine Anthologie, S. 325.
[65] Predigten, Bd. 1, S. 55 f.
[66] Cherubinischer Wandersmann, S. 290.
[67] Predigten und Traktate, S. 97 f.
[68] Das wahre Buch vom quellenden Urgrund, S. 44.
[69] In: Schimmel: Gärten der Erkenntnis, S. 223.
[70] Cherubinischer Wandersmann, S. 70.
[71] Schwerkraft und Gnade, S. 158.
[72] Cahiers, Bd. 2, S. 40.
[73] In: Reps: Ohne Worte – ohne Schweigen, S. 21.

74 Eine Anthologie, S. 323.
75 Von Allem und vom Einen, S. 71 f.
76 Das wahre Buch vom südlichen Blütenland, S. 183 f.
77 Das wahre Buch vom südlichen Blütenland, S. 185.
78 In: Schmidt: Brücken der Einheit, S. 18.
79 Vermischte Bemerkungen, S. 73.
80 Schwerkraft und Gnade, S. 158.
81 Gotteserfahrung und Weg in die Welt, S. 108 f.
82 Die Zen-Lehre des Ungeborenen, S. 147.
83 In: Schmid: Die Mystik der Weltreligionen, S. 27.
84 Predigten und Traktate, S. 430.
85 Zeugnis für das Gute, S. 50.
86 Fragen und Antworten, S. 70 ff.
87 Schwerkraft und Gnade, S. 165.
88 Cahiers, Bd. 4, S. 118 f.
89 Cahiers, Bd. 3, S. 111.
90 Gotteserfahrung und Weg in die Welt, S. 244.
91 Schwerkraft und Gnade, S. 88.
92 Gotteserfahrung und Weg in die Welt, S. 80.
93 Die innere Burg, S. 31 f.
94 Zeichen am Weg, S. 150.
95 Das Buch von der mystischen Kontemplation, S. 60.
96 Buber: Die Erzählungen, S. 217.
97 Cahiers, Bd. 2, S. 325.
98 Die Schriften des honigfließenden Lehrers, S. 302 f.
99 In: Aldinger: »Was ist die ewige Wahrheit?«, S. 141.
100 Mönch vom Berg Athos, S. 53.
101 Das wahre Buch vom quellenden Urgrund, S. 66.
102 Deutsche mystische Schriften, S. 175.
103 Predigten und Traktate, S. 55 f.
104 Cherubinischer Wandersmann, S. 64.
105 Predigten, Bd. 1, S. 267.
106 Sieh! Das ist Liebe, S. 96.
107 Predigten und Traktate, S. 57.
108 Predigten und Traktate, S. 287 f.
109 In: Kemp: Deutsche geistliche Dichtung, S. 320.
110 In: Schimmel: Sufi – Liebe zu dem Einen, S. 126 f.
111 Cherubinischer Wandersmann, S. 95.
112 Deutsche mystische Schriften, S. 360 ff.
113 In: Reps: Ohne Worte – ohne Schweigen, S. 35.
114 Cherubinischer Wandersmann, S. 41.
115 Das wahre Buch vom südlichen Blütenland, S. 99.

[116] Das Herz von Buddhas Lehre, S. 106.
[117] Das wahre Buch vom südlichen Blütenland, S. 163.
[118] In: Dumoulin: Zen, S. 168.
[119] In: Aldinger: »Was ist die ewige Wahrheit?«, S. 158.
[120] Schlüssel zum Zen, S. 56.
[121] Cherubinischer Wandersmann, S. 122.
[122] Cherubinischer Wandersmann, S. 139.
[123] In: Ausgewählte Werke, Bd. 2, S. 23 f.
[124] Von Allem und vom Einen, S. 107.
[125] Cherubinischer Wandersmann, S. 442.
[126] In: Zimmer: Der Weg zum Selbst, S. 178.
[127] Zeichen am Weg, S. 150.
[128] Der Spaziergang. In: Das Gesamtwerk, S. 257.
[129] Werke Bd. 3, S. 376.
[130] Deutsche mystische Schriften, S. 192.
[131] Predigten, Bd. 2, S. 501.
[132] Zeugnis für das Gute, S. 43.
[133] In: Aldinger: »Was ist die ewige Wahrheit?«, S. 132.
[134] Zen und Wir, S. 40 f.
[135] Cherubinischer Wandersmann, S. 384.
[136] Cherubinischer Wandersmann, S. 372.
[137] Buber: Die Erzählungen, S. 473.
[138] Predigten und Traktate, S. 78 f.
[139] Predigten, Bd. 2, S. 507.
[140] In: Reps: Ohne Worte – ohne Schweigen, S. 91 f.
[141] Buber: Die Erzählungen, S. 647.
[142] Predigten und Traktate, S. 58 ff.
[143] Die Zen-Lehre des Ungeborenen, S. 42 f.
[144] In: Shibayama: Zen, S. 56.
[145] In: Shibayama: Zen, S. 31 f.
[146] Eine Anthologie, S. 312.
[147] Das Stundenbuch, S. 21 f.
[148] Goethes Briefwechsel mit einem Kinde, S. 74 f.
[149] Schwerkraft und Gnade, S. 204.
[150] Steppenwolf, S. 34.
[151] Cahiers, Bd. 3, S. 250.
[152] Buber: Die Erzählungen, S. 821.
[153] Buber: Die Erzählungen, S. 785.
[154] Cherubinischer Wandersmann, S. 443.
[155] Gesammelte Werke, Bd. 5, S. 306.
[156] In: Shibayama: Zen, S. 103.
[157] In: Aldinger: »Was ist die ewige Wahrheit?«, S. 39 f.

158 In: Kemp: Deutsche geistliche Dichtung, S. 427.
159 In: Schmidt: Brücken der Einheit, S. 28.
160 Über die Religion, S. 93 f.
161 In: Shibayama: Zen, S. 155.
162 In: Kemp: Deutsche geistliche Dichtung, S. 220.
163 Cahiers, Bd. 2, S. 24.
164 In: Beck: Einfach Zen, S. 178.
165 Cherubinischer Wandersmann, S. 180.
166 Cahiers, Bd. 3, S. 311.
167 In: Schellenberger: Ein Lied, das nur die Liebe lehrt, S. 184.
168 In: Schmidt: Brücken der Einheit, S. 19 f.
169 Cherubinischer Wandersmann, S. 383.
170 Das Leben der heiligen Theresia, S. 432.
171 Predigten, Bd. 2, S. 362 ff.
172 Buber: Die Erzählungen, S. 542.
173 Das wahre Buch vom südlichen Blütenland, S. 281.
174 Predigten und Traktate, S. 63.
175 Predigten und Traktate, S. 94.
176 Das wahre Buch vom südlichen Blütenland, S. 203 f.
177 Das wahre Buch vom südlichen Blütenland, S. 225.
178 Predigten, Bd. 1, S. 93.
179 Philothea, S. 157 f.
180 Deutsche mystische Schriften, S. 93 f.
181 Cahiers, Bd. 3, S. 103.
182 Dhammapada 198–202. In: Schmidt: Sprüche und Lieder, S. 30.
183 Buber: Die Erzählungen, S. 766.
184 Cherubinischer Wandersmann, S. 335.
185 In: Gramlich: Islamische Mystik, S. 135.
186 Predigten und Traktate, S. 100.
187 In: Walf: Tao für den Westen, S. 105.
188 Der Spiegel der einfachen Seelen, S. 82.
189 Zeichen am Weg, S. 125.
190 Buber: Die Erzählungen, S. 771.
191 In: Shibayama: Zen, S. 42.
192 Theotimus, S. 12.
193 Cahiers, Bd. 2, S. 30.
194 In: Ausgewählte Werke, Bd. 2, S. 15.
195 Cherubinischer Wandersmann, S. 377.
196 Cahiers, Bd. 3, S. 141.
197 Cahiers, Bd. 3, S. 148.
198 Wo Freude ihre Feste feiert, S. 107 f.
199 In: Aldinger: »Was ist die ewige Wahrheit?«, S 136.

200 In: Dumoulin: Zen, S. 161 f.
201 Das wahre Buch vom quellenden Urgrund, S. 40 f.
202 Das wahre Buch vom quellenden Urgrund, S. 132 f.
203 Das wahre Buch vom südlichen Blütenland, S. 86.
204 Symphonia, S. 37.
205 Gitanjali (Sangesopfer), S. 64.
206 Predigten und Traktate, S. 386.
207 Die innere Burg, S. 62.
208 Cherubinischer Wandersmann, S. 155.
209 Buber: Die Erzählungen, S. 133 f.
210 In: Schimmel: Gärten der Erkenntnis, S. 21.
211 Gotteserfahrung und Weg in die Welt, S. 97.
212 In: Schellenberger: Ein Lied, das nur die Liebe lehrt, S. 62.
213 Der Spiegel der einfachen Seelen, S. 123.
214 Eine Offenbarung göttlicher Liebe, S. 142 ff.
215 Predigten und Traktate, S. 109.
216 Sieh! Das ist Liebe, S. 25.
217 Cherubinischer Wandersmann, S. 354.
218 In: Schellenberger: Ein Lied, das nur die Liebe lehrt, S. 85 f.
219 In: Schimmel: Rumi. Ich bin Wind, S. 188.
220 Das fließende Licht der Gottheit, S. 76 ff.
221 Zeichen am Weg, S. 73.
222 Cahiers, Bd. 3, S. 152 f.
223 Buber: Die Erzählungen, S. 516.
224 Cherubinischer Wandersmann, S. 81.
225 Das Unglück und die Gottesliebe, S. 138.
226 Cahiers, Bd. 1, S. 211.
227 Schwerkraft und Gnade, S. 20.
228 Cahiers, Bd. 2, S. 65.
229 Buber: Die Erzählungen, S. 290.
230 Buber: Die Erzählungen, S. 533.
231 Cherubinischer Wandersmann, S. 92.
232 Tao Te King, S. 54.
233 Von Allem und vom Einen, S. 79.
234 Buber: Die Erzählungen, S. 472 f.
235 Von Allem und vom Einen, S. 321 f.
236 In: Schmidt: Brücken der Einheit, S. 28.
237 Predigten, Bd. 2, S. 583.
238 Predigten und Traktate, S. 358.
239 Gotteserfahrung und Weg in die Welt, S. 131 f.
240 Das Herz von Buddhas Lehre, S. 251.
241 In: Schellenberger: Ein Lied, das nur die Liebe lehrt, S. 40 f.

242 In: Reps: Ohne Worte – ohne Schweigen, S. 45 f.
243 Buber: Die Erzählungen, S. 192.
244 In: Schimmel: Rumi. Ich bin Wind, S. 208.
245 Licht und Reigen, S. 33.
246 Die Morgenröte bricht an, S. 70 f.
247 In: Schellenberger: Ein Lied, das nur die Liebe lehrt, S. 63 f.
248 In: Bürgel: Licht und Reigen, S. 40.
249 In: Schimmel: Gärten der Erkenntnis, S. 28.
250 Symphonia, S. 109.
251 Deutsche mystische Schriften, S. 307 f.
252 Cherubinischer Wandersmann, S. 311.
253 Das wahre Buch vom quellenden Urgrund, S. 179.
254 Cherubinischer Wandersmann, S. 278.
255 In: Schimmel: Gärten der Erkenntnis, S. 125 f.
256 Buber: Die Erzählungen, S. 272.
257 Predigten, Bd. 1, S. 188 ff.
258 Buber: Die Erzählungen, S. 568.
259 Buber: Die Erzählungen, S. 793.
260 In: Sieh! Das ist Liebe, S. 98.
261 Buber: Die Erzählungen, S. 620.
262 Das fließende Licht der Gottheit, S. 254.
263 Buber: Die Erzählungen, S. 476.
264 Das wahre Buch vom südlichen Blütenland, S 135 f.
265 Buber: Die Erzählungen, S. 263.
266 In: Aldinger: »Was ist die ewige Wahrheit?«, S. 138.
267 Buber: Die Erzählungen, S. 477 f.
268 In: Reps: Ohne Worte – ohne Schweigen, S. 84.
269 Buber: Die Erzählungen, S. 752.
270 Das wahre Buch vom südlichen Blütenland, S. 292.
271 Von Allem und vom Einen, S. 253 f.
272 Gotteserfahrung und Weg in die Welt, S. 103 f.
273 Der Mensch in der Verantwortung, S. 94 u. 113 f.
274 Das wahre Buch vom quellenden Urgrund, S. 138 f.
275 Cahiers, Bd. 1, S. 325.
276 In: Aldinger: »Was ist die ewige Wahrheit?«, S. 117.
277 Dhammapada 3–5. In: Glasenapp: Der Pfad zur Erleuchtung, S. 95.
278 In: Dahme: Byzantinische Mystik, Bd. 1, S. 104.
279 Dhammapada 33–43. In: Schmidt: Sprüche und Lieder, S. 16.
280 Schwerkraft und Gnade, S. 111.
281 Briefwechsel, S. 199 f.
282 In: Buber: Der Weg des Menschen, S. 44 ff.
283 Predigten und Traktate, S. 72.

[284] Buber: Die Erzählungen, S. 208.
[285] Buber: Die Erzählungen, S. 257 f.
[286] Cahiers, Bd. 2, S. 20.
[287] Cherubinischer Wandersmann, S. 65.
[288] In: Schmidt: Brücken der Einheit, S. 26.
[289] Cherubinischer Wandersmann, S. 319.
[290] Predigten und Traktate, S. 73.
[291] Predigten und Traktate, S. 78.
[292] Von Allem und vom Einen, S. 113.
[293] Cahiers, Bd. 4, S. 128.
[294] Buber: Die Erzählungen, S. 753.
[295] Cherubinischer Wandersmann, S. 453.
[296] Schwerkraft und Gnade, S. 99.
[297] Von Allem und vom Einen, S. 132.
[298] Schwerkraft und Gnade, S. 86.
[299] Buber: Die Erzählungen, S. 272.
[300] In: Dahme: Byzantinische Mystik, Bd. 2, S. 124.
[301] Gotteserfahrung und Weg in die Welt, S. 191 f.
[302] Gotteserfahrung und Weg in die Welt, S. 195.
[303] Cahiers, Bd. 4, S. 158 f.
[304] Cahiers, Bd. 3, S. 377.
[305] Cahiers, Bd. 2, S. 97.
[306] Schwerkraft und Gnade, S. 25.
[307] In: Reps: Ohne Worte – ohne Schweigen, S. 58.
[308] Die Zen-Lehre des Ungeborenen, S. 54.
[309] Schwerkraft und Gnade, S. 102
[310] Cherubinischer Wandersmann, S. 145.
[311] In: Bürgel: Licht und Reigen, S. 64.
[312] Das wahre Buch vom südlichen Blütenland, S. 189.
[313] Cherubinischer Wandersmann, S. 451.
[314] Das wahre Buch vom quellenden Urgrund, S. 84.
[315] Buber: Die Erzählungen, S. 622.
[316] Buber: Die Erzählungen, S. 662 f.
[317] Cahiers, Bd. 2, S. 140.
[318] Vermischte Bemerkungen, S. 136.
[319] Buber: Die Erzählungen, S. 626.
[320] Schwerkraft und Gnade, S. 175.
[321] Zeugnis für das Gute, S. 94.
[322] Schwerkraft und Gnade, S. 176.
[323] Zeichen am Weg, S. 32.
[324] Schwerkraft und Gnade, S. 151.
[325] Das dialogische Prinzip, S. 245.

326 Cahiers, Bd. 4, S. 56.
327 In: Garma C. C. Chang: Die Praxis des Zen, S. 101.
328 In: Dumoulin: Zen, S. 256 f.
329 Was ist Religion?, S. 60 f.
330 In: Bürgel: Licht und Reigen, S. 148.
331 Sieh! Das ist Liebe, S. 85 f.
332 Cherubinischer Wandersmann, S. 37.
333 Deutsche mystische Schriften, S. 24 f.
334 Deutsche mystische Schriften, S. 232 ff.
335 Cherubinischer Wandersmann, S. 303.
336 Das Leben der heiligen Theresia, S. 209 f.
337 In: Zimmer: Der Weg zum Selbst, S. 129.
338 In: Schmidt: Brücken der Einheit, S. 34.
339 Cherubinischer Wandersmann, S. 59.
340 Die Morgenröte bricht an, S. 48.
341 Cherubinischer Wandersmann, S. 246.
342 Predigten, Bd. 2, S. 419.
343 Der Spiegel der einfachen Seelen, S. 47.
344 Cherubinischer Wandersmann, S. 306.
345 Ich schaute Gott im Schweigen, S. 70 f.
346 Cherubinischer Wandersmann, S. 346.
347 Das Stundenbuch, S. 37.
348 Das Buch von der mystischen Kontemplation, S. 36 f.
349 Dunkle Nacht, S. 2.
350 Vom Sehen Gottes, S. 30 f.
351 In: Bürgel: Licht und Reigen, S. 73.
352 Predigten und Traktate, S. 435 f.
353 Das fließende Licht der Gottheit, S. 377.
354 Selbstbiographie, S. 219 f.
355 Zeugnis für das Gute, S. 16.
356 Schwerkraft und Gnade, S. 156.
357 Cahiers, Bd. 2, S. 193 f.
358 In: Schimmel: Rumi. Ich bin Wind, S. 169.
359 Gotteserfahrung und Weg in die Welt, S. 196.
360 Von Allem und vom Einen, S. 304
361 Zeugnis für das Gute, S. 46 f.
362 In: Schimmel: Rumi, Ich bin Wind, S. 152 f.
363 Cherubinischer Wandersmann, S. 102.
364 Cahiers, Bd. 3, S. 150.
365 Schwerkraft und Gnade, S. 24 f.
366 Das wahre Buch vom südlichen Blütenland, S. 62.
367 Predigten, Bd. 2, S. 314 f.

[368] Cahiers, Bd. 3, S. 346.
[369] Predigten und Traktate, S. 331 f.
[370] Cherubinischer Wandersmann, S. 58.
[371] In: Welte: Das Licht des Nichts, S. 54.
[372] Gedichte, Bd. 1, S. 244.
[373] Das Licht des Nichts, S. 52 f.
[374] Was ist Religion?, S. 43.
[375] Tao Te King, S. 18.
[376] Das wahre Buch vom quellenden Urgrund, S. 42.
[377] In: Debon: Mein Haus liegt menschenfern, S. 290.
[378] Cahiers, Bd. 1, S. 367.
[379] Entscheidung zur Distanz, S. 53.
[380] In: Schimmel: Gärten der Erkenntnis, S. 97 f.
[381] Cahiers, Bd. 2, S. 137.
[382] In: Schimmel: Gärten der Erkenntnis, S. 143.
[383] Ausgewählte Werke, Bd. 2, S. 22.
[384] Entscheidung zur Distanz, S. 23.
[385] In: Glasenapp: Indische Geisteswelt, S. 292 f.
[386] In: Schmidt: Brücken der Einheit, S. 23.
[387] Suttanipāta 798–803. In: Schmidt: Sprüche und Lieder, S. 56.
[388] Gramlich: Islamische Mystik, S. 118.
[389] In: Schellenberger: Ein Lied, das nur die Liebe lehrt, S. 129.
[390] Cahiers, Bd. 4, S. 137.
[391] Die innere Burg, S. 99.
[392] Die innere Burg, S. 214 f.
[393] Buber: Die Erzählungen, S. 478.
[394] In: Reps: Ohne Worte – ohne Schweigen, S. 26 f.
[395] Buber: Die Erzählungen, S. 790.
[396] Das Buch von der mystischen Kontemplation, S. 120 ff.
[397] Die Zen-Lehre des Ungeborenen, S. 78 f.
[398] Zeichen am Weg, S. 127.
[399] Schwerkraft und Gnade, S. 79.
[400] Predigten, Bd. 1, S. 70 f.
[401] Predigten und Traktate, S. 92 f.
[402] Schwerkraft und Gnade, S. 220.
[403] Cherubinischer Wandersmann, S. 85.
[404] Predigten und Traktate, S. 366 f.
[405] In: Dahme: Byzantinische Mystik, Bd. 2, S. 125.
[406] In: Zimmer: Der Weg zum Selbst, S. 230.
[407] In: Walf: Tao für den Westen. S. 103.
[408] Die Morgenröte bricht an, S. 114.
[409] Das Stundenbuch, S. 13 f.

410 Predigten, Bd. 2, S. 343 ff.
411 Cherubinischer Wandersmann, S. 98.
412 In: Dahme: Byzantinische Mystik, Bd. 2, S. 131 f.
413 Vorchristliche Schau, S. 149 f.
414 Cherubinischer Wandersmann, S. 423.
415 Cahiers, Bd. 4, S. 62.
416 Das wahre Buch vom quellenden Urgrund, S. 68.
417 Das wahre Buch vom südlichen Blütenland, S. 192.
418 Mein Frühling, S. 52.
419 Herrigel: Der Zen-Weg, S. 92 f.
420 Cahiers, Bd. 3, S. 217.
421 Dhammapada 129–132. In: Schmidt: Sprüche und Lieder, S. 149.
422 Cherubinischer Wandersmann, S. 454.
423 Suttanipāta 146 ff. In: Glasenapp: Der Pfad zur Erleuchtung, S. 96.
424 In: Shibayama: Zen, S. 152.
425 Der Mensch in der Verantwortung, S. 33 f.
426 In: Schellenberger: Ein Lied, das nur die Liebe lehrt, S. 123.
427 Das Buch vom strömenden Lob, S. 89.
428 Cherubinischer Wandersmann, S. 461.

Quellen

ALDINGER, MARCO: »Was ist die ewige Wahrheit?« »Geh weiter!«. Zen-Geschichten vom Festhalten und Loslassen. Freiburg u. a. 1998. © 1998 Verlag Herder, Freiburg.

ANGELUS SILESIUS, d. i. JOHANNES SCHEFFLER: Cherubinischer Wandersmann oder geistreiche Sinn- und Schlußreime. Herausgegeben von Louise Gnädinger. 2. Aufl. Zürich (Manesse Verlag) 1989.

ARNIM, BETTINE VON: Goethes Briefwechsel mit einem Kinde. Herausgegeben von Waldemar Oehlke. Frankfurt a. M. (Insel Verlag) 1984.

BANKEI, MEISTER B.: Die Zen-Lehre des Ungeborenen. Aus den japanischen Quellen herausgegeben von Norman Waddell, übersetzt aus dem Englischen von Jochen Eggert. München (O. W. Barth Verlag) 1988. © 1988 für alle deutschsprachigen Rechte Scherz Verlag, Bern u. a. für den O. W. Barth Verlag.

BECK, CHARLOTTE JOKO: Einfach Zen. Übersetzt von Bettine Braun. München 1995. © 1995 Droemer Knaur Verlag, München.

BERNHARD VON CLAIRVAUX: Die Schriften des honigfließenden Lehrers. Übersetzt von Agnes Wolters. Bd. 5. Wittlich (Georg Fischer Verlag) 1937.

BERNHARD VON CLAIRVAUX: Gotteserfahrung und Weg in die Welt. Übersetzt von Bernhardin Schellenberger. Olten, Freiburg (Walter Verlag) 1982. © 2002 Patmos Verlag, Düsseldorf.

BÖHME, JAKOB: Die Morgenröte bricht an. Zeugnisse der Naturfrömmigkeit und der Christuserkenntnis. Ausgewählt und eingeleitet von Gerhard Wehr. Freiburg 1983. © 1983 Verlag Herder, Freiburg.

BUBER, MARTIN: Das dialogische Prinzip. 5. Aufl. Heidelberg (Verlag Lambert Schneider) 1984. © 2002 Gütersloher Verlagshaus GmbH, Gütersloh.

BUBER, MARTIN: Der Weg des Menschen nach der chassidischen Lehre. Gerlingen (Verlag Lambert Schneider) 1994. © 2002 Gütersloher Verlagshaus GmbH, Gütersloh.

BUBER, MARTIN: Die Erzählungen der Chassidim. 10. Aufl. Zürich 1987. © 1949 Manesse Verlag, Zürich.

CELAN, PAUL: Gedichte. 2 Bde. Frankfurt a. M. (Suhrkamp Verlag) 1975. © 1963 S. Fischer Verlag GmbH (Paul Celan: Die Niemandsrose), Frankfurt a. M.

CHANG CHUNG-YUAN: Tao, Zen und schöpferische Kraft. Übersetzt von Stephan Schumacher. 7. Aufl. München (Eugen Diederichs Verlag) 1995. © 2002 Heinrich Hugendubel Verlag, Kreuzlingen, München.

CHANG GARMA C. C.: Die Praxis des Zen. 2. Aufl. Braunschweig 1993. © 1993 Aurum Verlag im J. Kamphausen Verlag.

DAHME, KLAUS: Byzantinische Mystik. Ein Textbuch aus der ›Philokalia‹. Bd. 1 und 2. Salzburg 1989 und 1995. © 1989, 1995 Otto Müller Verlag, Salzburg.

Das Buch von der mystischen Kontemplation, genannt ›Die Wolke des Nichtwissens‹, worin die Seele sich mit Gott vereint. Übertragen und eingeleitet von Wolfgang Riehle. 6. Aufl. Freiburg 1999. © 1999 Johannes Verlag Einsiedeln, Freiburg.

DEBON, GÜNTHER: Mein Haus liegt menschenfern doch nah den Dingen. Dreitausend Jahre chinesische Poesie. München (Eugen Diederichs Verlag) 1988. © 2002 Heinrich Hugendubel Verlag, Kreuzlingen, München.

DIONYSIUS AREOPAGITA: Ich schaute Gott im Schweigen. Übersetzt von Volkmar Keil. Freiburg 1985. © 1985 Verlag Herder, Freiburg.

DSCHUANG DSÏ: Das wahre Buch vom südlichen Blütenland. Aus dem Chinesischen übertragen und erläutert von Richard Wilhelm. 8. Aufl. München (Eugen Diederichs Verlag) 1994. © 2002 Heinrich Hugendubel Verlag, Kreuzlingen, München.

DÜRCKHEIM, KARLFRIED GRAF: Zen und Wir. Weilheim (O. W. Barth Verlag) 1972. © 1976 für alle deutschsprachigen Rechte Scherz Verlag, Bern u. a. für den O. W. Barth Verlag.

DUMOULIN, HEINRICH: Zen. Geschichte und Gestalt. Bern (Francke Verlag) 1959.

ECKEHART, MEISTER E.: Deutsche Predigten und Traktate. Herausgegeben und übersetzt von Josef Quint. Zürich (Diogenes Verlag) 1979. © 1995 Carl Hanser Verlag, München, Wien.

FRANZ VON SALES: Philothea. Einführung in das Leben aus christlichem Glauben. Übersetzt von Franz Reisinger. Eichstätt, Wien 1990. © 1990 Franz-Sales-Verlag, Eichstätt.

FRANZ VON SALES: Theotimus. Übersetzt von J. P. Silbert. Bd. 6, München 1822.

GLASENAPP, HELMUTH VON (Hg.): Der Pfad zur Erleuchtung. Grundtexte der buddhistischen Heilslehre. Übersetzt von Helmuth von Glasenapp. Düsseldorf (Eugen Diederichs Verlag) 1956. © 2002 Heinrich Hugendubel Verlag, Kreuzlingen, München.

GLASENAPP, HELMUTH VON: Indische Geisteswelt. Bd. 1: Glaube und Weisheit der Hindus. Baden-Baden (Holle Verlag) 1958.

GRAMLICH, RICHARD: Islamische Mystik. Sufische Texte aus zehn Jahrhunderten. Stuttgart u. a. 1992. © 1992 Kohlhammer Verlag, Stuttgart.

HAMMARSKJÖLD, DAG: Zeichen am Weg. Übersetzt von Anton Graf Knyphausen. München, Zürich 1965. © 1965 für die deutsche Ausgabe Droemer Knaur Verlag, München.

HERRIGEL, EUGEN: Der Zen-Weg. Aufzeichnungen aus dem Nachlaß. Herausgegeben von Hermann Tausend. Weilheim (O. W. Barth Verlag) 1964. © 1964 für alle deutschsprachigen Rechte Scherz Verlag, Bern u. a. für den O. W. Barth Verlag.

HESSE, HERMANN: Der Steppenwolf. Frankfurt a. M. 1955. © 2001 Suhrkamp Verlag, Frankfurt a. M.

HILDEGARD VON BINGEN: Briefwechsel. Übersetzt von Adelgundis Führkötter. Salzburg 1965, 2. Aufl. 1990. © 1990 Otto Müller Verlag, Salzburg.

HILDEGARD VON BINGEN: Mensch in der Verantwortung. Übersetzt von Heinrich Schipperges. Salzburg 1972, 3. Aufl. 1993. © 1993 Otto Müller Verlag, Salzburg.

HILDEGARD VON BINGEN: Symphonia. Gedichte und Gesänge. Lateinisch und Deutsch. Von Heinrich Schipperges und Walter Berschin. Gerlingen (Verlag

Lambert Schneider) 1995. © 2002 Wissenschaftliche Buchgesellschaft, Darmstadt.

ISSA: Mein Frühling. Aus dem Japanischen übertragen von G. S. Dombrady. München (dtv-Manesse) 1996. © 1983 Manesse Verlag, Zürich.

JOHANNES VOM KREUZ: Dunkle Nacht. Übersetzt von P. Aloysius ab immac. Conceptione. Sämtliche Werke in fünf Bänden, Bd. 2. Darmstadt (Wissenschaftliche Buchgesellschaft) 8. Aufl. 1987. © 1987 Kösel Verlag, München.

JULIANA VON NORWICH: Eine Offenbarung göttlicher Liebe. Herausgegeben und übertragen von Anna Maria Reynolds. Freiburg u. a. 1959. © Verlag Herder, Freiburg.

KASCHNITZ, MARIE LUISE: Gesammelte Werke, Bd. 5. Frankfurt a. M. (Insel Verlag) 1985. © 1965 Claassen Verlag (Marie Luise Kaschnitz: Überallnie. Ausgewählte Gedichte 1928–1965), jetzt München.

KEMP, FRIEDHELM (Hg.): Deutsche geistliche Dichtung. München (Deutscher Taschenbuch Verlag) 1987.

KRISHNAMURTI, JIDDU: Fragen und Antworten. Übersetzt von Ingeborg Freifrau von Massenbach. München 1985. © 1982 by Krishnamurti Foundation Trust Ltd., Beckenham, Kent. © 1985 der deutschsprachigen Ausgabe Wilhelm Goldmann Verlag, München, einem Unternehmen der Verlagsgruppe Random House GmbH.

LAOTSE: Tao Te King. Das Buch des Alten vom Sinn und Leben. Aus dem Chinesischen übertragen und erläutert von Richard Wilhelm. Jena (Eugen Diederichs Verlag) 1919. © 2002 Heinrich Hugendubel Verlag, Kreuzlingen, München.

LIÄ DSI: Das wahre Buch vom quellenden Urgrund. Die Lehren der Philosophen Liä Yü Kou und Yang Dschu. Aus dem Chinesischen übertragen und erläutert von Richard Wilhelm. 5. Aufl. München (Eugen Diederichs Verlag) 1996. © 2002 Heinrich Hugendubel Verlag, Kreuzlingen, München.

MARGARETA PORETE: Der Spiegel der einfachen Seelen. Übersetzt von Louise Gnädinger. Zürich, München (Artemis Verlag) 1987. © 2002 Patmos Verlag, Düsseldorf.

Mechthild von Hackeborn: Das Buch vom strömenden Lob. Übersetzt von Hans Urs von Balthasar. 3. Aufl. Freiburg 1993. © 1993 Johannes Verlag Einsiedeln, Freiburg.

Mechthild von Magdeburg: Das fließende Licht der Gottheit. Eingeführt von Margot Schmidt, mit einer Studie von Hans Urs von Balthasar. Einsiedeln u. a. (Benziger Verlag) 1955. © 2002 Patmos Verlag, Düsseldorf.

Nikolaus von Kues: Vom Sehen Gottes. Ein Buch mystischer Betrachtung. Übersetzt von Dietlind und Wilhelm Dupré. Zürich, München (Artemis Verlag) 1987. © 1987 Verlag Herder, Freiburg.

Nishitani, Keiji: Was ist Religion? Übersetzt von Dora Fischer-Barnicol. Frankfurt a. M. 1982. © 1982 Insel Verlag, Frankfurt a. M.

Pascal, Blaise: Pensées. Über die Religion und einige andere Gegenstände. Vollständige Ausgabe. Übertragen und herausgegeben von Ewald Wasmuth. 9. Aufl. Heidelberg (Verlag Lambert Schneider) 1994. © 2002 Wissenschaftliche Buchgesellschaft, Darmstadt.

Ramakrishna: Leben – Gleichnis – Wort. Ausgewählt und übersetzt von Ursula Mangoldt. Weilheim (O. W. Barth Verlag) 1963. © Rechte an der deutschen Übersetzung (Leben & Gleichnis) Scherz Verlag, Bern u. a. für den O. W. Barth Verlag.

Reps, Paul (Hg.): Ohne Worte – ohne Schweigen. 101 Zen-Geschichten und andere Zen-Texte aus vier Jahrtausenden. München (O. W. Barth Verlag) 1999. © 1976 für alle deutschsprachigen Rechte Scherz Verlag, Bern u. a. für den O. W. Barth Verlag.

Rilke, Rainer Maria: Das Stundenbuch. Frankfurt a. M. (Insel Verlag) 1972.

Rückert, Friedrich: Werke, Bd. III. Herausgegeben von Edgar Groß und Elsa Hertzer. Hildesheim (Georg Olms Verlag) 1979, Nachdruck der Ausgabe Berlin 1910.

Rückert, Friedrich: Nachdichtungen aus dem Werk Dschelaladdin Rumis. In: Ausgewählte Werke. Bd. 2. Herausgegeben von Annemarie Schimmel. Frankfurt a. M. (Insel Verlag) 1988.

Rumi, Dschelaladdin: Von Allem und vom Einen. Fīhī mā fīhī. Aus dem Persischen und Arabischen von Annemarie Schimmel. München (Eugen

Diederichs Verlag) 1995. © 2002 Heinrich Hugendubel Verlag, Kreuzlingen, München.

RUMI, DSCHELALUDDIN: Sieh! Das ist Liebe. Gedichte. Aus dem Persischen von Annemarie Schimmel. Basel (Sphinx Verlag) 1993. © 2002 Heinrich Hugendubel Verlag, Kreuzlingen, München.

RUMI, DSCHALALUDDIN: Licht und Reigen. Gedichte aus dem Diwan des größten mystischen Dichters persischer Zunge. Ausgewählt, übertragen und erläutert von Johann Christoph Bürgel. Frankfurt a. M. (Verlag Peter Lang) 1974.

SCHELLENBERGER, BERNHARDIN (Hg.): Ein Lied, das nur die Liebe lehrt. Texte der frühen Zisterzienser. Übersetzt von Bernhardin Schellenberger. Freiburg 1981, 2. Aufl. 1984. © 1984 Verlag Herder, Freiburg.

SCHIMMEL, ANNEMARIE: Gärten der Erkenntnis. Das Buch der vierzig Sufi-Meister. 3. Aufl. München (Eugen Diederichs Verlag) 1999. © 2002 Heinrich Hugendubel Verlag, Kreuzlingen, München.

SCHIMMEL, ANNEMARIE: Rumi. Ich bin Wind und du bist Feuer. Leben und Werk des großen Mystikers. 8. Aufl. München (Eugen Diederichs Verlag) 1995. © 2002 Heinrich Hugendubel Verlag, Kreuzlingen, München.

SCHIMMEL, ANNEMARIE: Sufi. Liebe zu dem Einen. Texte aus der mystischen Tradition des Islam. München (Heyne Verlag) 1986. © 1986 Patmos Verlag, Düsseldorf.

SCHMID, GEORG: Die Mystik der Weltreligionen. Eine Einführung. Stuttgart (Kreuz Verlag) 1990.

SCHMIDT, KARL OTTO: Brücken der Einheit von Ost und West. Ramakrishna, Vivekananda Ramdas und Omkar als Lehrer neuen Denkens. München (Drei Eichen Verlag) 1970.

SCHMIDT, KURT (Hg.): Sprüche und Lieder. Dhammapada – Das Buch der Sprüche; Udana – Aphorismen Buddhas; Aus Suttanipata und Theragatha. Übersetzt von Kurt Schmidt. Konstanz (Verlag Christiani) 1954.

SEUSE, HEINRICH: Deutsche mystische Schriften. Übersetzt von Georg Hofmann. Düsseldorf 1986. © 1986 Patmos Verlag, Düsseldorf.

SHIBAYAMA ZENKEI: Zen. Eine Blume spricht ohne Worte. Frankfurt a. M. (Suhrkamp Verlag) 1995. © 1989 für alle deutschsprachigen Rechte (Eine Blume lehrt ohne Worte) Scherz Verlag, Bern u. a. für den O. W. Barth Verlag.

STAREZ, SILUAN: Mönch vom Berg Athos. Sein Leben und seine Lehre. Mystische Schriften. Eingeleitet und herausgegeben von Manfred Baumotte. Zürich, Düsseldorf (Benziger Verlag) 1999. © 1999 Patmos Verlag, Düsseldorf.

STEIN, EDITH: Kreuzeswissenschaft. Freiburg u. a. 1983. © 1990 Verlag Herder, Freiburg.

TAGORE, RABINDRANATH: Gitanjali (Sangesopfer). Übersetzt von Marie Luise Gothein. München (Kurt Wolff Verlag) 1921.

TAGORE, RABINDRANATH: Eine Anthologie. Herausgegeben von Amiya Chakravarty, übersetzt von Emil Engelhardt. Freiburg (Hyperion Verlag) 1961.

TAGORE, RABINDRANATH: Wo Freude ihre Feste feiert. Gedichte und Lieder. Übersetzt und eingeleitet von Martin Kämpchen. Freiburg 1990. © 1990 Verlag Herder, Freiburg.

TAULER, JOHANNES: Predigten. 2 Bde. Übertragen und herausgegeben von Georg Hofmann. 3. Aufl. Freiburg 1987. © 1987 Johannes Verlag Einsiedeln, Freiburg.

TERESA VON AVILA: Die innere Burg. Herausgegeben und übersetzt von Fritz Vogelgsang. Zürich 1979. © 1979 für die deutsche Übersetzung Diogenes Verlag AG, Zürich.

THERESIA VON JESU (AVILA): Das Leben der heiligen Theresia von Jesu. Übersetzt von Aloysius Alkofer. Sämtliche Schriften der hl. Theresia von Jesu Bd. 1. 7. Aufl. München, Kempten 1989 © 1989 Kösel Verlag, München.

THERESE VON LISIEUX: Selbstbiographie. Übersetzt von Otto Iserland. 12. Aufl. 1991, 14. Aufl. 1998. © 1998 Johannes Verlag Einsiedeln, Freiburg..

THICH NHAT HANH: Schlüssel zum Zen. Der Weg zu einem achtsamen Leben. Übersetzt von Bernhardin Schellenberger. Freiburg, u. a. 1997, 3. Aufl. 2000. © 2000 Verlag Herder, Freiburg.

THICH NHAT HANH: Das Herz von Buddhas Lehre. Leiden verwandeln – Die

Praxis des glücklichen Lebens. Übersetzt von Irene Knauf. Freiburg u. a. 1999, 2. Aufl. 2001. © 2001 Verlag Herder, Freiburg.

Walf, Knut (Hg.): Tao für den Westen. Eine Hinführung. Ausgewählte Texte, eingeleitet von Knut Walf. München 1989. © 1989 Kösel Verlag, München.

Walser, Robert: Das Gesamtwerk. Herausgegeben von Jochen Greven. Bd. 3. Genf und Hamburg (Verlag Helmut Kossodo) 1967. © 1978 für das Gesamtwerk Suhrkamp Verlag Zürich, Frankfurt a. M., mit Genehmigung der Inhaberin der Rechte, der Carl Seelig-Stiftung, Zürich.

Weil, Simone: Cahiers 1–4. Aufzeichnungen. 4 Bde. Herausgegeben und aus dem Französischen von Elisabeth Edl und Wolfgang Matz. München, Wien 1991 ff. © 1991, 1993, 1996, 1998 Carl Hanser Verlag, München, Wien.

Weil, Simone: Das Unglück und die Gottesliebe. Übersetzt von Friedhelm Kemp. München 1953. © 1953 Kösel Verlag, München.

Weil, Simone: Entscheidung zur Distanz. Fragen an die Kirche. Übersetzt von Friedhelm Kemp. München 1988. © 1988 Kösel Verlag, München.

Weil, Simone: Schwerkraft und Gnade. Übersetzt von Friedhelm Kemp. München (Piper Verlag) 1989. © 1952 Kösel Verlag, München.

Weil, Simone: Vorchristliche Schau. Übersetzt von Fritz Werle. München-Planegg (O. W. Barth Verlag) 1959. © Rechte an der deutschen Übersetzung Scherz Verlag, Bern u. a. für den O. W. Barth Verlag.

Weil, Simone: Zeugnis für das Gute. Traktate, Briefe, Aufzeichnungen. Übersetzt und herausgegeben von Friedhelm Kemp. München (Deutscher Taschenbuch Verlag) 1990. © 1990 Patmos Verlag, Düsseldorf.

Welte, Bernhard: Das Licht des Nichts. Von der Möglichkeit neuer religiöser Erfahrung. Düsseldorf 1980. © 1980 Patmos Verlag, Düsseldorf.

Wittgenstein, Ludwig: Vermischte Bemerkungen. Frankfurt a. M. 1977. © 1977 Suhrkamp Verlag, Frankfurt a. M.

Zimmer, Heinrich: Der Weg zum Selbst. Lehre und Leben des indischen heiligen Shri Ramana Maharshi aus Tiruvannamalei. Herausgegeben von C. G. Jung. Zürich (Rascher Verlag) 1959. © 2002 Heinrich Hugendubel Verlag, Kreuzlingen, München.